実務のための
軽犯罪法解説
〔補訂版〕

井阪 博 著

東京法令出版

補訂版　はしがき

　本書が平成30年にリニューアル発刊されてから，早くも7年の歳月が過ぎました。

　その間も，解説で引用している特別法の改正などがあり，その都度補正してきましたが，最近の軽犯罪法に関する裁判例，性犯罪や拘禁刑に関する刑法改正，「性的な姿態を撮影する行為等の処罰及び押収物に記録された性的な姿態の影像に係る電磁的記録の消去等に関する法律」の制定を踏まえ，新たに修正加筆し，このたび，補訂版として発行することとしました。

　これまで同様，皆様の実務にご活用いただけましたら幸いです。

　なお，刑法の一部改正（令和4年法律第67号）に伴う懲役刑と禁錮刑の廃止，拘禁刑の施行は，令和7年6月1日からですが，読者の便宜を考え，本書では，施行後の内容を先取りして記載しております。

　刑罰法規不遡及の原則から，改正法は施行前の犯行には適用されません。

　したがって，施行前に懲役刑・禁錮刑の判決が確定した受刑中の者には，引き続き，両刑が執行されます。また，施行前の犯行に対して施行後に判決が言い渡される場合も，拘禁刑は適用されませんので，ご使用に当たってはご留意ください。

　　令和7年2月

　　　　　　　　　　　　　　　　　　　　　　　　　　　井阪　博

はしがき

　本書は，犯罪捜査に携わる警察官等の司法警察職員及び法職を志す学生を対象に，軽犯罪法について解説したものです。

　最近の犯罪情勢は，我が国を取り巻く政治・経済・社会等の諸情勢を反映して一段と複雑・巧妙化，悪質化の傾向を強め，極めて憂慮すべき事態に至っています。

　取り分け，社会の耳目を集める凶悪重大事件，外国人集団等による組織的犯罪，市民生活に直接関わる路上強盗，住居侵入，窃盗，架空請求等詐欺事犯などが多発して国民の肌で感じる治安は確実に悪化しており，我が国が誇る「治安の良さ」という安全神話も徐々に崩壊しつつあるのではないかと思われます。

　このような悪質犯罪を防止し，安全な社会を実現するには，発生した悪質犯罪の捜査処理はもとより，これら犯罪の芽を早期に発見し，速やかに摘み取ることが重要であります。そのために，警察官等の司法警察職員に与えられた「武器」の一つが軽犯罪法なのです。

　軽犯罪法は，軽微な犯罪を処罰することのみを目的とした法律ではなく，そのことによって刑法犯等のより悪質重大な犯罪の芽を早期に摘み取ることを目的とした法律です。したがって，これを積極的に活用して悪質重大犯罪を未然に防止し，最大の人権擁護ともいうべき社会秩序の維持を図ることが肝要です。

　そして，そのためには，この「武器」の性能と使用方法を知ること，すなわち，軽犯罪法の正しい知識と理解が不可欠です。

　また，軽犯罪法は，日常生活における身近な犯罪行為を規定していることから，その規定の解釈に当たっては，具体的事例を想定しやすく，法職を志す学生にとって，法解釈学の基本を理解し，法的思考力を鍛えるための最良

の教材となるものです。

　そこで，本書においては，学問的水準を下げることなく，軽犯罪法に規定された全ての罪について，実務に直結した解説をするとともに，実務の便宜に供するため，「判例」，「質疑応答」及び「犯罪事実の記載例」を登載し，また，向学心に応えるため，第1章において軽犯罪法の沿革等について詳述するとともに，巻末に「軽犯罪統計」及び「軽犯罪法と警察犯処罰令の対照」を付しました。もとより，意見にわたる部分は，私の個人的見解です。

　なお，本書は，株式会社日世社から発行されていた拙著『実務のための軽犯罪法』を，その後の関係諸法令の改正及び判例の動向を踏まえ，全面的に改訂したものです。

　改訂に当たっては，新進気鋭の弁護士である福園梓（大阪弁護士会所属），井阪康博（東京弁護士会所属）の両君から，統計資料の分析，法解釈の妥当性に関し，有意義な御助言をいただき，また，出版社の佐藤朋子氏には，各種資料の収集や校正などで大変お世話になりました。ここに深く感謝いたします。

　　平成30年2月

　　　　　　　　　　　　　　　　　　　　　　　　井阪　　博

目　　次

第1章　総　論

- 第1　軽犯罪法の意義 …………………………………………………… *2*
- 第2　軽犯罪法の沿革 …………………………………………………… *3*
  - 1　軽犯罪法制定に至る経緯 …………………………………………… *3*
  - 2　軽犯罪法制定時の論争 ……………………………………………… *6*
  - 3　警察犯処罰令との異同 ……………………………………………… *7*
    - (1)　人権への配慮について ………………………………………… *7*
    - (2)　犯罪の種類について …………………………………………… *8*
    - (3)　刑罰について ………………………………………………… *10*
- 第3　軽犯罪法の性格 …………………………………………………… *10*
  - 1　道徳的性格 ………………………………………………………… *10*
  - 2　可変的性格 ………………………………………………………… *12*
  - 3　補充的性格 ………………………………………………………… *12*
  - 4　予防的性格 ………………………………………………………… *14*
- 第4　軽犯罪法の保護法益 ……………………………………………… *15*
- 第5　軽犯罪法の運用 …………………………………………………… *17*
  - 1　検挙状況 …………………………………………………………… *17*
  - 2　処理状況 …………………………………………………………… *18*

第2章　各　論

- 第1　総　説 ……………………………………………………………… *22*

目次

- 1 刑法総則との関係 …………………………………… 22
  - (1) 共犯の処罰 ………………………………………… 22
  - (2) 未遂犯の不処罰 …………………………………… 22
  - (3) 刑法犯との罪数関係 ……………………………… 22
- 2 軽犯罪の法定刑 ……………………………………… 23
  - (1) 基本刑（第1条本文） …………………………… 23
  - (2) 刑の免除と併科（第2条） ……………………… 24
  - (3) 教唆と幇助（第3条） …………………………… 29
  - (4) 法定刑に伴う留意点 ……………………………… 30
  - (5) 質疑応答 …………………………………………… 31
  - (6) 判 例 ……………………………………………… 31
- 3 軽犯罪の訴訟手続 …………………………………… 32
  - (1) 逮捕手続 …………………………………………… 32
  - (2) 勾留手続 …………………………………………… 33
  - (3) 事件処理 …………………………………………… 33
  - (4) 質疑応答 …………………………………………… 34
- 4 適用上の注意（第4条） …………………………… 34
  - (1) 立法趣旨 …………………………………………… 34
  - (2) 要 件 ……………………………………………… 34
  - (3) 効 果 ……………………………………………… 35
  - (4) 裁判例 ……………………………………………… 35

第2 軽犯罪の類型（第1条各号） ……………………… 37
- 1 潜伏の罪（第1号） ………………………………… 37
- 2 凶器携帯の罪（第2号） …………………………… 45
- 3 侵入具携帯の罪（第3号） ………………………… 58
- 4 浮浪の罪（第4号） ………………………………… 64
- 5 粗野乱暴の罪（第5号） …………………………… 67
- 6 消灯の罪（第6号） ………………………………… 78
- 7 水路交通妨害の罪（第7号） ……………………… 83

8	変事非協力の罪（第8号）	87
9	火気乱用の罪（第9号）	95
10	爆発物使用等の罪（第10号）	101
11	投注発射の罪（第11号）	106
12	危険動物解放等の罪（第12号）	110
13	行列割込み等の罪（第13号）	115
14	静穏妨害の罪（第14号）	121
15	称号詐称・標章等窃用の罪（第15号）	127
16	虚構犯罪等申告の罪（第16号）	134
17	氏名等不実申告の罪（第17号）	139
18	要扶助者・死体等不申告の罪（第18号）	143
19	変死現場変更の罪（第19号）	147
20	身体露出の罪（第20号）	151
21	動物虐待の罪（削除）	155
22	こじきの罪（第22号）	157
23	窃視の罪（第23号）	161
24	儀式妨害の罪（第24号）	169
25	水路流通妨害の罪（第25号）	173
26	排せつ等の罪（第26号）	176
27	汚廃物投棄の罪（第27号）	180
28	追随等の罪（第28号）	189
29	暴行等共謀の罪（第29号）	195
30	動物使そう等の罪（第30号）	199
31	業務妨害の罪（第31号）	202
32	立入禁止場所等侵入の罪（第32号）	210
33	はり札乱用・標示物除去等の罪（第33号）	221
34	虚偽広告の罪（第34号）	235

目次

［付録1］ **軽犯罪統計** ……………………………………………………… *242*
　第1表　軽犯罪法違反検挙人員 ………………………………………… *242*
　第2表　検挙人員の年次別総数 ………………………………………… *248*
　第3表　軽犯罪法違反の処理（起訴・不起訴）人員 ………………… *249*
［付録2］ **軽犯罪法と警察犯処罰令の対照** ………………………… *252*
　1　条文の対照 ……………………………………………………………… *252*
　2　軽犯罪法に受け継がれなかった警察犯処罰令の規定 …………… *258*

文献等略語表

本書で引用する判例集，参考文献等は，次のように略記する。

【判例集等】

大判（決）	大審院判決（決定）
最判（決）	最高裁判所判決（決定）
最大判（決）	最高裁判所大法廷判決（決定）
高判（決）	高等裁判所判決（決定）
地判（決）	地方裁判所判決（決定）
簡判（決）	簡易裁判所判決（決定）

刑録	大審院刑事判決録
刑集	最高裁判所（大審院）刑事判例集
高刑集	高等裁判所刑事判例集
東高刑時報	東京高等裁判所刑事判決時報
高検速報	高等裁判所刑事裁判（判決）速報
高裁特報	高等裁判所刑事裁判特報
高判特報	高等裁判所刑事判決特報
下刑集	下級裁判所刑事裁判例集
一審刑集	第一審刑事裁判例集

刑月	刑事裁判月報
家月	家庭裁判月報
判時	判例時報
判タ	判例タイムズ
裁判所web	裁判所ウェブサイト・裁判例情報
	(www.courts.go.jp/app/hanrei_jp/search1)
LEX／DB	TKC法律情報データベース

【参考文献】

伊藤・勝丸	伊藤榮樹・勝丸充啓『軽犯罪法（新装第2版）』立花書房（平成25年）
注釈特別刑法	伊藤榮樹『注釈特別刑法（軽犯罪法）』立花書房（昭和57年）
注釈刑法	団藤重光『注釈刑法(3)』有斐閣（昭和40年）
伊藤（卓）	伊藤卓蔵「軽犯罪法」（研修226号〜229号）誌友会（昭和42年）
植松	植松正『軽犯罪法講義』立花書房（昭和23年）
野木ほか	野木新一，中野次雄，植松正『註釈軽犯罪法』良書普及会（昭和24年）
特別刑法	警察庁刑事局調査統計官『特別刑法』立花書房（昭和57年）
大塚	大塚仁『特別刑法（法律学全集42）』有斐閣（昭和34年）
田口ほか	田口公明，髙田治『危険物犯罪（解釈と実務）』日世社（昭和51年）
乗本ほか	乗本正名ほか「軽犯罪法第1条逐号解説」警察学論集15巻1号
俵谷	俵谷利幸『軽犯罪法解説』日世社（昭和57年）
団藤	団藤重光『刑法綱要（総論・各論）』創文社（昭和35，41年）
稲田・木谷	稲田輝明・木谷明『注解特別刑法（軽犯罪法）』青林書院新社（昭和57年）
101問	法務省刑事局軽犯罪法研究会『軽犯罪法101問』（平成7年）

第1章

総 論

第1 軽犯罪法の意義

　軽犯罪法は，日常生活における身近な道徳律に違反する軽い犯罪行為の類型と，それに対する刑罰とを規定する刑事実体法であり，重い犯罪行為の類型を規定した刑法と処罰されない道徳規範との中間に位置する，いわば刑法の外延法規である。
　したがって，そこに規定された犯罪は，刑法犯（刑法に規定された犯罪）に比べて軽微ではあるが，その基本的性格は刑法犯と同じ自然犯（社会通念上，その行為の反社会性及び可罰性が自明の犯罪）である。
　そのため，軽犯罪を刑法の中に取り込んで立法化することも不当ではなく，実際，立法当時，刑法化すべきであるとの意見も存在した。
　この軽犯罪を刑法に取り込む方式と別個の法律とする方式のいずれを採用するかは，立法政策の問題であり，現行法は後者の方式を採用している。
　なぜなら，軽犯罪に関する立法が，かつて「刑法」とは別個の「警察犯処罰令」によっていたという先例がある上，その対象が日常の社会生活と密接に関連する軽犯罪であるため，社会の進展とともにその態様や可罰性が変転しやすく，刑法に比して法改正の頻度も高いと予測されることから，刑法とは別個の法律で規定しておく方が簡明であるからである。
　「軽犯罪法」の名称については，本法制定の際に論議され，「警察犯処罰法」，「違警罪法」，「軽罪法」などの名称が取り沙汰されたが，「警察犯処罰法」，「違警罪法」の名称は，警察犯処罰令の権力的運用からくる悪いイメージや表現上の古さのゆえに敬遠され，また，「軽罪法」の名称は，旧刑法における犯罪の名称（「重罪」「軽罪」「違警罪」）と混同されるおそれがあるとして排斥された結果，「軽犯罪法」と決定されたものである。その名称は，簡単明瞭であり，かつ，「軽微な刑法犯」であるとの実質を的確に表現するものである。

第2　軽犯罪法の沿革

1　軽犯罪法制定に至る経緯

(1)　国民の日常生活における卑近（身近）な道徳律に反する行為を処罰する軽犯罪法の起源は，明治6年7月19日太政官布告第256号「違式詿違条例」であるとされている。

　「違式詿違」とは，ごく軽微な犯罪を意味し，これを取り締まるのが同条例の趣旨である。「違式」は「詿違」よりやや重く，「違式」については，75銭以上150銭以下の贖金(しょっきん)を徴し，「詿違」については，6銭2厘5毛以上12銭5厘以下の贖金を徴するものとされていた。

　また，贖金納付の資力のない者については，身体刑又は自由刑をもって換えられることとされ，違式は，10以上20以下の笞刑（むち打ちの刑），詿違は，1日以上2日以下の拘留とされ，いずれも適宜，懲役刑に換えられるものとなっていた。

　「違式詿違条例」は，違式罪目37個，詿違罪目48個から成っており，いずれも現在の軽犯罪の内容と同じく日常生活の身近な道徳律を規定する。違式罪目中の「男女入込の湯を渡世（営業）する者」，「外国人を無届にて止宿せしむる者」，「外国人を私(ひそか)に雑居せしむる者」，「男女相撲(すもう)並びに蛇遣い其他醜体を見世物に出す者」など，詿違罪目中の「婦女にて謂(いわ)れなく断髪する者」，「下掃除(しもそうじ)の者蓋なき糞桶を以て搬運する者」，「巨大の紙鳶を揚げ妨害を為す者」，「往来並木の枝に古草鞋(わらじ)等を投掛る者」などの各規定（原文は，漢字カタカナ表記）は，当時の社会情勢を如実に物語っている。
(注：国立国会図書館「日本法令索引」に収録されている違式詿違条例では，第6条から始まる全85箇条の罪目のうち，第38条（違式罪目）と第57条（詿違罪目）は，規制行為の記載がなく空欄になっている。）。

(2)　その後，フランス刑法典を手本として制定された旧刑法（明治13年太政官布告第36号）は，罪を「重罪」「軽罪」「違警罪」に分ける3分法を採用し

たが，その中の「違警罪」に「違式詿違条例」に規定されていたような軽犯罪が受け継がれた。違警罪は，その規定する71の罪目を5分類して刑に軽重の差を設け，最も重い類型には「3日以上10日以下ノ拘留又は1円以上1円95銭以下ノ科料」，最も軽い類型には「5銭以上50銭以下ノ科料」を規定していた。なお，当時，大工の日当の相場は50銭であった。

　また，刑事手続法である「治罪法」も同時に施行されたが，違警罪の処罰は，「治罪法」によらず「違警罪即決例」（明治14年太政官布告第80号）によることとされていた。

(3)　続いて，現行刑法（明治40年法律第45号）が制定されたが，同法においては上記3分法を採用せず，「重罪」，「軽罪」の区別をなくすとともに，「違警罪」を刑法から除外し，これに相当する罪を刑法と同時に施行された「警察犯処罰令」（明治41年内務省令第16号）において規定した。この「警察犯処罰令」が軽犯罪法の母体である。

　なお，「違警罪」として旧刑法（法律）の内容をなしていた軽犯罪が「警察犯処罰令」という命令によって規定されることとなったのは，軽微な犯罪に関する規定については取締りの便宜を図るための改廃も頻繁に必要となるとの見地から，改廃の手続を容易にするとの趣旨によるものであった。

　この沿革からも，軽犯罪が刑法犯と基本的性格を同じくするものであることは明らかである。

　警察犯処罰令には，①30日未満の拘留に処すべき罪が4個，②30日未満の拘留又は20円未満の科料に処すべき罪が37個，③20円未満の科料に処すべき罪が17個の合計58個の犯罪類型が定められるとともに，これらに対する教唆犯，幇助犯の処罰も規定されていた。なお，当時，大工の日当の相場は1円であった。

　これらの犯罪類型の大部分が自然犯的な道徳律に違反する行為を内容とするものであったにもかかわらず，警察犯処罰令は，大衆運動の弾圧や他事件の捜査に利用され，「悪法」であるとの非難を浴びるに至った。その原因は，警察犯処罰令を運用する手続法である「違警罪即決例」にあったとされている。すなわち，同例によって，警察署長・分署長又はその代理官による

即決裁判が許されていたため，警察官憲に警察権と裁判権が集中し，当時の時代的背景とも相まって「警察犯処罰令」の運用が権力的になったといえるからである。

(4) 昭和22年5月3日，日本国憲法（現行憲法）が施行され，その第31条において，「何人も，法律の定める手続によらなければ，その生命若しくは自由を奪はれ，又はその他の刑罰を科せられない。」と規定されたことから，法律の委任による命令において刑罰を定める警察犯処罰令の効力が問題となった。

この点については，現行憲法も内閣に政令制定権と法律の委任がある場合の罰則制定権を認めており（憲法第73条），法律の委任による命令に刑罰を定めることも許容されると考え得る。

しかしながら，警察犯処罰令の根拠法律である「命令ノ条項違反ニ関スル罰則ノ件（明治23年法律第84号）」が，「命令ノ条項ニ違反スル者ハ各其ノ命令ニ規定スル所ニ従ヒ200円以下ノ罰金若ハ1年以下ノ禁錮ニ処ス」と規定し，構成要件を特定せず，行政機関に幅広い罰則制定の裁量を認めていたため，このような包括的委任が許容されるか否かが問題となった。

現行憲法の下においては，上記のような包括的委任は許容されないことから，警察犯処罰令の根拠法律（明治23年法律第84号）は，「日本国憲法施行の際現に効力を有する命令の規定の効力等に関する法律（昭和22年法律第72号）」によって廃止されるとともに，これに基づく命令も一定期間の経過により効力を失うものとされ，警察犯処罰令については，昭和22年5月2日までに必要な改廃の措置を執らなければならないと定められた。そのため，これに代わる法規が必要とされるに至った。

(5) そこで，政府は，現行憲法の制定とともに到来した新時代の要請に応える法律として軽犯罪法を立案し，昭和23年3月15日，これを第2回国会に提出した。同案は，衆議院において第4条（濫用の禁止）を付加する修正を受けたものの，国会の可決を得て成立し，同年5月1日法律第39号として公布され，同月2日から施行されるとともに，警察犯処罰令は廃止された。

2 軽犯罪法制定時の論争

　軽犯罪法は，前述のとおり，第2回国会において可決されて制定されたが，その審議の過程で問題となった最大の論点は，同法が大衆運動の弾圧，国民生活の圧迫に悪用されるのではないかという点であった。

　警察犯処罰令が違警罪即決例による運用と相まって労働運動や農民運動など大衆運動の弾圧に用いられ，基本的人権の侵害をもたらした過去の経験から，軽犯罪法も警察犯処罰令と同じ運命をたどり，同様の運用状況をもたらすのではないかとの懸念を抱き，軽犯罪法の制定に反対する意見も強かった。しかしながら，社会道徳の維持・確立の観点から軽犯罪法の制定を歓迎する意見も同様に強く，大論争の結果，捜査機関による濫用の危険を防止し，不適切な運用を繰り返さないとの趣旨を徹底するため，衆議院において，政府案にはなかった第4条の規定が付加され，参議院においてもこれが維持されるという経過をたどり，軽犯罪法が誕生したのである。

(1) 反対論者の主張は，おおむね次のとおりである。

ア　組合運動その他の大衆運動を弾圧するために利用されないか。

　　組合運動としての団体交渉やデモ等の行為が，本法第1条第13号（多数人に対する粗野な言動），第14号（公務員の制止に反して騒音により近隣に迷惑をかける行為），第16号（虚構の犯罪を公務員に申し出る行為），第26号（公の場所でたんつばを吐く行為），第28号（他人につきまとう行為），第31号（悪戯等で他人の業務を妨害する行為），第32号（禁じられた場所又は他人の田畑に立ち入る行為），第33号（みだりにはり札をする行為）などに触れるとされる懸念がある。

イ　規定されている罪が警察官による現行犯逮捕になじみやすく，組合運動の抑圧に利用される懸念がある。

ウ　官憲の主観的な認定，広い解釈を許容するような概括的要件の規定，例えば，「正当な理由がなく」（第1条第1号，第2号，第3号，第6号，第8号，第12号，第19号，第23号，第32号），「みだりに」（同条第33号），「相当の注意をしないで」（同条第10号，第11号），「隠して携帯」（同条第

2号，第3号），「近隣に迷惑をかけた者」（同条第14号）などは，取締官の感情的・恣意的処理に流れる危険性が高く，濫用のおそれが高い。
エ　重大犯罪を検挙することが，秩序維持上，重要であるところ，警察力の質・量の現状からすると，比較的容易に検挙できる軽犯罪の追及に向かい，重大犯罪の検挙がおろそかになるおそれがある。
(2) 賛成論者の主張は，おおむね次のとおりである。
ア　警察犯処罰令の規定のうち，特に時代の要求するものを選んで規定し，社会道徳を維持し，確立するという制定の趣旨は適切妥当である。道徳的向上があれば，制裁規定を必要としないが，反面，軽犯罪法の制定が道徳の基準を明確にし，制裁がこれを担保する。凶悪重大犯罪検挙処罰の前提ともいうべき道徳観念を培い啓発することは必要である。
イ　軽犯罪法は，警察犯処罰令，違警罪即決例にみられる警察国家的な考え方に対し，法治国家的な考え方に進歩している。その根拠規定を「命令」から「法律」にしたこと，その手続において，警察署長の即決処分を廃し，刑事訴訟法に従い裁判所による処分としたことなどが，その現れである。
ウ　軽犯罪法が濫用され，労働運動抑圧の目的に利用されることが，濫用を禁止する条項を設けることによって対応できる。
エ　軽犯罪を処罰する国家法（法律）を制定することは妥当である。そうでないと，地方公共団体が，条例制定権に基づき，多種・多様にして粗雑な類似法規（条例）を制定し，法的な混乱状態を招く危険がある。

3　警察犯処罰令との異同

(1)　人権への配慮について

　軽犯罪法は，警察犯処罰令が違警罪即決例による運用と相まって大衆運動の弾圧など基本的人権の侵害に用いられた過去の苦い経験を踏まえて制定されたもので，警察犯処罰令のような省令（内務省令）ではなく，より上位の法律であり，警察犯処罰令にはなかった「濫用の禁止（第4条)」の規定を設けるなど，その法形式及び規定内容において，人権への配慮がみられる。

また，軽犯罪法の運用面においても，警察犯処罰令による処罰が違警罪即決例に基づく警察署長の権限で行われていたのを改め，軽犯罪法による処罰が，刑法と同様，刑事訴訟法に基づく裁判手続にのっとって行われるようにするなど，訴追機関と審判機関を分離することによって人権保障を図っている。

(2) **犯罪の種類について**

軽犯罪法とその母法ともいうべき警察犯処罰令との異同について概観するが，その詳細は末尾〔付録2〕の対照表のとおりである。

警察犯処罰令から軽犯罪法への移行に当たっての方針は，「国民の日常生活における卑近な道徳律に違反する軽い罪を拾うことを主眼とし，特殊の行政目的遂行のための取締規定的なものについては，それぞれの行政法規において必要最小限度の罰則を定めるべきものとし，これを軽犯罪法の中に取り入れることは好ましくない。」というものであった。

そこで，軽犯罪法の立案に当たっては，新しい時代の要請に基づく犯罪類型を新設するとともに，警察犯処罰令に規定された罪のうちから，行政犯的性格を持つものを廃止し，あるいは他の取締法規の規制に移すとともに，現行憲法の精神に反する性格のものや国民の文化的・道徳的向上に待つべくして法的制裁にそぐわないものを廃止することとした。

ア　警察犯処罰令にはない，新時代の要請に基づく犯罪類型

　(ア)　新設規定は次のとおりである。

　　① 凶器携帯の罪（第1条第2号）

　　② 侵入具携帯の罪（同第3号）

　　③ 氏名等不実申告の罪（同第17号）

　　④ 窃視の罪（同第23号）

　　⑤ 暴行等共謀の罪（同第29号）

　(イ)　新設同様の規定は次のとおりである。

　　① 粗野乱暴の罪（第1条第5号）

　　② 行列割込み等の罪（同第13号）

　　③ 静穏妨害の罪（同第14号）

イ 警察犯処罰令にあったが，軽犯罪法に引き継がれなかった規定
　(ア) 刑法の一部改正により刑法の中に取り入れられたもの
　　　例えば，入札妨害の罪（警察犯処罰令第2条第4号）
　(イ) 新たに制定された法律に盛り込まれたもの
　　　例えば，点灯等懈怠の罪（第2条第13号，道路交通法へ），飲食物に他物を混入する罪・不熟果物販売の罪・飲食物覆蓋不設の罪（第2条第35号，第2条第36号，第3条第9号，食品衛生法へ），石炭等取扱不注意の罪（第3条第6号，消防法へ），産婆不応招の罪（第3条第7号，助産婦法〔現＝保健師助産師看護師法〕へ）
　(ウ) 特別の法律が立案されつつあったもの
　　　例えば，売淫罪（第1条第2号，売春防止法）
　(エ) 他の法令の改正によって対応することを相当とするもの
　　　例えば，精神病者監護懈怠の罪（第3条第11号，精神病者監護法〔現＝精神保健及び精神障害者福祉に関する法律〕）
　(オ) 既存の法律によって対処できるもの
　　　例えば，菜果採摘の罪（第2条第29号），死屍隠匿等の罪（第2条第34号），死屍解剖等の罪（第3条第1号），面会強請等の罪（第1条第4号），合力喜捨等強請罪（第2条第1号），寄付等強請罪（第2条第3号），購読料請求罪（第2条第7号）のように刑法の器物損壊罪，死体損壊罪，住居侵入罪，脅迫罪，強要罪などによって対処できるもの，労役者酷使の罪（第2条第30号）のように労働基準法によって対処できるものがある。
　(カ) 現行憲法の趣旨に沿わない懸念のあるもの
　　　例えば，流言浮説の罪（第2条第16号）
　(キ) 人智の進歩，社会教育の普及や個人の自覚に期待するのを相当とするもの
　　　例えば，吉凶禍福を説く罪（第2条第17号），病者に対し祈とう等をなして医療を妨げる罪（第2条第18号），催眠術を施す罪（第2条第19号），刺文（いれずみ）の罪（第2条第24号）

(ク) 存置する実益に乏しいもの
　　例えば，舟筏（ふね・いかだ），牛馬等解放の罪（第2条第37号）
(3) 刑罰について
　警察犯処罰令においては，その規定する犯罪を3種類に分けてそれぞれの刑（「拘留」，「拘留又は科料」，「科料」）を定めるとともに，刑の併科規定を設けず，教唆犯，幇助犯についてのみ，情状により免除し得ると規定するにとどまったが（同令第4条），軽犯罪法においては，全ての罪について同一の刑（「拘留又は科料」）を定めるとともに，情状により刑を免除し，又は拘留と科料とを併科し得ることとして量刑についての裁量の範囲を拡大し，刑事政策的配慮をも含む量刑の具体的妥当性を図ることとした。
　また，全ての罪について刑の免除を認めたのは，拘留，科料には刑の執行猶予の制度が定められていないことに配慮したためである。

第3　軽犯罪法の性格

　軽犯罪法は，日常生活における身近な道徳律に違反する軽い犯罪を扱う刑事実体法であり，刑法と処罰されない道徳規範との中間に位置する，いわば刑法の外延法規であることから，その本質として①道徳的性格（軽微な自然犯）及び②可変的性格（時代の変化に伴う易変性）を有し，その機能として③補充的性格（刑法等を補充する機能）及び④予防的性格（重大犯罪を予防する機能）を有する。以下，詳述する。

1　道徳的性格

　軽犯罪法は，日常生活における身近な道徳律に違反する軽い犯罪を扱う刑事実体法であり，自然犯に属する犯罪行為を処罰するものである。
　自然犯とは，社会通念上，当然に犯罪と認められる性質の犯罪，すなわち，法令によって禁止された行為の反社会性や可罰性が，法令の規定を待つまでもなく，道徳律によって根拠付けられる犯罪である。
　すなわち，軽犯罪法は，警察犯処罰令を母法として多くの犯罪類型を継承

しながらも，行政上の義務違反罪である行政犯（法令の規定によって初めて可罰性が根拠付けられる犯罪）に属する犯罪類型を排除して自然犯的性格を強め，その道徳的性格を純化したものといえる。

　軽犯罪法に規定された犯罪行為は，その反社会性や可罰性が軽微であって社会的非難の程度もさほど大きくないが，国民の日常生活からすれば，誰もが迷惑であり，道徳律に反する行為（悪い行為）と観念するもので，本質的に刑法犯と同様の自然犯（刑事犯）であることに変わりはない。

　軽犯罪法に規定された犯罪の中には，①質入等関係帳簿に不実を記載させる罪（第1条第17号），②要扶助者・死体等不申告の罪（同第18号），②変死現場変更の罪（同第19号）など，行政上の義務違反罪の側面（行政犯的側面）を有するものもないではないが，社会通念上，犯罪捜査への協力が国民としての当然の義務であると認められることに照らせば，上記各犯罪類型は，犯罪捜査を困難ならしめる反道徳的なものであるといえる。

　判例も，「軽犯罪法は，その規定の形式においては，警察犯処罰令に似たところがあるけれども，その官僚主義的な精神を踏襲したものではなく，むしろ日本国民の社会生活を文化的に向上せしめるため，最低限度に要請される道徳律を実体刑法化したものである。」**（東京高判昭24．7．29高刑集22・53，浦和簡判昭40．7．3下刑集7・7・1422）**と判示し，その特徴として道徳的性格を挙げている。

　このことは，行政犯に属する犯罪と比較すれば，一目瞭然である。例えば，建築士法第37条第3号は，1級建築士でなければ一定の建築物について設計又は工事監理をしてはならないとの規定（同法第3条）に違反した者を処罰し，旅行業法第79条第3号は，旅行業者は営業所ごとに旅行業務取扱管理者を選任しなければならないとの規定（同法第11条の2第1項）に違反した者を処罰するが，その道徳的意味は極めて希薄である。

　これらの行政犯は，その法規の制定を待って初めて可罰性が意味付けられ，その後，その規範性が国民の間に浸透していくものであるのに対し，自然犯に属する軽犯罪法の罪は，法規の制定を待つまでもなく，直接的に道徳律によってその可罰性が意味付けられるものであり，両者は大いに異なる。

軽犯罪法の罪は，刑法の罪に比して軽微であるが，だからといってこれを軽視すべきではなく，むしろ，これを規制し処罰して国民の規範意識の向上を図ることが，ひいては刑法犯等の重大犯罪の防止に大きく貢献することとなるのである。

2 可変的性格

軽犯罪法は，その時代における日常生活上の身近な道徳律に違反する行為を犯罪として処罰するものであるところ，そのような行為は，時代の文化的・道徳的な状況の変化に伴って変遷しやすく，それに即応する軽犯罪法の改正変更が要請される。

それゆえに，軽犯罪法は本質的に可変的（易変的）性格をもつといわれ，社会の文化的進歩，道徳的向上，経済的発展など，時代の変化に伴って活発な改正変更が行われても不思議ではない。

しかしながら，軽犯罪法が法律形式で制定されている以上，その改正には国会の議決が必要であり，政治情勢によっては改正作業も簡単ではなく，その可変的性格は十分に活かされていないのが実情である。

ちなみに，軽犯罪法の改正といえば，昭和48年，「動物の保護及び管理に関する法律」の制定に伴い，第1条第21号（動物虐待の罪）が削除されたのみである（同法律は，平成11年の改正により，「動物の愛護及び管理に関する法律」に名称変更）。

3 補充的性格

軽犯罪法は，刑法と処罰されない道徳規範との中間に位置する，いわば刑法の外延法規であり，軽微な犯罪を規定していることから，重要犯罪を規定する刑法その他の刑事実体法の補充法たる性格（補充的性格）を有する。

刑法は，刑事実体法の基本法であり，刑事実体法適用の大原則と主要な犯罪類型とを規定するが，犯罪の全てを規定しているわけではなく，また，全ての犯罪が刑法に規定されるべきものでもない。

刑法には，刑事基本法としての役割を果たすことが要請される。したがっ

て，基本法たる刑法には，基本的にして普遍的な犯罪類型を規定すべきであり，社会的事情の変遷により可罰性が消長するような軽微な犯罪など，処罰の普遍性・恒久性に問題のあるものを規定すべきではない。

このように，社会的事情の変遷により可罰性が消長するような軽微な犯罪類型は刑法の対象とすべきではないが，一方で，これらも刑事犯として処罰する必要があることも無視できない。そこで，制定されたのが軽犯罪法であり，この意味において，軽犯罪法は，刑法の補充法たる性格を有するのである。

この点に関する裁判例として，例えば，「軽犯罪法第1条第32号は，刑法第130条の補充規定として，住居侵入罪に該当しない特定の場所に対する支配の平穏を維持しようとするものである」と判示するものがある（**大阪高判昭41．7．15判時461・61**）。

軽犯罪法第1条に規定された犯罪のうち，明らかに補充的性格を示しているものと刑法犯との対応関係を例示すれば，

① 潜伏の罪（第1号）―住居侵入罪
② 粗野乱暴の罪（第5号）―暴行罪，傷害罪，脅迫罪
③ 水路交通妨害の罪（第7号）―往来妨害罪
④ 変事非協力の罪（第8号）―公務執行妨害罪
⑤ 火気乱用の罪（第9号）―失火罪
⑥ 投注発射の罪（第11号）―暴行罪，傷害罪，（業務上）過失傷害
⑦ 危険動物解放等の罪（第12号）―暴行罪，傷害罪，（業務上・重）過失傷害
⑧ 行列割込み等の罪（第13号）―暴行罪，脅迫罪
⑨ 称号詐称・標章等窃用の罪（第15号）―詐欺罪
⑩ 虚構犯罪等申告の罪（第16号）―虚偽告訴罪
⑪ 変死現場変更の罪（第19号）―死体遺棄罪
⑫ 身体露出の罪（第20号）―公然わいせつ罪
⑬ 儀式妨害の罪（第24号）―業務妨害罪
⑭ 水路流通妨害の罪（第25号）―水道損壊・閉塞罪

⑮　排せつ等の罪（第26号）—暴行罪，侮辱罪，器物損壊罪
⑯　暴行等共謀の罪（第29号）—暴行罪，傷害罪
⑰　業務妨害の罪（第31号）—威力・偽計業務妨害罪
⑱　立入禁止場所等侵入の罪（第32号）—住居侵入罪
⑲　はり札乱用・標示物除去等の罪（第33号）—建造物損壊罪
⑳　虚偽広告の罪（第34号）—詐欺罪，業務妨害罪

となる。

4　予防的性格

　軽犯罪法には，その規定に係る軽犯罪行為を処罰することによって他の重い犯罪の発生を事前に防止する効果がある。

　なぜなら，軽犯罪法は，刑法犯等の重い犯罪に発展するおそれのある軽微な行為（重い犯罪の予備的行為や萌芽的行為）を犯罪として規定しているからである。

　この重大犯罪を未然に防止する機能が，軽犯罪法の特徴たる予防的性格である。

　軽犯罪法も，刑事実体法である以上，その定める刑罰（拘留又は科料）の威嚇力によって軽犯罪法に規定する犯罪行為を抑止する機能を有することは当然であるが，それとは別に，同法には刑法犯等の重い犯罪の発生を未然に防止する機能があるのである。

　軽犯罪法第1条に規定された犯罪のうち，例えば，
　①　潜伏の罪（第1号）
　②　凶器携帯の罪（第2号）
　③　侵入具携帯の罪（第3号）
　④　浮浪の罪（第4号）
　⑤　火気乱用の罪（第9号）
　⑥　爆発物使用等の罪（第10号）
　⑦　投注発射の罪（第11号）
　⑧　危険動物解放等の罪（第12号）

⑨ 暴行等共謀の罪（第29号）

などは，明らかに予防的機能を意識して構成要件が定められている。

取り分け，第1号ないし第4号の罪は，その行為自体の反社会性，危険性よりも，一定の状態にあることを，刑法犯に至る予備的ないし萌芽的段階にあるものと認め，処罰しようとするものであり，予防的性格が顕著である。

また，その他の規定も，重大犯罪発生の温床ないし萌芽状態を取締処罰するもので，予防的性格を持つことはいうまでもない。

第4　軽犯罪法の保護法益

第2回国会で成立した軽犯罪法は全文4条から成り，その第1条に第1号から第34号まで合計34個の犯罪類型が規定された。なお，同条第21号「動物虐待の罪」は，「動物の愛護及び管理に関する法律（昭和48年10月1日法律第105号）」の成立に伴って削除されたので，現在は33個の犯罪類型が規定されている。

これら犯罪類型（構成要件）を解釈するに当たっては，類推解釈を禁止する罪刑法定主義の精神にのっとり，各罪の条文を厳格に検討すべきはもとより，当該罪の保護法益は何かを常に念頭におく必要がある。

そこで，軽犯罪法第1条各号の罪の保護法益について概観するに，その条文の配列は，おおむね公共の利益を保護法益とする罪から個人の利益を保護法益とする罪へとなっているが，その順序は必ずしも整っておらず，様々な分類がなされている。

例えば，次のような分類が理論的で理解しやすいであろう（大塚101頁）。

① **国家的法益に対する罪**

虚構犯罪等申告の罪（第16号），氏名等不実申告の罪（第17号），変死現場変更の罪（第19号）

② **社会的法益に対する罪**

　a　公共の安全に対する罪

粗野乱暴の罪（第5号），消灯の罪（第6号），水路交通妨害の罪（第

7号），変事非協力の罪（第8号），火気乱用の罪（第9号），爆発物使用等の罪（第10号），危険動物解放等の罪（第12号），行列割込み等の罪（第13号），静穏妨害の罪（第14号），称号詐称・標章等窃用の罪（第15号），水路流通妨害の罪（第25号），虚偽広告の罪（第34号）

 b 公衆の衛生に対する罪

  死体等不申告の罪（第18号後段），排せつ等の罪（第26号），汚廃物投棄の罪（第27号）

 c 風俗に対する罪

  浮浪の罪（第4号），身体露出の罪（第20号），こじきの罪（第22号），窃視の罪（第23号），儀式妨害の罪（第24号）

③ 個人的法益に対する罪

 a 生命・身体に対する罪

  凶器携帯の罪（第2号），投注発射の罪（第11号），要扶助者不申告の罪（第18号前段），暴行等共謀の罪（第29号），動物使そう等の罪（第30号）

 b 自由・安全・業務に対する罪

  潜伏の罪（第1号），侵入具携帯の罪（第3号），追随等の罪（第28号），業務妨害の罪（第31号）

 c 財産に対する罪

  立入禁止場所等侵入の罪（第32号），はり札乱用・標示物除去等の罪（第33号）

第5　軽犯罪法の運用

1　検挙状況

　軽犯罪法が施行された昭和23年から令和5年までの76年間における同法違反者の総検挙人員は，53万3,567人であり（〔付録1〕第1表242頁以下参照），その間の年平均検挙件数は，約7,021人である。

　毎年の検挙人員の推移は，〔付録1〕第2表のとおりであり，平成2年の2,762人を底に増加傾向に転じ，同16年以降大幅に増加して同21年には1万9,417人と過去最高を記録したものの，その後減少傾向に転じ，令和5年は7,605人である。

　それでも，昭和11年から同21年までの11年間の警察犯処罰令違反即決処分人員の年平均8万7,076人の約9パーセントに過ぎない。見方を変えれば，警察犯処罰令違反即決処分人員は，軽犯罪法違反検挙人員の約10倍であり，そのうち，無住居無生業徘徊罪，交通妨害罪による検挙者が全体の3分の2を占めるなど，当時の社会情勢を如実に物語っている。

　また，この76年間の総検挙人員を罪名別に見ると，①凶器携帯の罪（13万1,869人）が最も多く，以下，②立入禁止場所等侵入の罪（9万9,554人），③はり札乱用・標示物除去等の罪（9万950人），④窃視の罪（3万7,432人），⑤追随等の罪（3万4,162人）の順となっており，これらの罪で全体の約4分の3を占めている（〔付録1〕第1表参照）。

　令和5年の検挙人員においても，これらの罪の全体に占める割合は高く，①凶器携帯の罪（3,016人）を筆頭に，以下，②立入禁止場所等侵入の罪（1,256人），③火気乱用の罪（1,047人），④排せつ等の罪（523人），⑤追随等の罪（361人），⑥虚構犯罪等申告の罪（323人），⑦業務妨害の罪（312人），⑧汚廃物投棄の罪（174人），⑨身体露出の罪（140人）の順となっている。凶器携帯の罪は，同16年以降急激に増加し，同19年には1万137人と過去最高を記録したが，それをピークに減少傾向に転じ，同23年には2,982人

と同19年の約3割となり，それ以降は，毎年3,000人前後と横這いで推移している。立入禁止場所等侵入の罪は，同15年に522人であったが，その後急激に上昇し，同23年には7,320人と過去最高を記録したが，それをピークに減少傾向に転じ，令和5年には1,256人となっている。

一方，潜伏の罪（第1条第1号），浮浪の罪（同第4号），静穏妨害の罪（同第14号），称号詐称・標章等窃用の罪（同第15号），こじきの罪（同第22号）などの検挙人員は，終戦直後の社会的混乱期である昭和24年ないし25年にピークに達し，その後，急激に減少している。このことは，社会の文化的進歩，道徳的向上，経済的発展など，いわゆる時代の変化に伴って軽犯罪の実体も変化することを物語っており，軽犯罪法の可変（易変）的性格を示す好例である。

2 処理状況

軽犯罪法違反事件の処理状況は，〔付録1〕第3表のとおりであり，起訴率は，昭和36年頃までは50％を下回っていたが，その後同50年代まではおおむね50ないし60％で推移し，同60年と同61年には70％を超える高い数値を示したが，平成に入ってからは50％を割る状態が続き，平成16年以降は20％を下回り，同20年には10.7％にまで低下したが，同23年以降は15％前後で推移しており，令和5年は13.7％である。

また，求公判（公判請求）率をみると，軽犯罪法の施行当初は，48.5％の高い数値を示していたが，年を追って下降し，昭和48年以降は2.3ないし5.2％の低率を示すに至り，昭和62年には10.5％に上昇したものの，その後，平成10年までこれを超えることはなく，同11年に12％となったが，その後，また減少し，同19年以降は2％を下回る低水準で推移し，なかでも同21年及び同25年には0.9％と1％を下回ることもあったが，同28年は2％を上回る2.6％となり，令和5年は1％である。

いずれにしても，起訴事件のほとんどが求略式（略式請求）で処理されている。これは，刑種のうち科料を相当とする事件が圧倒的に多いことを示している。

しかしながら，軽犯罪においても，否認事案や常習的事案などの悪質事犯については，公判請求をして拘留刑を科すなど，法の適切な運用が図られるべきである。

　「刑は刑無きに期す」というが，それは理想である。現実社会においては，軽い犯罪を検挙処罰することによって犯人と世間に警告を与え，刑法犯等の重い犯罪の防止を図ることが必要不可欠である。その意味で，軽犯罪法の厳正妥当な運用が望まれるのである。

第2章

各論

第1 総　説

1　刑法総則との関係

　刑法第8条は，「この編〔刑法総則〕の規定は，他の法令の罪についても，適用する。ただし，その法令に特別の規定があるときは，この限りでない。」と規定しているところ，軽犯罪法の罪は，ここにいう「他の法令の罪」であるから，刑法総則の規定は，軽犯罪法の罪にも原則として適用される。
　その適用に当たって留意すべき諸点は，次のとおりである。

(1)　共犯の処罰

　軽犯罪法の罪の共同正犯は，刑法第60条の「2人以上共同して犯罪を実行した者は，すべて正犯とする。」との規定によって処罰される。なぜなら，軽犯罪法にも原則として刑法総則の規定が適用されるからである（刑法第8条）。したがって，実行共同正犯者のみならず，共謀共同正犯者も処罰される。
　また，軽犯罪法の罪の教唆犯及び幇助犯は，軽犯罪法第3条の「第1条の罪を教唆し，又は幇助した者は，正犯に準ずる。」との規定によって正犯と同等に処罰される。この規定は，刑法第64条の「拘留又は科料のみに処すべき罪の教唆者及び従犯は，特別の規定がなければ，罰しない。」との規定にいう「特別の規定」である（詳細は，後述の「2(3)教唆と幇助」参照）。

(2)　未遂犯の不処罰

　軽犯罪法の罪には，未遂処罰の規定がないので，その罪の未遂は処罰されないこととなる（刑法第44条）。

(3)　刑法犯との罪数関係

　これら軽犯罪法に該当する行為が，その限度を超えて刑法その他の重い犯罪類型に該当するに至った事案においては，軽犯罪法の補充的性格（刑法等を補充する機能）から，大抵の場合，両罪の間に択一関係や吸収関係が認められて刑法犯等の重い罪のみが成立することとなるが，軽犯罪法には刑法等

を補充する機能があるといっても，軽犯罪は刑法犯等の予備罪ではなく，刑法犯等とは立法趣旨，罪質，保護法益も異なるので，刑法犯等に吸収されるか，別個の犯罪が成立して併合罪の関係に立つかは，個々の事案に応じて異なり，一律に決することはできない。

軽犯罪法第1条各号の罪と刑法等の罪との罪数関係について，主なものを列挙すれば，次のとおりである。

① **潜伏の罪（第1号）**

住居侵入罪が成立する場合は，同罪に吸収され，住居侵入罪のみが成立する。

殺人予備罪，強盗予備罪等との関係については立法趣旨の違いから併合罪とする説と，軽犯罪法の補充的性格から殺人予備罪等に吸収されるとする説がある。

② **凶器携帯の罪（第2号）**

銃砲刀剣類所持等取締法違反（銃砲刀剣類の所持，携帯）が成立する場合は，同罪に吸収される。

殺人予備罪，凶器準備集合罪等においても同様である。

③ **侵入具携帯の罪（第3号）**

強盗予備罪が成立する場合は同罪に吸収される。

住居侵入罪，常習累犯窃盗罪が成立する場合の罪数関係は判例上，併合罪とされている（最判昭62.2.23参照）。

④ **粗野・乱暴の罪（第5号）**

暴行罪，脅迫罪が成立する場合は同罪に吸収される。

⑤ **水路交通妨害の罪（第7号）**

往来妨害罪が成立する場合は同罪に吸収される。

⑥ **窃視の罪（第23号）**

住居侵入罪，不同意性交等罪が成立する場合は同罪に吸収される。

2　軽犯罪の法定刑

(1)　基本刑（第1条本文）

「左〔第1条〕の各号の一に該当する者は、これを拘留又は科料に処する。」

「拘留」とは、1日以上30日未満の刑事施設への拘置を内容とする自由刑であり（刑法第16条）、「科料」とは、千円以上1万円未満の財産刑である（刑法第17条）。

本法の法定刑が軽すぎるとの指摘もあるが、既に述べたように、本法は日常生活における身近な道徳律に違反する軽い罪を対象としていること、特殊の行政目的遂行のための取締規定ではないこと（必要があれば、行政法現に適切な刑罰規定を設けることができる。）などからすれば、罪質に適した刑罰といえる。

(2) 刑の免除と併科（第2条）

「前条〔第1条各号〕の罪を犯した者に対しては、情状に因り、その刑を免除し、又は拘留及び科料を併科することができる。」

ア　立法趣旨

　　警察犯処罰令においては、犯罪類型を、①30日未満の拘留に処すべきもの、②30日未満の拘留又は20円未満の科料に処すべきもの及び③20円未満の科料に処すべきものに三分し、しかも情状による刑の免除が同令違反の教唆犯又は幇助犯のみに認められていた（同令第4条）が、軽犯罪法においては、法定刑を一律に拘留・科料とするとともに、情状によっては、その刑を免除することもできるし、逆に、拘留及び科料を併科することもできることとして量刑の裁量範囲を拡大した。

　　このように本法に改革が加えられた理由は、①その取締り対象の全てが身近な道徳律違反の軽い犯罪であり、かつ、軽犯罪法の法定刑は軽く、その範囲内で刑を量定すれば足りることから、その犯罪類型に応じて刑に差別を設ける実益がないこと、②拘留・科料については刑の執行猶予の言い渡しができないこと（刑法第25条第1項）から、情状によっては正犯者に対しても刑の免除をする必要があること、③警察犯処罰令違反はその大部分が違警罪即決例により、警察署長限りで処理されていたのに対し、本法違反は全て刑事訴訟法規定の手続にのっとり、裁判所において処理される

こととなり，刑の裁量の範囲を広げても，人権侵害のおそれがないことなどの事情による。

なお，刑の免除の判決は，有罪を前提とする裁判であり，被告人を無罪とするものではない。

イ　適用場面

刑を免除すべき場合とは，一般的には「社会の実情からみて，被告人のみを処罰することがいかにも酷ないし不公平の感を免れないような場合」であるが，具体的には，当該事案について，動機，手段，方法，態様，犯行後の状況，同種事犯の量刑の実情などについて慎重に検討して判断することとなる（刑を免除した**判例**①，②，③，④，刑を免除しなかった**判例**⑤）。

判例の中には，極左暴力集団に所属する者が，鉄道の高架下の壁面に，景観を損ねる程度に情宣ビラを貼付した悪質事案について，その捜査が「被告人を狙い撃ちした不公平」なものである旨判示して刑の免除を言い渡したものもあるので（**判例**⑥），警察は，厳正公平を旨として捜査・検挙を実施し，不公平感を抱かせないように配慮することが肝要である。

また，拘留と科料を併科すべき場合とは，同種前科が多数ある場合や犯行態様が特に悪質である場合など，拘留又は科料の最高限度をもってしてもなお刑が軽い場合に行われる。

本条に基づく拘留と科料の併科は，1個の犯罪事実を対象としたものであり，2個以上の軽犯罪法違反行為につき，併合罪の刑に関する刑法第53条の規定に基づいて拘留及び科料を併科する場合とは異なる。

ウ　判　例

① **浦和簡判昭40．7．3下刑集7・7・1422**

電柱にポスターを貼付した事案について，「被告人の判示所為は軽犯罪法第1条第33号，刑法第60条に該当する。」とした上，「本件犯行の日時は昭和37年4月25日であるのに，昭和37年7月31日及び昭和38年2月18日の2回にわたる起訴（略式命令請求）はいずれも略式命令不送達により公訴棄却となり，ようやく昭和38年11月29日本件起訴（略式命令請求）となり

略式命令が被告人に送達されたこと，本件犯行後，被告人は転居したが市役所及び郵便局に届出をすませていたものであり，前記略式命令不送達について被告人には責任がないこと，結局被告人は本件犯罪の公訴時効の期間が1年であるにも拘らず犯行後1年7か月を経過した後に起訴され審理を受けたものであること（その間2回の公訴提起により時効の進行は停止している），また，本件起訴が軽犯罪法の本来の目的を逸脱して他の目的のために濫用されたものであると断定するに足る資料は存在しないが，本件事案が基本的人権たる表現の自由に関するものであることは明らかで電柱等に対するびら貼りの取締りが一般にはかなり野放しの状態にあることと対比するときは，軽犯罪法第4条の立法趣旨に照らし慎重な取扱が望ましいこと，以上の諸事情を考慮し，同法第2条により被告人に対し刑を免除することとする。」と判示した。

② 北見簡判昭42．3．14下刑集9・3・272

電柱にビラ1枚を貼った事案について，「一般人はともすれば大した悪意もないのに無雑作にこれが違反に陥り易い点のあることは看過できないところであつて前記の証拠によれば被告人は警察官からビラを貼つているところを現認注意されて直ちにこれを剥ぎ取るという行為に出ており法益侵害の程度もまことに微々たるものであること，その他諸般の事情を総合すると被告人に対しては将来を戒めるだけで足り刑を科するまでもないと認めるので軽犯罪法第2条によつて被告人に対して刑を免除するを相当とする。」と判示した。

③ 呉簡判昭43．2．5判時509・79

本判決は，「被告人両名は共同して昭和41年10月14日午後11時45分ごろ，呉市大和通2丁目海上自衛隊呉基地警防隊正門前の市道交差点東南角の排水溝縁にある呉市管理にかかる高さ約70センチメートルのコンクリート製防護壁に，管理者の承諾を得ないで，幅18センチメートル長さ38センチメートルの紙に『アメリカのベトナム侵略反対』又は『佐藤内閣打倒，国会解散』『徴兵制をねらう小選挙区制粉砕』と書いた日本民主青年同盟名義のビラ合計9枚を糊で貼りつけもってみだりに他人の工作物にはり札

をしたものである。」という事案に対し,「本件犯行は被告人らの私利を目的とするものでなく,単に法を誤解した結果にすぎないものと認められること,当地において従来この種犯罪についてかつて訴追された例が全くないことは検察官も自認しているところであること,被告人両名ともに若年であり特段の前科もない勤労者であることなどをあわせ考えると,被告人らに対しては将来を戒めれば足り敢て刑を科するまでの必要はないと思料されるから軽犯罪法第2条を適用していずれもその刑を免除することとした。」と判示した。

④ **東京高判昭44.7.31判時567・92**

本判決は,駅ホーム外側のモルタル壁に,管理者の承諾を得ないで,「三矢作戦反対」等と印刷したビラ1枚を貼付したという事案につき,原判決が右ビラ貼付行為をもって法にいう「みだりに」という構成要件に該当しないとして無罪としたのに対し,犯罪の成立を認めて原判決を破棄した上,「被告人等の本件犯行後既に4年を経過しており,その間に被告人等は原審において無罪の判決を受けたものであること,本件ビラが貼付された場所は,私鉄の小さな駅のホーム外側モルタル壁で,その枚数も1枚にすぎないこと,その他諸般の情状を考慮するとき,当裁判所は,被告人等の所為が前記のとおり軽犯罪法に触れる犯罪行為であることを知らしめて爾後を戒心せしむれば足ると思料するので,各被告人に対して軽犯罪法2条を適用して,その刑を免除する。」と判示した。

⑤ **広島高判平13.10.23 LEX／DB28075454**

建造物の外壁への落書き3件と民家の塀への落書き2件の各事案(各修理費3万5,000円〜15万円,修理によって原状以上に美観改善)について,「厳密な意味での原状回復費を認定するに足る証拠はない。」とした上,「本件軽犯罪法違反の各犯行は,陰湿かつ執拗で,多数回にわたり反復的に犯された落書き行為の一環であって,犯行に至った経緯や動機,犯行態様に酌量すべき事情はなく,被害の程度も軽微とはいえないものもあり,各被害者とも被告人の厳重処罰を求める旨の告訴状を提出しており,被告人から被害弁償はなされておらず,各被害者が被告人を宥恕したよう

な事実はない。(中略)本件各罪について、被告人に拘留又は科料の刑を科して処罰することが、社会の実情からみて、いかにも酷であるとか不公平の感を免れないというような事情も見当たらない。したがって、本件各罪については、軽犯罪法2条所定の刑を免除すべき「情状」に該当するような特別の事情はないというべきである。」と判示した。

⑥ 大阪地判平17.3.29判タ1194・293

極左暴力集団「○○協」に所属する被告人が、鉄道の高架下のコンクリート壁及び鉄鋼製壁の2箇所に情宣のためのビラを貼付した事案について、「本件ビラは、縦約51センチメートル、横約18センチメートルの大きさで、色は青又は赤であり、青と赤の本件ビラを交互にして、1箇所に11枚及び14枚も貼付したものであって景観を損ねるものであること、本件同様の行為がこれまでにも常習的に繰り返されていたことから、壁を管理するN電鉄がその都度ビラ剥がしを行っていたにもかかわらず敢行されたものであること、本件ビラ貼りの態様が、ビラの裏面ほぼ全面に軍手等を用いて糊を付け、コンクリート製壁等に貼付するというものであって、容易に剥がすことができず、剥がしても跡が残りやすいなど悪質であることからすると、その行為の違法性は十分に認められるのであって、起訴価値のない軽微な事案とは到底言い難いし、専ら政治的弾圧を目的としたものということもできない。」として、軽犯罪法第1条第33号(はり貼札乱用の罪)に該当すると認定したが、「本件捜査は、警察において、近々東京で○○協の政治集会があるとの情報を得ていたことから、○○協政治集会の開催に合わせた再度のビラ貼りを未然に防止することを目的として、所轄のX警察署とY警察本部の公安担当警察官とが合同して10名以上の態勢で実施されたものであり、ビラ貼り行為が予測された上記高架下の判示コンクリート壁を中心に連日監視していたというものであったこと、警察官らは、N電鉄からの要請等がなく、しかも間近に○○協によるビラ貼り行為が予測された時点において、N電鉄にビラが貼られていることを伝えた上、N電鉄が実施したビラ剥がし作業に立ち会っていること、他方で、判示場所の鉄鋼製壁及びその周辺の電柱には、種々雑多なビラ類が貼られて

おり，中には連絡先の記載のあるものもあって，捜査に着手可能なものもあるのに，警察官はそれらが軽犯罪法に違反するものであることを認識しながら捜査に着手していないことなどの事実が認められる。」ことを理由に，「被告人を狙い撃ちした不公平な処分とのそしりを免れず，被告人において，ビラ貼り行為の取締りに仮託してビラによる政治的表現の自由を弾圧されたと憶測することも，あながち無理からぬものがあるといわなければならない。」と判示し，刑の免除を言い渡した。

(3) **教唆と幇助（第3条）**

「第1条の罪を教唆し，又は幇助した者は，正犯に準ずる。」

ア　意　義

　教唆犯，従犯（幇助犯）の内容は刑法で論じられているところと変わりはなく，教唆犯とは，人に犯罪実行を決意させることであり，従犯とは，実行行為以外の方法で正犯の実行行為を容易にすることである。

　本条は，刑法総則規定「拘留又は科料のみに処すべき罪の教唆者及び従犯は，特別の規定がなければ，罰しない。」（刑法第64条）にいう「特別の規定」である。したがって，拘留又は科料のみに処すべき罪である軽犯罪（第1条各号の罪）については，正犯のみならず，教唆犯も従犯（幇助犯）も処罰できることになる。

イ　教唆犯・幇助犯の刑

　本条は，「幇助した者は，正犯に準ずる。」と規定し，刑法総則規定「従犯の刑は，正犯の刑を減軽する。」（刑法第63条）を適用しないことを明らかにしたものであり，軽犯罪（第1条各号の罪）については，従犯であっても減軽されない。

　第1条各号所定の犯罪に対しては，もともと拘留・科料という軽い刑が定められており，従犯であっても，減軽する実益に乏しいことから，刑法第63条の適用を除外したのである。

　軽犯罪法においては，教唆犯，従犯は正犯に準ずるので，正犯と同じ法定刑の範囲内で処断されることになるが，情状によっては，第2条により，正犯と同じく刑が免除されたり，拘留及び科料が併科されることもあ

り得る。また，情状によっては（例えば，同種前科多数の場合），教唆犯，従犯が正犯よりも重く処罰されることもあり得る。

ウ　共犯の従属性

軽犯罪においても，その教唆犯や従犯（幇助犯）の成立には正犯の実行行為が必要である（共犯の従属性）。

刑法総則においては，同法第61条第1項の「人を教唆して犯罪を実行させた者」との文言から，教唆犯や従犯が成立するには正犯の実行行為を要すると解されているところ，軽犯罪法第3条は，「第1条の罪を教唆し，又は幇助した者は，正犯に準ずる。」と規定しており，その文言から，正犯の実行行為を必ずしも必要としないとも解し得る。しかしながら，軽微である本法違反の罪について，正犯者が実行行為に及ばない場合にまで，教唆犯や従犯を独立して処罰する必要性がないこと，本条の従犯の規定は刑法第62条の「正犯を幇助した者」との規定と異なるところがないことから，従属性を否定する理由は見出し難い。したがって，軽犯罪法違反の教唆犯，従犯についても，刑法犯同様，その成立には正犯の実行行為が必要であると解する。

エ　軽犯罪においては，「教唆の教唆」や「幇助の教唆」は処罰できない。

刑法第61条第2項は教唆者を教唆した者に正犯の刑を科し，同法第62条第2項は従犯を教唆した者に従犯の刑を科する旨規定しているものの，拘留又は科料のみに処すべき犯罪については，同法第64条が「特別の規定がなければ，罰しない。」として上記各条項の適用を排除している上，この点に関し，軽犯罪法は何ら規定していないので，軽犯罪においては，教唆の教唆，幇助の教唆は処罰できない。前述のように，本法の罪は軽微なものであり，間接的な加功についてまであえて処罰する必要性に乏しく，道徳的自律に委ねる趣旨と解される。

(4)　**法定刑に伴う留意点**

ア　刑の執行猶予を言い渡すことはできない。

刑法第25条により，刑の執行猶予が付けられるのは，「3年以下の拘禁刑又は50万円以下の罰金」を言い渡すときに限られるから，軽犯罪法の法

定刑である「拘留又は科料」は，執行猶予の対象になり得ない。ただし，刑を免除することはできる（軽犯罪法第2条）。
イ　没収は，原則として科し得ない。ただし，犯罪組成物件（例えば，凶器携帯の罪（第1条第2号）における凶器）については没収できる。
　　なぜなら，刑法第20条が，「拘留又は科料のみに当たる罪については，特別の規定がなければ，没収を科することができない。ただし，第19条第1項第1号に掲げる物（犯罪組成物件）の没収については，この限りでない。」と規定しているからである。
ウ　2個以上の軽犯罪行為が併合罪の関係にある場合には，刑法第53条第2項「2個以上の拘留又は科料は，併科する。」が適用され，各罪につき個別的に拘留又は科料が科せられることに留意されたい。略式命令や判決主文は，例えば「第1の罪につき科料8,000円，第2の罪につき科料9,000円に処する。」となる。

(5) 質疑応答

Q　窃視の罪（第1条第23号）に該当する盗撮行為に使用したデジタルカメラは，没収できるか。また，その盗撮行為の手段として建造物に侵入していた場合は，建造物侵入罪と窃視の罪が成立して牽連犯となり，科刑上一罪として重い建造物侵入の罪で処断されるところ，その処断刑には拘禁刑も含まれるので，そのデジタルカメラは没収できるのではないか。

A　この場合のデジタルカメラは，犯罪供用物件（刑法第19条第1項第2号）ではあるが，犯罪組成物件（同第1号）ではないので，没収できない。このことは，盗撮行為の手段として建造物に侵入していた場合においても，同様である。なぜなら，犯罪行為ごとに刑法第20条が適用されると解するのが，その条文の文言に照らし妥当であるからである（**判例①**）。

(6) 判　例

① 　名古屋高金沢支判平25.10.3判タ1410・190

　　刑法第20条（軽犯罪に関する没収の規定）の適用については，同法第19条により犯罪行為ごとに没収事由の有無が検討された上で，その罪について同法第20条が適用されると解するのが条文の文言上も素直な解釈であ

り，その適用を受ける罪（例えば，窃視の罪）については，同条が適用されない罪（例えば，建造物侵入）と科刑上一罪の関係にある場合にも同条が適用されると解するのが相当である。

3 軽犯罪の訴訟手続

軽犯罪法違反事件は，簡易裁判所において刑事訴訟法の手続によって処理される（裁判所法第33条第1項第2号）。警察犯処罰令違反事件が違警罪即決例の手続によって処理されたことと大きく異なる。

軽犯罪事件の刑事訴訟手続において，留意すべき事項は次のとおりである。

(1) 逮捕手続

ア 現行犯逮捕は，犯人の住居若しくは氏名が明らかでない場合又は犯人が逃亡するおそれがある場合に限り許される（刑事訴訟法第217条）。

犯人が定まった住居を有していても，逮捕の際にそれが明らかでない場合には，これに当たる。住居不定の場合は，もちろんこれに当たる。

氏名が明らかでない場合とは，戸籍上の氏名も本人を特定するに足りる通称名なども明らかでない場合をいう。本人を特定するに足る通称名などが明らかであればこれに当たらない。

住居，氏名について黙秘しているだけでは，現行犯逮捕できないが，黙秘している上に所持品などからも住居，氏名を明らかにできない場合には，現行犯逮捕できる。住居，氏名について被疑者の供述があっても，それのみでは必ずしも住居，氏名が明らかであるとはいえない。必ず裏付け捜査を励行すべきである。

犯人が逃亡するおそれがある場合とは，勾留の要件としての「逃亡すると疑うに足りる相当な理由」（刑事訴訟法第60条第1項第3号）よりも要件が緩やかである。

イ 軽犯罪法違反の被疑者については，緊急逮捕は許されない（刑事訴訟法第210条第1項）。

ウ 通常逮捕は，被疑者が定まった住居を有しない場合又は正当な理由がな

く（捜査官からの）出頭の求めに応じない場合に限って許される（刑事訴訟法第199条第1項ただし書）。

(2) **勾留手続**

軽犯罪法違反の被疑者については，定まった住居を有しない場合（住居不定）に限って勾留が許される（刑事訴訟法第60条第3項）。勾留請求手続や勾留期間などは一般の事件と同様である。

なお，本法違反の罪で拘禁中（逮捕，勾留又は拘留刑に服役中）に逃走した者を蔵匿，隠避した場合には，犯人蔵匿・犯人隠避罪（刑法第103条）が成立するが，逮捕前の者や在宅事件として捜査されている者を蔵匿，隠避しても，罰金以上の刑に当たる罪を犯した者ではないから，犯人蔵匿・犯人隠避罪には当たらない。

(3) **事件処理**

ア 犯行から1年以内に起訴しなければならない。

本法違反の公訴時効は1年である（刑事訴訟法第250条第2項第7号）。したがって，早期に事件を処理する必要がある。また，裁判で確定した刑「拘留・科料」の時効も1年である（刑法第32条第6号）ので，その期間内に執行しなければならない。

なお，公訴時効とは，犯罪行為が終わった時点から起算して，一定の期間が経過すれば，時効が完成し，その後の起訴は許されないとするもので，刑の時効とは，刑の言渡しを受け，それが確定した後，一定期間が経過したため，その執行が免除されるものをいう。

イ 本法違反の事物管轄は，簡易裁判所のみにある（裁判所法第33条第1項第2号）。もっとも，被疑者が，本法違反のほかに，地方裁判所が管轄権を有する他罪をも犯していて，この罪と併合審理される場合には，この罪と共に，地方裁判所に管轄が生ずる（刑事訴訟法第3条，第9条）。

本法違反につき，被疑者を科料に処するのが相当と思われる場合は，略式裁判（略式請求）手続によるのが妥当である。もっとも，被疑者が略式裁判（略式請求）手続によることに同意しないときなど，その要件が備わらない場合には，正式裁判（公判請求）手続によるほかない。

被疑者を拘留に処するのが相当と思われる場合には，正式裁判（公判請求）手続によることとなる。

なお，本法違反の罪については，正式裁判（公判請求）手続による場合であっても，弁護人がなくても開廷することができる（刑事訴訟法第289条第1項，第391条）。

(4) 質疑応答

Q 軽犯罪法第1条第1号の潜伏の罪において，証拠上，看守の存否が不明の場合，「看守していない」の要件が立証できないこととなるが，同罪で処罰できるか。

A 犯罪の挙証責任は原則として検察官が負い，犯罪の証明がないときは無罪となる（刑事訴訟法第336条）。「疑わしきは被告人の利益に」の原則である。

本問の場合は，検察官が，住居侵入罪（刑法第130条）の要件である「看守の存在」の立証が困難であることを考慮し，その立証を断念し，上記「疑わしきは被告人の利益に」の原則に従って「看守不存在」と認定し，いわば譲歩して潜伏の罪で起訴するものであるから，看守の存否に関する立証は不要であり，その点に関する挙証責任の問題は生じない。よって同罪で処罰できる。

4 適用上の注意（第4条）

「この法律の適用にあたっては，国民の権利を不当に侵害しないように留意し，その本来の目的を逸脱して他の目的のためにこれを濫用するようなことがあってはならない。」

(1) 立法趣旨

本条は，戦前，警察犯処罰令のうち，いくつかの規定が違警罪即決例による運用と相まって，労働運動や農民運動などの大衆運動弾圧の材料にされたとの批判があり，その苦い経験に鑑み，国会審議の段階で修正追加されたもので，軽犯罪法の濫用を禁止する趣旨である。

(2) 要 件

「国民の権利」とは，国民の基本的人権（憲法第11条以下参照）をいう。

「本来の目的」とは，国民の日常生活における卑近な道徳律を維持することである。

「他の目的」とは，労働運動，市民運動などの大衆運動，政治活動及び思想活動などの弾圧並びに別事件の犯罪捜査等の目的をいう（**判例①**）。

(3) 効　果

本条は，本法に定める罪が大した悪意なしに一般の善良な人々によっても犯されやすい性質のものであることに鑑み，警察官及び検察官，裁判官に対して，その取締りや訴追，処罰が厳し過ぎたり，不公平になったりしないよう留意すべきことを規定したもので，いわゆる注意規定である。したがって，本条に違背したとの事実は，刑事訴訟法第335条第2項にいう「法律上犯罪の成立を妨げる理由又は刑の加重減免の理由となる事実」には当たらない（**判例②，③**）。

(4) 裁判例

① 　北見簡判昭42．3．14下刑集9・3・272

　　　当公判廷での証人甲，同乙の供述によれば，同証人等が警察官として市街を警ら巡回中たまたま被告人の判示犯行（電柱へのビラ貼り行為）の現場に来合わせて検挙するに至ったもので，軽犯罪法違反に名を藉（か）りて他の目的のために検挙するに至ったものでないことが認定できるし，また本件の起訴についても起訴するかしないかは，検察官の専権に属することであるが，この種軽微な事犯は現行犯以外なかなか捕捉困難であること，被告人に対し反省を求め，かつ一般予防的見地等を総合して起訴するに至ったことも考え得るところであり理由なしとしないのであって，たまたまそのビラが共産党の演説会に関するものであったからと言って直ちに共産党の思想，政治活動に対する弾圧を目的とすると論断することも相当でなく本件の検挙，起訴が軽犯罪法第4条に照らし許されないという所論は当たらない。

② 　広島簡判昭44．9．6刑月1・9・876

　　　軽犯罪法に定めている各違反行為が成立するには，当該違反行為所定の

構成要件を充足すれば足り，第4条により違反行為の成立を左右するものではないと言わねばならない。故に，軽犯罪法第1条第33号前段に違反する行為が，労働運動ないし社会運動としてなされた場合には，第4条により一切右条文は適用されないという主張は肯認し難い。

③ **東京高判昭27．4．8高刑集5・4・560**

軽犯罪法第4条の規定は，同法の適用に当たって，当然守らなければならない事項を特に明文をもって明記した規定であって，刑事訴訟法第335条第2項の規定する法律上犯罪の成立を妨げる理由又は刑の加重減免の理由となる事実に関するものではないから，論旨は理由がない。

第2　軽犯罪の類型（第1条各号）

1　潜伏の罪（第1号）

> 人が住んでおらず，且つ，看守していない邸宅，建物又は船舶の内に正当な理由がなくてひそんでいた者

(1)　立法趣旨

　本号は，公共の安寧（平穏）の保持を目的とする規定である。廃屋等の場所に入ることは住居侵入罪に当たらないが，これらの場所が窃盗犯人の根城や不良青少年の溜まり場となるなど，社会的に望ましくない行為に利用され，それに伴って賭博，失火，その他の犯罪を誘発することが考えられるので，ここにいう場所に潜むこと自体を禁止することによって，これら犯罪を防止することを目的としている。

　本号は，警察犯処罰令第1条第1号「故なく人の居住若は看守せさる邸宅，建造物及（および）船舶内に潜伏したる者」（注：原文は，漢字カタカナ表記。以下の各号おいても同じ。）を承継したものである。

(2)　要　件

　本号の構成要件は，次のとおりである。

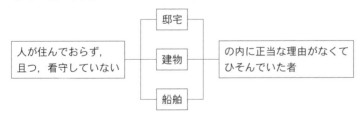

ア　「人」とは，犯人以外の者である。
イ　「住んでおらず」とは，人が日常生活のために使用していないことであり，刑法第130条（住居侵入罪）の「住居」に該当しない場合をいう。民法上の「住所」はもとより，母屋から離れた野外の炊事小屋であっても日

常生活に使用されていれば，これに当たらない。
ウ 「看守」とは，刑法第130条（住居侵入罪）にいう看守と同じ意味であり，事実上管理支配していることをいう（**判例①**）。現に利用している必要はなく，番人を置いて現実に監視させている場合ばかりでなく，鍵をかけてその鍵を保管している場合（**判例②**），出入口を釘付けにしている場合など，他人の立入りを排除する意思を明示していることも含む。近くに居住し，時折見回りをしているような場合も，看守していることに当たるであろう（野木ほか30頁，伊藤・勝丸51頁）。結局，普段の管理使用状況や所有者・管理者の住居との位置関係などによって決することになるが，実際上「看守していない」に該当するものは，廃屋，廃寺社，廃船などに限定されよう。
エ 「邸宅」とは，刑法第130条にいう「邸宅」とほぼ同じ意味であり，居住用の建造物及びこれを取り囲む区画された地域をいう。区画されている必要があるので，垣根や塀などの設備をもって外界と区別され，自由な交通が制限されていなければならない（**判例③，④**）。
オ 「建物」とは，刑法第130条，第260条などにいう「建造物」とほぼ同じ意味であり，屋根を有し，柱材で支持され，土地に定着し，人の起居出入りの可能な内部構造を有する建築物をいう（**判例⑤**）。工作物の大小及び材料の種類いかんを問わず（**判例⑥**），周壁及び天井がなくても差し支えない（**判例⑦**）。わら葺きの掘立小屋やいわゆるバンガローなども「建物」に当たる。ただし，洞穴，地下濠は屋根を有せず，柱材で支持されていないのでこれに当たらない。屋根があっても，門やくぐり戸は「建物」には当たらない。屋蓋が飛散した物置小屋は，屋根を有しないので「建物」には当たらない（**判例⑧**）。建築物だけでなく，その囲繞地を含む（**判例⑨**）。建築中の家屋は，家屋の外形を備えるようになれば「建物」に当たるが，棟上げしただけでは「建物」に当たらない（**判例⑩**）。本号の「建物」としては，例えば，学校・工場・倉庫・店舗・物置小屋などが考えられる。
カ 「船舶」とは，海，湖沼，河川などの水上を航行し得る一切の舟船（しゅうせん）をい

う。その大小，推進動力の有無を問わない。水上バス，水上機，飛行艇，ホバークラフト，水上オートバイも「船舶」に当たると解する。もっとも，本号の罪が成立するためには，船舶内に「ひそむ」行為が必要となるので，当然，その内部に人が潜み得る程度の船舶であることを要する。したがって，水上オートバイは，船舶には当たるが，内部に人が潜み得る空間がないので，水上オートバイに関して本号の罪が成立することはない。

　また，水上を航行し得ることを要するから，飛行船や陸上に定着している廃船は，これに当たらない。陸上に定着している廃船は，その構造，定置の趣旨・態様いかんによっては「建物」とされることがあるにとどまる。船であることを要するので，いかだ（筏）は含まれない。

　なお，いかだは，木材・竹など浮力を持つ部材を組み合わせて結び付けた水に浮かぶ物体で，航行や養殖の目的に用いられている。「船舶」が，全体の構造として水を押しのけた空間を確保し，それによって生み出される浮力を利用して運用されるものであるのに対し，「いかだ」は，それを構成する個々の部材自体の浮きとしての能力によって運用されるもの（浸水しても沈没しないもの）である。

キ　「正当な理由がなく」とは，刑法第130条にいう「正当な理由がない」と同じ意味であり，違法性を意味する。正当な理由の存否は，具体的事実に照らし，社会通念，健全な常識により決するほかない。雨やどりや避難のため，警察官が犯人を逮捕するため，廃屋に一時立ち入る場合などは正当な理由があるといえる。

　なお，本法において，違法性をあらわす用語として，「正当な理由がなく」という用語（1号，2号，3号，6号，8号，12号，19号，23号，32号）と「みだりに」という用語（7号，20号，33号）が区別して用いられている。「正当な理由がなく」というのは，行為の手段・方法・態様・結果などの客観的側面と行為者の動機・目的・認識などの主観的側面との両面から観察した場合の概念であるのに対し，「みだりに」というのは，行為の手段・方法・態様・結果など客観的側面から観察した場合の概念である。

一般的に,「みだりに」は,行為の客観的側面に関する証拠を収集して社会通念によって認定すればよく,行為者の主観的側面に関する証拠を収集する必要がないので,「正当な理由がなく」よりも,立証が容易である。

ク 「ひそむ」とは,人目につかないように身を隠すことをいう。「侵入」とは異なり,ある程度の時間的経過を必要とする。廃屋等に身を隠して無権原で住みつくことは,これに当たるが,公然と住みついている場合には,これに当たらない（伊藤・勝丸54頁）。

(3) 他の罪との関係

本号の対象となる廃屋等について,「看守しているとまではいえないものの,立ち入りが禁止されている」という稀有な場合もあり得よう。その場合,理論的には,本号の罪と第32号の立入禁止場所等侵入の罪とが競合的に成立することとなるが,実務的には,本号の罪における「建物」等の要件,第32号の罪における「入ることを禁じた」の要件につき,各立証の難易度を考慮し,いずれか立証の容易な方の罪で立件すれば足りる。

本号の罪は,軽犯罪法の補充的性格から,殺人予備罪・強盗予備罪・失火罪・賭博罪などが成立する場合には,これに吸収される。

(4) 判 例

① 最判昭59.12.18刑集38・12・3026

刑法130条にいう「人ノ看守スル建造物」とは,人が事実上管理・支配する建造物をいう。

② 大判昭12.2.18刑集16・2・99

土蔵カ縦令被告人ノ家敷内ニ存シタリトスルモ其ノ所有権カ他人ニ属シ而モ判示ノ如キ相当価額アル什器ヲ蔵置シ之ニ鎖鑰ヲ施シ且他人ニ於テ其ノ鍵ヲ保管シ居ル事実アリトセハ之ヲ目シテ刑法第130条ニ所謂人ノ看守スル建造物ナリト謂フニ妨ケス

③ 大判昭7.4.21刑集11・407

刑法第130条ニ所謂邸宅トハ住居ノ用ニ供セラルル家屋ニ附属シ主トシテ住居者ノ利用ニ供セラルヘキ区画セル場所ヲ謂フモノニシテ看守者アル地域ト雖 右ニ該当セサルモノハ以テ邸宅ト称スヘカラス

(事案は，1棟約10戸からなる長屋27棟・合宿所・浴場その他の建物が板塀で囲まれ，正門裏門を設け正門には見張りを置き，これを昼夜開放し，裏門には見張所がないため昼間だけ開放し，夜間はこれを閉めることになっている区域に関するものである。)

④ 最判昭32．4．4刑集11・4・1327

原審の認定した事実関係の下においては，本件甲株式会社中野住宅を社宅二十数個を含む一の邸宅と認めて，これに刑法第130条を適用したことは正当であって，この点に関する原判示は，当審においても是認することができる。

(事案は，社宅二十数戸が石垣や煉瓦塀で囲まれて一般民家とは区画され，責任者があって看守し，三方に門があって，その門にはいずれも木製観音開きの戸がついており，内側から閂(かんぬき)で閉めるような仕組みになっていて，毎晩10時すぎに責任者がこれらの門を閉めることになっている区域に侵入したもの。)

⑤ 大判大3．6．20刑録20・1300

建造物トハ家屋其他之ニ類似スル建造物ヲ指称スルモノニシテ屋蓋(おくがい)ヲ有シ牆(しょうへき)壁又ハ柱材ヲ以テ支持セラレテ土地ニ定着シ少クトモ其内部ニ人ノ出入スルコトヲ得ルモノタルコトヲ要ス而(しこう)シテ本件被告ノ破壊シタル潜戸ノ附属セル門ハ邸宅囲障ノ一部ヲ成シ開閉シテ以テ通行ニ備フルニ過キスシテ人ノ出入シ得ヘキ内部ヲ有セサルヲ以(もっ)テ建造物ナリト謂フヲ得(い)ス

⑥ 大判昭7．6．20刑集11・881

工作物ノ大小及其ノ材料ノ種類如何ハ建造物ノ概念ヲ左右スルモノニ非サルカ故ニ本件目的物カ所論ノ如ク一間半四方ノ藁(わら)葺藁囲ヲ以テスル掘立小屋ナリトスルモ之ヲ建造物ナリト認ムルハ不当ニ非ス

⑦ 大判昭2．5．30刑集6・200

周壁及び天井がなくても，屋蓋を有し柱材によって支持され土地に定着して人の起居出入り可能な内部を有する工作物は建造物に当たる。

⑧ 最判昭40．1．22判時399・20

本件物置小屋が伊勢湾台風以前は刑法第109条所定の建造物に当たるも

のであったことは疑のないところであるが，同台風によってトタン板の屋蓋が全部飛散してなくなり，雨露をしのぐことのできない状態となったものであるから，現実に修繕が行われるまでは，同条所定の建造物に当たらないものであったというべきである。

⑨　**最大判昭25．9．27刑集4・9・1783**
　　刑法第130条に所謂建造物とは，単に家屋を指すばかりでなく，その囲繞地を包含するものと解するを相当とする。所論本件工場敷地は，判示工場の附属地として門塀を設け，外部との交通を制限し，守衛警備員等を置き，外来者がみだりに出入りすることを禁止していた場所であることは記録上明らかであるから，所論敷地は同条にいわゆる人の看守する建造物と認めなければならない。

⑩　**大判昭4．10．14刑集8・477**
　　刑法第260条ニ所謂建造物トハ少クトモ屋蓋ヲ具有シ人ノ起居出入ニ適スル建物ヲ云フモノニシテ単ニ棟上ヲ終リタルノミニシテ未タ屋蓋又ハ周壁等ヲ有スルニ至ラサル程度ノ物件ハ同条ニ所謂建造物ニ該当セス

(5)　質疑応答

Q　家屋には誰も住んでおらず，その所有者において見回りもしていないが，鍵をかけてその鍵を保管している場合は「看守していない」に当たるか。

A　本号の「看守していない」には当たらない。「看守」とは，刑法第130条にいう「看守」と同義であり，事実上管理支配していることをいうのであって，本問のような場合にも事実上管理支配しているといえる。判例も，土蔵に鎖を用いて鍵をかけ，その鍵を保管していた事例において，「看守」に当たるとしている（**判例②**）。

(6)　犯罪事実の記載例

記載例①

被疑者は，正当な理由がないのに，令和〇年〇月〇日午後〇時頃から同日午後〇時頃までの間，人が住んでおらず，かつ，看守していない〇〇県

> ○○市○○町○番○号所在の物置小屋（○○○○所有）にひそんでいたものである。

記載例②

> 被疑者両名（3名）は，共謀の上，正当な理由がないのに，令和○年○月○日午後○時頃から同日午後○時頃までの間，人が住んでおらず，かつ，看守していない○○県○○市○○町○番○号所在の邸宅（○○○○所有）にひそんでいたものである（なお，共犯者のうち1名のみを送致する場合は，冒頭の部分を，「被疑者甲は，乙（及び丙）と共謀の上，」とする。）。

記載例③　併合罪の場合

> 被疑者は
> 第1　正当な理由がないのに，令和○年○月○日午前○時頃から同日午後○時頃までの間，人が住んでおらず，かつ，看守していない○○県○○市○○町○番○号所在の物置小屋（○○○○所有）にひそみ
> 第2　生計の途がないのに，働く能力がありながら職業に就く意思を有せず，かつ，一定の住居を持たないで，同年○月○日頃から同年○月○日頃までの間，同県○○市○○町○番○号○○線○○駅付近路上をうろついた
> ものである。

〔注〕　記載例は，本号の罪（第1事実）と第4号の罪（第2事実）の併合罪である。
　　　第1事実末尾の「ひそみ」が，文末の「ものである。」につながる必要があると考えるべきではない。
　　　なぜなら，文頭の「被疑者は」から文末の「である。」までが一つの文であり，第1事実末尾の「ひそみ」は「第2」という文言につながっており，第2事実を飛び越えて文末につながるものではないからである。
　　　ちなみに，この文は，元来「被疑者は，第1，正当な理由がないのに，（中略）物置小屋に潜み，第2，生計の途がないのに，（中略）路上をうろついたものである。」であったところ，まず，「第1」と「第2」と「ものである」の各直前で

改行し，次に読点を省略するという沿革を経て現在の形になったものである。

　つまり，「被疑者は」の直後と第1事実末尾の「ひそみ」の直後には元々「，」が存在したが，改行して読みやすくなったため，省略されているのである。しかし，第2事実の「うろついた」の直後には，元から「，」はなく，文末の「ものである。」に直結しているのである。したがって，第1事実末尾が，第2事実を飛び越えて文末につながることは国文法上あり得ないのである。

　なお，第1事実末尾を「ひそんでいた」とする書き方もあるが，そこで文が終止するのではないから適切ではなく，文の流れが不自然であり，好ましくない。

2　凶器携帯の罪（第2号）

> 正当な理由がなくて刃物，鉄棒その他人の生命を害し，又は人の身体に重大な害を加えるのに使用されるような器具を隠して携帯していた者

(1) 立法趣旨

本号は，公共の安寧（平穏）の保持を目的とする規定である。正当な理由がないのに，このような器具を隠して携帯する行為は，殺人，強盗，傷害などの人の生命，身体に対する犯罪を惹起する重大な危険を有しているので，その行為を禁止することによって，上記犯罪を未然に防止することを目的としており，実質的には，銃砲刀剣類所持等取締法（昭和33年法律第6号）と同趣旨の規定で，同法の補充的な意義を有する。

警察犯処罰令には同趣旨の規定はなく，新設規定である。

(2) 要　件

本号の構成要件は，次のとおりである。

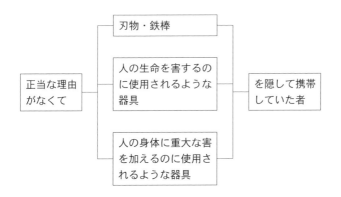

ア　「正当な理由がなく」とは，違法性を意味する文言である。「正当な理由がある」場合は，違法性が阻却され，本号の罪は成立しない。「正当な理由がある」場合とは，本号所定の器具を隠匿携帯することが，職務上又は日常生活上の必要性から，社会通念上，相当と認められる場合をいい，自己の職務遂行のために必要な場合，正当な営業行為に属する場合（野木ほか33頁），登山等のため登山ナイフを携帯する場合（伊藤・勝丸61頁）な

どがある。「正当な理由」の有無については，当該器具の用途や形状・性能，隠匿携帯した者の職業や日常生活との関係，隠匿携帯の日時・場所，態様及び周囲の状況等の客観的要素と，隠匿携帯の動機，目的，認識等の主観的要素とを総合的に勘案して判断すべきものと解される（**判例①**）。

特に，「十徳ナイフ」については，ナイフの機能以外にも，缶切り，栓抜き，鋸，ルーペ，ドライバー等の多種多様な機能があるので，その使用目的については，綿密な捜査を遂げ，人に対する「攻撃用」あるいは「護身用」として使用する目的の有無など，慎重に検討する必要がある。ちなみに，十徳ナイフにつき，行為者が通勤，外回り，出張及びプライベートに使用していた自動車のセンターコンソールボックス内に隠して携帯していた事案では「正当な理由」を肯定し（**判例②**），行為者が自転車で走行中に肩から掛けていたカバンの外ポケット内に隠して携帯していた事案では「正当な理由」を否定している（**判例③**）。

これら事案において，行為者は，いずれも，護身用ではなく，災害時や日常生活の便宜のために携帯していた旨主張していたが，前者（**判例②**）の事案では，自宅や職場から遠く離れた場所に行く機会がある状況での携帯であって多機能性を有する十徳ナイフの活用場面が想定できることから，その主張が認められ，後者（**判例③**）の事案では，自宅と職場が近く，その間を行き来する中での携帯であって十徳ナイフの活用場面が想定し難いことから，その主張が排斥されたものと思われる。これら事案の捜査に当たっては，具体的な使用場面が明確に想定できるか否かを解明することが肝要である。

なお，「正当な理由がなく」と「みだりに」との違いについては，「1 潜伏の罪 (2)要件 キ」を参照されたい。

イ 「刃物」とは，銃砲刀剣類所持等取締法第22条にいう「刃物」と同じ意味であり，同条にいう刃物及び同法第2条にいう刀剣類はもちろん，刃渡りや刃体の長さ，刃物の形態などについて何ら制限はなく，包丁，ナイフ，鉈，鎌など刃を持つ一切の器具をいう。ただし，同法第22条により，内閣府令で定められる刃体の長さが6センチメートルを超える刃物の所持

は，重く処罰され，本号の適用はない。また，極めて小さいナイフなど人の生命，身体を害することが困難なものはこれに含まれない。
ウ 「鉄棒」とは，鉄製の棒状のものを総称するが，その大きさ，形状などから人の生命，身体に対して重大な危害を加え得るものであり，人をして，直ちにその危険を感じさせるものであることを要する（**判例④**）。
　なぜなら，「刃物，鉄棒」は，「その他」によって「人の生命を害し，又は人の身体に重大な害を加えるのに使用されるような器具」に連結されており，後に続く「器具」の有する一般的属性が「刃物，鉄棒」にも存在することが予定されているからである。
エ 「その他」とは，法令用語上，その前後の語句を並列的に連結する語句である。例えば，「A，Bその他C」の場合，A，Bは，Cの例示ではなく，Cに包摂されるものではないという点で，「A，B又はC」と同様であるが，Cの有する一般的属性がA，Bにも存在することが予定されている（A，B，Cは，同じ一般的属性を有する，いわば仲間である。）という点で，「A，B又はC」とは異なる。
　また，これに類似する語句として「その他の」がある。例えば，「A，Bその他のC」の場合は，A，Bは，Cの厳格な例示としてCの一部となり，Cに包摂されることから，Cの概念（意味内容）によってA，Bの概念（意味内容）が限定されることになる。
　例えば，「犬，猫その他小鳥の飼育を禁止する。」とは言えても，「犬，猫その他の小鳥」とは言えないように，「その他」と「その他の」とは，異なる用語である。
　なお，本法では，「その他」と「その他の」の用語が各所で用いられているが，「その他」は，本条第2号，第3号，第5号，第6号，第7号，第9号，第20号，第23号，第26号に，「その他の」は，第8号，第10号，第12号，第13号，第15号，第17号，第25号，第27号，第30号，第33号などに用いられている。
オ 「人の生命を害し，又は人の身体に重大な害を加えるのに使用されるような器具」とは，性質上の凶器（木刀，竹槍，ヌンチャク，メリケンサッ

ク）だけではなく，用法上の凶器をも含むが，ある程度殺傷の用に供されやすいものであることを要する。なぜなら，「人の身体に重大な害」とは，擦過傷やこぶができる程度では足りず，日常生活に支障を来す程度の身体の傷害をいうからである。したがって，ステッキ，傘，釣りざお，通常の石塊，縄，手拭い，ベルトなどはこれに当たらないが，火炎瓶，硫酸瓶，千枚通し，鋸，チェーン，大型のはさみ，長さ1メートルないし2メートル前後の角材や角棒，刃のない先端が尖鋭なナイフ様の物（**判例⑤**）などはこれに当たる。長さ約1.5メートルで，その先端を斜めにとがらせた竹棒は，本号の器具に当たる。野球用のバット，コーラや牛乳の空瓶，タオル，ベルトなどについては，積極・消極の両説がある。通常殺傷の用に供されやすいといえるか否かで判断することとなるが，少なくとも，金属バットや割れ瓶は，本号の器具に当たると解する。また，護身用の催涙スプレーやスタンガンも，通常殺傷の用に供されやすいので，本号の器具に当たるが，本号の罪の成立に当たっては，「正当な理由」の有無につき，実務上争点となり得ることから，十分な捜査が必要である。なお，「器具」であることを要するので，劇毒物自体は本号の器具には当たらない。

カ　「隠して」とは，一般社会生活上，これに接触する人から見えない状態に置くことをいう。特別な検査をしなければ発見できない程度である必要はない。ポケットにしまうとか，上着の内側に入れるとか，ナイフを手掌で握り締めることなどもこれに当たる。必ずしも全部を覆う必要はない（**判例⑥**）。したがって，竹槍の先端だけを新聞紙で包むことも「隠して」に当たる（**判例⑦**）。これに対し，貨物自動車の荷台上に鉄棒・鉄パイプなどを満載して上からシートをかけていたときは，自動車の後方からこれら鉄棒等が明確に認められる状況にあったから「隠して」に当たらないとするものがある（京都地決昭44.7.4刑月1・7・780）。

　また，本号の罪が成立するためには，「隠して携帯」に関する行為者の認識が必要である。なぜなら，「隠して携帯」も本号の罪の構成要件事実であり，これに対応する故意として，その事実の認識が必要である。すな

わち，「携帯している」ことの認識の他に，それが「隠された状態にある」ことの認識が必要である（前掲**判例⑥**）。したがって，不可抗力によって隠れた状態になり，そのことに気付いていない場合は，故意がなく，本号の罪は成立しない（**判例⑧**）。

なお，隠された状態にあることの認識があれば足り，隠すことについての積極的な意思（企図や意欲）までは必要ないと解する（**判例⑨**）。もっとも，「隠すことについての何らかの積極的な意思」が必要であるとする裁判例（**広島高岡山支判平29．3．8判時2354・109**）もあるが，故意に加えて「何らかの積極的な意思」という主観的違法要素を要求する条文上の根拠がないこと，その基準も「何らかの積極的意思」という曖昧なものであることから，理論的根拠が希薄であり，賛同できない。

キ 「携帯」とは，自宅又は居室以外の場所で器具を直ちに使用し得る状態で身辺に置くことをいい，かつ，その状態が多少持続することを要する（**福岡高判昭41．5．6下刑集8・5・682**）。銃砲刀剣類所持等取締法の携帯と同義である。

所持の概念より狭いが，必ずしも自己の身につけている必要はない。手に持ったり，ポケットやカバンに入れて持ち歩くなどはもちろん「携帯」に当たるが，自己の運転している自動車の荷台とか，トランクに積むとか，電車の網棚にのせて置くこともこれに当たる。他人に持たせて同道することも含む（**判例⑩**）。

携帯に当たるかは，上記の例に挙げたように，その客観的態様で判断されるべきであって，携帯者の「直ちに使用し得る支配状態で身辺に置く意思」あるいは「自己が使用目的に従い使用する意思」といった主観的意図は要件ではない。このような主観的意図は，「正当な理由」の有無で判断すべきである。この点は，過激派学生が牛刀を他人に郵送するため，完全に包装して自宅から郵便局まで運搬する行為が銃砲刀剣類所持等取締法第22条の「携帯」に当たるかが争われた事件において，第一審（**大阪地判昭49．1．30**）は，「直ちに使用し得る支配状態で身辺に置く意思」が必要であるかのようなニュアンスで判示したのを，第二審（**判例⑪**）は，そのよ

うな意思は不要とした上,「直ちに使用し得る状態」は携帯の要件である旨判示したものである。

なお,これに関連して銃砲刀剣類所持等取締法においては,許可又は登録を受けた銃砲等又は刀剣類については,正当な理由のない携帯と運搬が処罰の対象となっている(同法第10条第1項,第21条)のに対し,刃体の長さが6センチメートルを超える刃物については,携帯のみが処罰の対象となっている(同法第22条)。そこで,携帯と運搬の区別が問題となるが,この点についても客観的態様の違いで判断されるべきであり,携帯とは,直ちに使用し得る状態で身辺に置くことをいい,運搬とは,自己の支配下において場所的に移転することをいう。

したがって,単に場所的移動を目的として身につけている場合でも,直ちに使用し得る状態にあれば,携帯に当たる。

自宅内の寝床の下に置くとか(野木ほか34頁),机の引き出しに入れておくなども「携帯」に当たるとする説もあるが,自宅内での携帯は定型的に危険性が極めて少ないので,本号の「携帯」には当たらないと解する。

また,「携帯」といい得るためには多少の時間的経過を要する。本号の罪は継続犯である。

(3) 他の罪との関係

本号に該当する行為が同時に銃砲刀剣類所持等取締法第3条第1項,第10条第1項,第22条に違反する場合には本号の適用はなく,殺人予備罪(刑法第201条),強盗予備罪(同法第237条),凶器準備集合罪(同法第208条の2),火薬類取締法(昭和25年法律第149号),爆発物取締罰則(明治17年太政官布告第32号),公職選挙法(昭和25年法律第100号。同法第231条)などに当たる場合も同じである。なお,本号の凶器携帯と覚醒剤所持との罪数関係については,後記の質疑応答のとおりである。

(4) 判 例

① 最判平21.3.26刑集63・3・265

催涙スプレー1本の隠匿携帯事件について,前記(2)要件・アのとおり,「正当な理由」の有無についての判断基準を示した上,「本件のように,職

務上の必要から，専門メーカーによって護身用に製造された比較的小型の催涙スプレー1本を入手した被告人が，健康上の理由で行う深夜路上でのサイクリングに際し，専ら防御用としてズボンのポケット内に入れて隠匿携帯したなどの事実関係の下では，同隠匿携帯は，社会通念上，相当な行為であり，上記『正当な理由』によるものであったというべきであるから，本号の罪は成立しないと解するのが相当である。」旨判示した。

② 新潟簡判令5．2．28（東京高判での破棄差戻後の第一審）法律時報96・9・143

本文記載の事実を認定した上，「商工会に勤務する被告人が，他者に危害を加え，あるいは，他者から危険を加えられることに備えて，本件ナイフを自動車に常備し，これを隠匿携帯していたような状況をうかがわせる事情は見当たらず，かえって，5年以上にわたり本件ナイフを自動車のコンソールボックス内に入れている間，本件ナイフを使用したことがないという事実によれば，人に対する状況で使用するための手段として本件ナイフを携帯するという発想自体を持ち合わせていなかったことが推認される。」，「本件ナイフの多機能性からすると，本件ナイフのナイフ部分以外の機能の利用も想定していたことが認められる。」，「万一のとき，シートベルトを切断するつもりで漠然と所持していることもあり得ないことではない。」，「本件ナイフのナイフ部分を携帯していた目的については，人に向けられた護身用ではなく，災害用，防災用であったと認められる。」と判示し，「正当な理由」があると判断した。

③ 大阪高判令5．8．1高検速報5・229

本文記載の事実を認定した上，「自宅と職場が近い被告人が，その間を行き来する中で，災害時に同ナイフを使用する具体的状況を想定することが難しいだけではなく，被告人自身が，万一災害にあってこういう事態になったらこう使おうなどといった具体的な使用状況や用途を一つの例ですら想定していなかったことからすれば，被告人は，本件携帯時，災害時に備えた具体的対策として同ナイフを携帯していたものとはいえない。」，「十徳ナイフの多機能性が発揮されることが想定されない場面において，

これといった必要性もないのに，漠然とした目的で十徳ナイフを常時隠匿携帯することが許される，というのは，人の生命，身体に重大な害を加える犯罪に発展することを未然に防止するために，そのような抽象的危険性のある器具の携帯を制限することにしたものと考えられる軽犯罪法1条2号の趣旨からみて相当とはいえない。」と判示した。

④　京都地決昭48.10.12判時721・106

　　軽犯罪法第1条第2号にいう器具とは凶器を指すものであり，凶器とはその性質上又は用法上人の身体を傷害し得べき器具で社会通念上一般人がその用法について直ちに危険感を抱くようなものをいうものと解せられる。そこで被疑者らが前記車両に積載していた鉄パイプが右にいう凶器に当たるか否かについて検討してみるに，右鉄パイプは3.70メートルの長さを有するものであり，適宜の長さに切断して扱いやすくした場合はともかくとして，そのままの長さでは右車両に積載された状況のもとで客観的にみて社会通念上一般人がその用法について危険感を抱くようなものとは認め難い。そうすると，被疑者らが右車両に右鉄パイプを積載し，それを布製シートで覆っていたからといって直ちに軽犯罪法第1条第2号に違反するものということはできない。

⑤　神戸家決昭61.7.25家月39・6・100，判タ622・242

　　「銃砲刀剣類所持等取締法第3条所定の「刀剣類」については，現在は刃がついておらず，刃物としての機能（殺傷能力）がなくとも，通常の修理，加工を施せばこの機能を備えるようになると認められるものも「刀剣類」としての規制の対象になると一般に解されている（最決昭和42年4月13日刑集21巻3号459頁参照）のであるが，同法第22条の「刃物」についてはどのように解すべきであろうか。元来，「刀剣類」は武器として製作されたものであって人に対する殺傷能力は極めて高いから，その「所持」は原則的に禁止されているのである。すなわち，「刀剣類」は人に対する殺傷の一般的危険性のゆえに，直ちに危険という状態に限ることなく，一般的な状態においてその「所持」を禁止しているのである。そうすると，通常の修理，加工により完全な「刀剣類」になり得るものについてもその

「所持」を禁止することについては合理的な理由があるものというべきである。これに対して「刀剣類」に該らないような「刃物」は一般に日常生活を営むうえでの道具として製作されたものであるから，その「所持」を禁止するのは適当でなく，ただ本来の用途に使用する目的がないのに，これを持ち歩くような場合に人の生命，身体に対する侵害を現実に誘発するおそれがあるので，「所持」よりも直接的かつ現実的な正当な理由のない「携帯」のみを同法第22条により禁止しているのである。このように「刃物」の場合はその「携帯」が直ちに殺傷の危険につながることを重視するのであるから「刃物」というためには「携帯」の時点で刃を備えていることを要し，通常の修理，加工により刃を備えることが可能であろうと現に刃のないものは同条所定の「刃物」には該らないと解するのが相当である。」とした上，刃を備えていないが先端が尖鋭なナイフ様の物は，銃刀法第22条所定の「刃物」に該当しないが，軽犯罪法第1条第2号所定の「人の身体に重大な害を加えるのに使用されるような器具」に該当するとした。

⑥ 東京簡判昭49．4．9刑月6・4・384

完全に隠蔽されている場合に限られることなく，一般社会生活上における普通人の注意力を基準とし，通常の視野の範囲内においては，前記のような危険な器具の本体の存在を一見して容易に看取し得ないような状態におかれていれば，それでこの「隠して」の要件を充足するのであり，新聞紙で巻いて包装した多数の鉄パイプを手提紙袋に入れて運ぶ際，若干の鉄パイプが紙袋の口から多少はみ出していても，軽犯罪法第1条第2号にいう「隠して」携帯した場合に当る。本号の要件としては，当該本人らが，鉄パイプなどを「携帯する」意思のほかに，それが「隠された」状態にあることについての認識をもつことが必要であることはいうまでもない。

⑦ 高松高判昭28．3．9高刑集6・4・428

被告人は原判示日時場所において竹棒2本をその先端を含む上部約1尺位を新聞紙で包んで携帯していたこと及び右竹棒はいずれも長さ約1メー

トル50センチ大でその先端を斜めにとがらせたものであること明らかである。よって被告人の本件竹棒携帯が軽犯罪法第1条第2号に該当するや否やにつき考察するに，右のごとき長さでかつその先端をとがらせた竹棒は人の身体に重大な害を加えるのに使用されるような器具に該当するものと言うべきであり，被告人がその先端部分を新聞紙で包み先端がとがっていることを隠して右竹棒を携帯していた以上竹棒そのものを隠していなくても右第2号にいわゆる「器具を隠して携帯していた者」に該当するものと言わなければならない。けだし本件竹棒が「人の身体に重大な害を加えるのに使用されるような器具」と見られる主たる理由はその先端部分がとがっている点にあるからである。

⑧ 京都簡判昭48．2．19判夕302・313

本罪にいう「隠して」とは，一般社会生活上他人の眼に触れぬような状態に器具を置くことをいい，他人の眼に触れぬような状態に器具を置くことについて犯人にその意思があることを必要とすべきである。したがって，器具の付近に置いてあった風呂敷上衣等が被告人の意思に基づかない自然力，物理力の作用により器具の上に覆いかぶさったとしても，この結果的状態を捉えて犯人において隠す意思があったといえないことはもちろんである。

⑨ 大阪高判令5．8．1高検速報5・229

被告人側の「軽犯罪法1条2号所定の『隠して』との文言は，隠すことについての積極的な意思を必要とする趣旨と解釈されるべきである。」との所論（主張）に対し，「被告人は，本件十徳ナイフを，自らかばんの外ポケットの中に入れ，チャック（ファスナー）を閉じて，他者から見えない状態にしていたのであり，これは被告人の意思に基づいて行われたものである。被告人が，このように自己の意思により同ナイフを隠された状態にして携帯していた以上，軽犯罪法1条2号所定の『隠して』携帯したことに当たる。所論のいう『隠すことについての積極的な意思』というものが，それ以上の何らかの主観的な要素を必要とするという趣旨であれば，根拠がなく，採用できない。」と判示した。

⑩　大判昭9．5．5刑集13・566

　大正14年高知県令第14号（銃砲火薬類取締法第12条及同法施行規則第48条ニ依ル短刀，匕首取締規則）第1条ニ所謂携帯トハ自己ニ於テ同県令所定ノ短刀匕首其ノ他之ニ類似ノ戎器ヲ把持帯佩スル場合ノミニ限ラス所論ノ如ク戎器ヲ袋ニ入レテ手提鞄ニ納メ自己ノ監督ノ下ニ一時他人ヲ使役シテ之ヲ所持セシムルカ如キ場合ヲモ包含スル趣意ナリト解スルヲ相当トス

⑪　大阪高判昭49.12.3高刑集27・7・711

　（銃砲刀剣類所持等取締法において）携帯のみを禁止処罰している立法趣旨，更には刃物と認識して行う運搬が処罰の対象となっていないこと等から考えると，「直ちに使用し得る状態で」ということは携帯罪成立の要件というべきである。

(5)　質疑応答

Q1　自己の運転する普通自動車内に刃体の長さ5.5センチメートルのナイフを護身用に隠し持っていた場合，本号の罪に当たるか。

A　護身目的は，現行法において自力救済が禁止され，正当防衛の成立範囲が厳格に法定されている以上，「正当な理由」には当たらない。よって，本号の罪が成立する。

　もっとも，俗にいう「護身用」とは，けんかを仕掛けられた場合には受けて立ち，相手を殺傷するために刃物を使用するというものであり，いわば，「売られたけんかを買う意思」を伴うものであるから，行為者に積極的加害の意思が認められ，正当防衛は成立しない。警察等の捜査においては，この点に関する証拠を収集することが肝要である。

　なお，刃体の長さが6センチメートルを超える刃物の携帯は，原則として銃砲刀剣類所持等取締法第22条によって本号より重く処罰されることから，本号の適用はない。

Q2　護身用に購入した折り畳みナイフ（刃体の長さ約5センチメートル）を衣類と一緒に段ボール箱に詰めてガムテープで梱包した上，下宿先に郵送するため，これを両手に抱え，実家から郵便局に向かって歩いてい

た場合，本号の罪に当たるか。また，梱包ではなく，上記ナイフ1本を封筒に入れて封かんしていた場合は，どうか。

A 梱包していて「直ちに使用し得る状態」にはないので，「携帯」しているとはいえず，本号の罪には当たらない（上記**判例⑪**参照）。また，上記ナイフを封筒に入れていた場合は，封筒を破って瞬時にナイフを取り出すことができ，直ちに使用し得るから，「携帯」に当たる。

Q3 甲は，以前から「とび口」（棒の先に鳶のくちばしに似た鉄の鉤のついた道具）を自己の使用する普通乗用自動車の助手席足元の床上に隠し置き，一方，覚醒剤をセカンドバッグに入れて持ち歩いていたものであるが，本件当日午後7時頃上記自動車の運転席に乗り込んで，そのセカンドバッグを助手席シート上に置いたところ，その約3時間後に警察官から職務質問を受け，各所持が発覚するに至った。本号の罪に該当する「とび口」の携帯と覚醒剤取締法違反（所持）罪に該当する「覚醒剤」の所持は，刑法第54条第1項前段の「1個の行為」か。つまり，両罪は観念的競合の一罪か，それとも併合罪か。

A その判断に当たっては，各物件の客観的所持態様が重要な要素となる。同一自動車内の近接した場所で発見されたのであるから，通常は「1個の行為」であって観念的競合に当たるが，各物件の客観的所持態様が異なれば，2個の行為と認められて併合罪となる。最高裁判所は，本件事案について，「とび口については車両内に積み置いて携帯していたものであり，一方，覚醒剤についてはセカンドバッグに入れて持ち歩いて所持していたものであって，上記の携帯及び所持は，刑法54条1項前段の1個の行為と評価することはできない。」と判示し，各物件の客観的所持態様が異なることを理由に，両罪は併合罪であるとした（**最決平15.11.4判時1848・154**）。

(6) 犯罪事実の記載例

記載例①

> 被疑者は，正当な理由がないのに，令和○年○月○日午後○時○分頃，○○県○○市○○町○番○号「○○マンション」前路上において，ナイフ1本（刃体の長さ約5センチメートル）を，背広のポケット内に隠して携帯していたものである。

記載例②

> 被疑者は，正当な理由がないのに，令和○年○月○日，○○県○○市○○町○番地「○○ハイツ」前路上において，他人の生命を害し又は人の身体に重大な害を加えるのに使用されるような先端をとがらせた竹やり2本（長さ約1.5メートル）を，新聞紙でその先端を包み隠して携帯していたものである。

記載例③

> 被疑者両名（3名）は，共謀の上，正当な理由がないのに，被疑者○○が，令和○年○月○日午後○時頃，○○県○○市○○町○番地○○駐車場において，鉄棒2本（長さ約1メートル）を，竹刀袋に隠して携帯していたものである（なお，共犯者のうち1名のみを送致する場合は，冒頭の部分を，「被疑者甲は，乙（及び丙）と共謀の上，」とする。）。

記載例④　併合罪の場合（1 潜伏の罪 (6)犯罪事実の記載例③参照）

3 侵入具携帯の罪（第3号）

> 正当な理由がなくて合かぎ，のみ，ガラス切りその他他人の邸宅又は建物に侵入するのに使用されるような器具を隠して携帯していた者

(1) 立法趣旨

本号は，公共の安寧（平穏）の保持を目的とする規定である。正当な理由がなくて他人の邸宅又は建物に侵入するのに使用されるような器具を隠して携帯することは，住居侵入や窃盗などの犯罪に発展する危険性をはらんでいるので，このような行為を禁止することによって，住居侵入，窃盗，強盗などの犯罪を未然に防止しようとするものである。

警察犯処罰令には，同旨の規定はなく，新設された規定である。

(2) 要件

本号の構成要件は，次のとおりである。

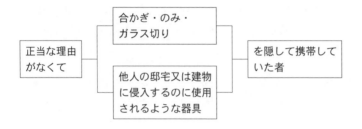

ア 「正当な理由がなくて」とは，違法性を意味する文言である。「正当な理由がある」場合は，違法性が阻却され，本号の罪は成立しない。なお，「正当な理由がなく」と「みだりに」との違いについては，「1 潜伏の罪(2)要件 キ」を参照されたい。

イ 「合かぎ，のみ，ガラス切りその他他人の邸宅又は建物に侵入するのに使用されるような器具」とは，合鍵，のみ，ガラス切り，ペンチ，ドライバー，バール，やすり，懐中電灯，カッター，縄はしごなどであって，いずれも他人の邸宅又は建物に侵入するのに使用されるようなものでなければならない。自動車のドアの合鍵については，積極説もあるが（警察庁

「特別刑法」11頁），構成要件が「その他」によって「邸宅又は建物に侵入するのに使用されるような器具」に連結され，その一般的属性を共有するものとして解釈すべきであることから消極に解する（同旨：伊藤・勝丸66頁）。なお，「その他」と「その他の」の違いについては，「2 凶器携帯の罪 (2)要件 エ」を参照されたい。

ウ 「邸宅」及び「建物」については，「1 潜伏の罪 (2)要件 エ・オ」参照。条文には「現住性」又は「人が看守していること」は明示されていないが，行為・態様が「侵入」とあるので，当然人の居住し又は人の看守するものに限られる。

エ 「侵入」とは，刑法第130条（住居侵入罪）にいう「侵入」と同義であって，居住者，看守者の意思に反して立ち入ることを意味する。

オ 「隠して携帯」については，「2 凶器携帯の罪 (2)要件 カ・キ」参照。
　本号の成立には，他人の邸宅又は建物に侵入するのに使用されるような器具を現実に使用する目的をもって携帯する必要はない。すなわち，本号は「目的犯」としない立法形式であるから，このような器具を使用して邸宅又は建物に侵入する目的や意図の存在は必要でなく，要するに，これらを隠して携帯すれば成立する（**判例①，②**）。

(3) 他の罪との関係

「特殊開錠用具の所持の禁止等に関する法律」に規定された，正当な理由による場合でない「特殊開錠用具の所持」及び「指定侵入工具の携帯」の各罪（1年以下の拘禁刑又は50万円以下の罰金）は，本号の罪と同じく，建物に侵入して行われる犯罪の防止を目的とするもので，本号の罪の特別犯であるから，それらの罪が成立する場合には本号の罪は成立しない。

　特殊開錠用具等の意義については，同法律施行令によって定められている。「特殊開錠用具」とは，①ピッキング用具（錠に用いられるシリンダーを鍵を用いることなく，かつ，破壊することなく回転させるための器具），②破壊用シリンダー回し（特定の型式の建物錠のシリンダーに挿入して強制的に回転させることによりこれを破壊するための器具），③ホールソー（ドリルに取り付けて用いる筒状ののこぎり）のシリンダー用軸（特定の型式の

建物錠のシリンダーに挿入して用いるための軸），④サムターン回し（建物錠が設けられている戸の外側から挿入して当該建物錠のサムターン（かんぬきの開閉を行うためのつまみ）を回転させるための器具）をいう。「指定侵入工具」とは，①先端部が平らで，その幅が0.5センチメートル以上，かつ，長さ（専用の柄を取り付けることができるものにあっては，柄を取り付けたときの長さ）が15センチメートル以上のドライバー，②作用する部分のいずれかの幅が2センチメートル以上，かつ，長さが24センチメートル以上のバール，③直径1センチメートル以上の刃が附属するドリルをいう。なお，同法律では，正当な理由なく所持することを知って「特殊開錠用具」を販売又は授与した者も処罰される。

　本号は，住居侵入や住居侵入を伴う窃盗など（以下「住居侵入等」という。）の予備的段階を処罰しようとするものではあるが，すすんで住居侵入等が行われれば，それらの罪と本号の侵入具携帯罪とが別個の犯罪として成立し，併合罪の関係に立つと解する。なぜなら，住居侵入等罪と本号の侵入具携帯罪とは，その罪質及び保護法益の相異に鑑みれば，住居侵入等の行為と侵入具携帯行為とは別個の行為と評価すべきであるからである。すなわち，①住居侵入罪の保護法益は住居の平穏であり，窃盗罪の保護法益は財産権であって，いずれも実質的な法益侵害の発生を必要とする侵害犯であるのに対し，侵入具携帯罪の保護法益は住居侵入等の犯罪を未然に防止することによる公共の安寧（平穏）という社会的法益であって実質的な法益侵害の発生を必要としない危険犯であること，②しかも，住居侵入等の行為が時間的，場所的に限定された具体的侵害犯であるのに対し，侵入具携帯の行為は無限定に継続する抽象的危険犯であること，③したがって，仮に侵入具を携帯する行為が発展して，その侵入具を使用して住居侵入等に及んだ場合でも，予備罪の行為がその目的とする基本的犯罪の実行行為により終結するのとは異なり，住居侵入等の終了後においても携帯行為が継続する限り，行為者において具体的な住居侵入等の目的が無くても，なお次の住居侵入等を犯す抽象的危険が存続することに鑑みれば，侵入具携帯と住居侵入等は別個の行為とみるべきであるからである（**判例③**，**④**）。強盗予備罪（刑法第237

条)が成立する場合においても,同罪と本号の罪とは同様に併合罪の関係に立つと考えられる(反対:伊藤・勝丸68頁)。なぜなら,本号の罪の保護法益は,前記のとおり公共の安寧(平穏)という社会的法益であり,強盗予備罪の保護法益は,行為者の企図する具体的な強盗行為による生命・身体・自由・財産への侵害を未然に防止するという個人的法益であることに鑑み,両罪は別個の行為と評価すべきであるからである。

このことは,上記「特殊開錠用具の所持」,「指定侵入工具の携帯」の各罪と住居侵入,窃盗,強盗予備罪との関係についても,同様に当てはまる。

もっとも,住居侵入罪,窃盗罪,強盗予備罪が各成立し,その立証が確実である場合には,それらの罪で処罰すれば足りるので,あえて本号の罪を立件・起訴するまでもないと考えるのが実務の実情である。

(4) 判 例

① 東京高判昭60.9.13,東高刑時報36・8=9・71,判時1182・157

軽犯罪法第1条第3号所定の他人の邸宅又は建物に侵入するのに使用されるような器具を「携帯する」とは,このような器具を,直ちに使用することができる状態で自己の支配下に置いておけば足りるのであって,携帯している者が所有権や使用権などの権原に基づいて携帯しているかどうかは犯罪の成否には関係ないものである。

② 浦和地決昭56.5.25刑月13・4=5・414

軽犯罪法第1条第3号は住居侵入,屋内侵入窃盗等の犯罪に結びつく抽象的危険性のある行為自体を禁止する趣旨であるから,同条同号の「他人の邸宅又は建物に侵入するのに使用される器具」とは,客観的に侵入の用途に用い得る性質を備えたものであれば足り,これを携帯する者が,これを侵入のために使用する意図を有することは必要でない。

③ 大阪高判昭61.9.5高刑集39・4・347,判時1214・138

軽犯罪法は,いまだ一般的な刑法犯にも至らない道徳律違反行為の色彩のある犯罪にして,社会的非難の度合いも比較的軽度であるものの,公共の安寧の保護の見地から特に取締りの必要と認められる行為を処罰する趣旨の下に制定されたもので,同法第1条第3号の侵入具携帯罪は,住居に

侵入するのに使用されるような器具を隠して携帯（以下，単に「携帯」という。）することが，住居侵入あるいは住居侵入の上での窃盗等の犯行に発展する危険性があるので，これらの犯罪の発生を未然に防止するため，このような器具の携帯行為を犯罪行為として処罰するものであって，携帯者が住居侵入の意思ないし目的を持っていたか否かを問わず，正当な理由のない侵入具の携帯行為自体を処罰の対象とする点において，抽象的危険犯であり，当該器具を現実に使用することを必要としないから，その意味においては単純な行為犯にすぎず，その保護法益も公共の安寧及び秩序という社会的法益である。これに対し，住居侵入罪は，単純行為犯の一種ではあるが，住居権者，管理権者の意思に反することが必要である点において具体的侵害犯であり，その保護法益は住居の平穏という個人的法益である。したがって，侵入具を携帯する者が，住居侵入に及んだ場合でも，住居侵入後においても携帯行為が継続している限りは，携帯者が次の住居侵入の目的をもっていると否とにかかわらず，なお，次の住居侵入を犯す抽象的危険が存続し，その行為が処罰されるべき筋合いのものである。以上の軽犯罪法の立法趣旨，両罪の罪質，保護法益の相異などの諸点を考え合わせてみると，侵入具携帯行為と住居侵入行為とは別個の行為とみるべきであり，侵入具を携帯する者が窃盗目的で住居に侵入した場合でも侵入具携帯が窃盗目的の住居侵入罪に包括的に評価され，吸収されるものではなく，両罪が別個の犯罪として成立し，併合罪の関係に立つと解する。

④ 最決昭62．2．23刑集41・1・1，判時1227・138

本件における盗犯等の防止及び処分に関する法律第3条の常習累犯窃盗罪と軽犯罪法第1条第3号の侵入具携帯罪の罪数関係につき検討する。

原判決の認定するところによれば，本件起訴にかかる常習累犯窃盗罪は，被告人が常習として昭和60年5月3日午前3時頃大阪市住吉区内の寿司店において金員を窃取したことを内容とするものであり，また，確定判決のあった侵入具携帯罪は，被告人が同月30日午前2時20分頃同市阿倍野区内の公園において住居侵入・窃盗の目的で金槌等を隠して携帯していたというものであって，このように機会を異にして犯された常習累犯窃盗と

侵入具携帯の両罪は、例え侵入具携帯が常習性の発現と認められる窃盗を目的とするものであったとしても、併合罪の関係にあると解するのが相当であるから、これと同旨の原判決の結論は正当である。

(5) 質疑応答

Q 侵入具携帯の罪で逮捕された者が、略式手続により起訴され、科料9,000円に処する旨の略式命令を受け、これが確定した後、その侵入具を使った住居侵入を伴う常習累犯窃盗の余罪が発覚した場合、上記余罪を起訴できるか。

A 前記判例③、④のとおり、侵入具携帯の罪と常習累犯窃盗罪とは併合罪の関係にあり、一罪ではないため、既に確定した侵入具携帯の罪の略式命令の既判力（一事不再理の効力）は、上記余罪には及ばず、常習累犯窃盗罪で起訴できる。

(6) 犯罪事実の記載例

記載例①

> 被疑者は、正当な理由がないのに、令和○年○月○日午前○時○分頃、○○県○○市○○町○番○号「○○マンション」前道路上において、他人の邸宅又は建物に侵入するのに使用されるような器具であるドライバー1本及び懐中電灯1個をショルダーバッグ内に隠して携帯していたものである。

記載例②

> 被疑者両名（3名）は、共謀の上、正当な理由がないのに、令和○年○月○日頃、○○市○○区○○町○番○号先路上において、他人の邸宅又は建物に侵入するのに使用されるような器具である合い鍵25個及び懐中電灯1個を乗用車のトランク内に隠して携帯していたものである（なお、共犯者のうち1名のみを送致する場合は、冒頭の部分を、「被疑者甲は、乙（及び丙）と共謀の上、」とする。）。

記載例③　併合罪の場合（1潜伏の罪 (6)犯罪事実の記載例③参照）。

4 浮浪の罪（第4号）

> 生計の途がないのに，働く能力がありながら職業に就く意思を有せず，且つ，一定の住居を持たない者で諸方をうろついたもの

(1) 立法趣旨

このような浮浪行為は，それ自体反社会的である上，犯罪行為に発展しやすく，治安維持の必要からも，浮浪行為自体を禁止したものである。

本号は，警察犯処罰令第1条第3号「一定の住居又は生業なくして諸方に徘徊する者」を承継したものであるが，公安維持の必要性と人権の保障とを調和させるため，その構成要件に絞りをかけたものである。

(2) 要件

本号の構成要件は，次のとおりである。

生計の途がないのに	働く能力があり	職業に就く意思がなく	一定の住居を持たない	諸方をうろついたもの

本号に該当する者は，①生計の途がなく，②働く能力があり，③職業に就く意思がなく，④一定の住居を持たず，⑤諸方をうろつく，という5つの要件全てを満たす者であり，1つでも欠けると本号の罪は成立しない。

ア 「生計の途がない」とは，継続的かつ適法な手段で自己の日常生活を営むに必要な費用を調達できないことをいう。継続的かつ適法なことを要するから，盗み，売春などの犯罪行為や競馬，競輪，麻雀，パチンコなど偶然性に大きく左右される行為による収入により生活する者は，生計の途を有するとはいえない。しかし，必ずしも自己の労働によることは必要ではないから，親の遺産や仕送り，貯金の利子などにより生活できる場合は，生計の途がないことにはならない。

イ 「働く能力がありながら職業に就く意思を有せず」とは，その者の知力，体力を医学的・客観的に判断して働く能力があると認められるにもかかわらず，職業に就く意思のないことをいう。したがって，老齢，病気，身体障害などの理由で働けない者や就労の意思があって仕事を探したが，

見付けることができないため就職できない者はこれに当たらない。しかし，「職業に就く意思」は，単なる主観的要素をいうものではなく，就労を嫌悪するか否かを問題にするものであるから，現実に仕事を探した経緯，実績により，その有無を決すべきである。ここにいう「職業」は適法なものに限る。もっとも，その職業が許認可・届出等を要する場合，許認可を受けず，又は無届出であるなど手続の不順守をもって，直ちに適法な職業でないとはいえない（植松51頁，大塚140頁，伊藤・勝丸73頁）。

ウ 「一定の住居を持たない」とは，ある程度継続的に，かつ，社会通念上も人が日常生活を行うにふさわしいと認められる場所を有しないことをいう。したがって，神社仏閣の縁の下，地下道，公園のベンチ，ガード下，駅の構内などは，いくら相当期間生活を送ったとしても一定の住居とはいえない。しかし，旅館，ホテル，簡易宿泊所，建設現場仮設宿舎などでも相当期間継続して寝泊りすれば，一定の住居である。

エ 「諸方をうろつく」とは，一定の目的もなく，移動することをいう。うろつく地域の範囲・広狭は問題ではない。

オ 警察犯処罰令第1条第3号は，一定の生業があっても，一定の住居がなく諸方を徘徊すれば罰せられ，逆に，一定の住居があっても，一定の生業がなく諸方を徘徊すれば罰せられたため，警察にとって使い勝手が良く，最も適用例の多かった規定である。しかし，軽犯罪法第1条第4号においては，構成要件を厳格にして濫用の防止を図った。

(3) **他の罪との関係**

本号の要件と本条第22号（こじきの罪）の要件が同時に満たされる場合，つまり，本号に該当する者がこじきをしながら諸方をうろつく場合には，両罪が成立し，両者の関係は観念的競合（刑法第54条前段）である。

(4) **質疑応答**

Q1 駅の構内に段ボールを敷いて，半年間にわたって生活を送っている者は，本号の「一定の住居を持たない者」に該当するか。

A 「一定の住居」とは，社会通念上，人が日常生活を行うにふさわしいと認められる場所でなくてはならないから，駅構内はこれに該当せず，

「一定の住居を持たない者」に該当する。

Q2 ネットカフェ，漫画喫茶，個室ビデオ試写室など，同一店舗の同一個室に数箇月間にわたって寝泊まりしている者は，本号の「一定の住居を持たない者」に該当するか。

A ネットカフェ，漫画喫茶，個室ビデオ試写室などは，たとえ24時間営業であっても，旅館やホテルのような宿泊施設ではなく，社会通念上，人が日常生活を行うにふさわしいと認められる場所でないから，そこに相当期間継続して寝泊まりしていても，「一定の住居」を持つとはいえず，本号の「一定の住居を持たない者」に該当する。もっとも，ネットカフェ，漫画喫茶，個室ビデオ試写室などは，ソファー，シャワールームが設備され，食事の注文ができるなど，宿泊に利用できるくらいに快適な場所に進化してきている。しかし，あくまでもインターネットの利用，読書，動画鑑賞のための施設であり，宿泊施設ではなく，旅館業の許可を受けていないので，布団や枕など寝具の提供は許されない。

(5) 犯罪事実の記載例

記載例①

> 被疑者は，生計の途がないのに，働く能力がありながら職業に就く意思を有せず，かつ，一定の住居を持たないで，令和〇年〇月中旬頃から同年〇月〇日午前〇時〇分頃までの間，〇〇県〇〇市〇〇町〇番地付近路上及び同市〇〇町〇番地〇〇病院裏など同市内をうろついたものである。

記載例②

> 被疑者は，生計の途がないのに，働く能力がありながら職業に就く意思を有せず，かつ，一定の住居を持たないで，令和〇年〇月下旬から同年〇月〇日午後〇〇時〇〇分頃までの間，〇〇県〇〇市〇〇町〇番〇号所在の〇〇線〇〇駅付近をうろついたものである。

記載例③　併合罪の場合（１潜伏の罪 (6)犯罪事実の記載例③参照）。

5　粗野乱暴の罪（第5号）

> 公共の会堂，劇場，飲食店，ダンスホールその他公共の娯楽場において，入場者に対して，又は汽車，電車，乗合自動車，船舶，飛行機その他公共の乗物の中で乗客に対して著しく粗野又は乱暴な言動で迷惑をかけた者

(1) 立法趣旨

本号は，公共の「会堂，劇場，飲食店，ダンスホール，娯楽場」の入場者や「汽車，電車，乗合自動車，船舶，飛行機，公共の乗物」の乗客の保護を図るとともに，このような場所における安寧（平穏）と公衆道徳の維持励行を目的として設けられたものである。

本号には，「入場者や乗客」に対する迷惑行為を取り締まることにより，「入場者や乗客」への暴行・脅迫罪を未然に防止するのみならず，「入場者や乗客」のいる場所の「事業主体」への威力業務妨害罪を未然に防止するという予防的機能も認められる。

本号は，警察犯処罰令第2条第14号「劇場，寄席其の他公衆会同の場所に於て会衆の妨害を為したる者」を承継したものであるが，新規定といってよいほど，その要件，内容が改められている。

(2) 要　件

本号の構成要件は，次のとおりである。

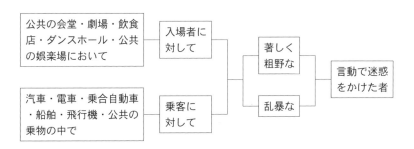

本号に該当する者は，①「公共の会堂，公共の劇場，公共の飲食店，公共のダンスホール，公共の娯楽場において，入場者に対して著しく粗野又は乱

暴な言動で迷惑をかけた者」と，②「汽車，電車，乗合自動車，船舶，飛行機，公共の乗物の中で，乗客に対して著しく粗野又は乱暴な言動で迷惑をかけた者」である。

ア 「公共の」とは，不特定かつ多数の人が自由に利用できる性質を意味する（同旨：伊藤・勝丸76頁，植松56頁，大塚105頁，伊藤（卓））。刑法第109条第2項（自己所有非現住建造物放火等）にいう「公共の危険」の「公共の」が不特定かつ多数と解されていること，酒に酔つて公衆に迷惑をかける行為の防止等に関する法律（昭和36年法律第103号）第3条第1項などの「公共の場所又は乗物」が不特定かつ多数の人が利用できるものを指すと解されていることなどをその根拠とする。

判例にも，公安条例の「屋外の公共の場所」に関し，「公共の安全と秩序に対し危険が及ぶおそれのあるような道路，公園，広場にも比すべき場所，すなわち，現実に一般に開放され，不特定多数の人が自由に出入し，利用できる場所を指す」（**最判昭45．7．16刑集24・7・434**，広島県条例第13号違反事件の判決）とするものがある。

これに対し，「公共の」を，不特定又は多数の人が利用できる性質を意味するとの見解がある（野木ほか39頁）。

思うに，本号に該当する迷惑行為が，多数人ではあっても特定人が利用する会社の集会娯楽室や貸切バスなど，社会通念上，関係者の内部規律による処理に委ねるのが相当と認められる場所においてなされた場合には，本号によって処罰すべきではないことから，これを除外するためにも，「公共」の解釈として「多数人」に加えて「不特定人」であることが要請される。また，本号において例示されている「会堂，劇場，飲食店，ダンスホール，汽車，電車，乗合自動車，船舶，飛行機」は，いずれも，同時に不特定かつ多数人が利用できる性質のものであり，「公共の娯楽場」も「公共の乗物」も，同様に解するのが自然である。よって，「公共」とは，「不特定かつ多数人」であると解する。

なお，「多数人」が何人以上を意味するのかは，社会通念によって決するほかないが，特定人である友人など4名の面前でわいせつ行為をしたと

いう公然わいせつ（刑法第174条）の事案において、「公然（不特定又は多数人）」性を否定した（特定かつ少人数と認定した）裁判例（**静岡地裁沼津支部判昭42．6．24下刑集9・6・851**）に照らせば、捜査官としては、「多数人」を5名以上であると解して証拠の収集に当たることが肝要である。

「公共の」は、「国又は公共団体の」という意味ではない。しかし、国又は公共団体所有、帰属、管理する公会堂等は、その提供、利用関係に影響し、公共性（不特定かつ多数の人が自由に利用できる性質）を認定するための判断材料になることに留意すべきである。「公共の」は、「その他公共の娯楽場」とつながるから、会堂だけではなく、劇場、飲食店、ダンスホールにもかかる。すなわち、行為の場所は、公共の会堂、公共の劇場、公共の飲食店、公共のダンスホール、公共の娯楽場、汽車、電車、乗合自動車、船舶、飛行機、公共の乗物である。

なお、本法において「公共」の概念が用いられているのは、本号の「公共の会堂」「公共の娯楽場」「公共の乗物」のほか、本条第13号の「公共の場所」「公共の乗物」、第27号の「公共の利益」がある。

イ 「公共の会堂」とは、公民館、講演会場、講堂、教会など不特定かつ多数の者が集まるために設けられた建物一切をいう。「その他の」ではなく、「その他」によって「公共の娯楽場」に連結されているので、「その他の」が用いられる場合のように、「公共の会堂」は「公共の娯楽場」の厳格な例示ではない。「その他」は法令用語上、一般的には、その前後の語句を並列的に連結する語句であり、「会堂」は必ずしも娯楽的なものに限定されない。なお、「その他」と「その他の」の違いについては、「2 凶器携帯の罪 (2)要件 エ」を参照されたい。

ウ 「公共の劇場」とは、演劇や映画、音楽、舞踊などを不特定かつ多数の者に見聞させるために設けられた施設で、相当の人員が収容できるなど、ある程度以上の規模のものをいう。演芸場、映画館、コンサートホール、歌舞伎座などが、これに当たる。

エ 「公共の飲食店」とは、不特定かつ多数の者に飲食物を提供することをもって業としている店をいう。

オ 「公共のダンスホール」とは，客にダンスをさせる営業をなす場所をいう。客にダンスを教授する場合であっても，客にダンスをさせるとともに，客の接待をして客に飲食させる場合であっても，これに当たる（同旨：伊藤・勝丸77頁）。

カ 「公共の娯楽場」とは，不特定かつ多数の者が楽しみや気晴らしのために利用する場所をいう。自ら行って楽しむ場所であるとともに，他人が行うスポーツなどの催し物を見聞して楽しむ場所でもある。野球場，サッカースタジアム，ボクシング会場，相撲会場，スケート場，ボーリング場，ゴルフ場等のスポーツ関連施設，麻雀荘，碁会所，将棋会所，パチンコ店，ゲームセンター等の遊技施設，遊園地，テーマパーク等のレジャー施設がこれに当たる（伊藤・勝丸78頁）。また，競馬場，競輪場，競艇場等の公営ギャンブル施設，動物園，水族館，植物園，美術館，博物館，交通科学館，図書館等の文化施設，サウナ風呂，スーパー銭湯，健康ランド等の特殊公衆浴場などが考えられる（伊藤・勝丸79頁は，稲田・木谷43頁が美術館，図書館，サウナ風呂等の特殊浴場も「娯楽場」に当たるとする点について疑問を呈する。）。「公共の娯楽場」に当たるか否かは，その場所の設置目的ではなく，その場所の利用実態によって決すべきである。また，動物園，水族館，植物園，美術館は，博物館（ミュージアム）の一種であり，その設置にかかる主たる目的は学術研究等にあるが，図書館とともに，いわば知的娯楽施設であり，一般的には「公共の娯楽場」に当たるといえる。なお，この種事犯の捜査処理においては，個別の具体的事案に則して判断すべきであることは，言うまでもない。

「劇場」には当たらない比較的小規模な「寄席」や「ライブハウス」，また，東京スカイツリー，東京タワー，通天閣をはじめとする各地の展望台などもこれに当たる。入場料の有無や屋内外，常設・非常設の区別は問わない。しかし，「入場者」とあるので一定の区画された場所，施設であることを要するので，公園内の一部に設けられた娯楽施設，例えば，ブランコ，滑り台などは特別に独立した施設として設けられているか否かなどその形態いかんによるが，このような構造のない限り，「公共の娯楽場」と

いうよりも全体として本条第13号にいう「公共の場所」に当たることが多いと思われる。

キ 「汽車，電車，乗合自動車，船舶，飛行機」とは，それぞれの通常の概念（社会通念）により決するほかはない。すなわち，これらの乗物については，「公共の」と明示されていないが，公共の「汽車，電車，乗合自動車，船舶，飛行機」と解すべきである。したがって，自家用船舶，自家用飛行機は，通常公共性（不特定かつ多数）の要件を欠くのでこれに当たらない。この点に関連して，公共性を不特定かつ多数とする見地から，貸切列車，貸切バス，スクールバス，会社等の専用バスなどは，一般的にはこれに当たらないが（伊藤・勝丸79頁など），このようなものも利用人数によっては多数のゆえに不特定の実体を有するに至り，公共性を満たす場合（例えば，大型レジャー施設の送迎バス）もあり得るであろう。要は，所有・提供・利用関係の実体により判断すべきである。ガソリンカーやディーゼルカーは汽車に，モノレールは電車に含まれると考えられるが，いずれにしても，これらは「公共の乗物」に当たる。

ク 「その他公共の乗物」とは，不特定かつ多数の人が同時に自由に利用できる乗物で，汽車，電車，乗合自動車，船舶及び飛行機以外のものをいう。有料・無料の別を問わない。観光地のケーブルカーやロープウェイ，駅やデパートのエレベーター，エスカレーター，動く歩道などがこれに当たる（伊藤・勝丸80頁）。

タクシーについては，不特定かつ多数の人が同時に利用できないので「公共の乗物」には当たらない（「注釈特別刑法」33頁）。なお，タクシーも，一般の，不特定かつ多数人の利用を前提として営業に供されている乗物であるから，本号の「公共の乗物」に当たると解する見解もあるが（俵谷74頁），賛成し得ない。

なるほど，タクシーも不特定かつ多数人の利便に供する交通機関ではあるが，本号の「公共の乗物」に当たるか否かを判断するに当たっては，本号の犯行場所であるタクシーの車内が公共性を有しているか否かを直視しなければならない。一緒にタクシーに乗る客は，4名以内の少人数である

ことに加え，通常，家族，友人，職場関係者，取引関係者などの人間関係で結ばれた者同士であるから，タクシーの車内は正に「私的な空間」であり，「公共の空間」であるとは認め難い。したがって，タクシーは本号の「公共の乗物」には該当しないと解する。

ケ　「入場者」とは，「公共の娯楽場」に，これを利用する目的で現に入っている者をいい，その人数，有料・無料の別及び料金支払いの有無を問わない。すなわち，「公共の娯楽場」を利用する目的で入っていればよく，その本来の用法に従って利用する目的は必要ないので，例えば，映画館に映画を観るためではなく，寝るために入っている者であってもよい。たまたま入場者が1人しかいない場合であってもよい。しかし，「公共の娯楽場」は現に公開中でなければならず，公開時間外にこっそり入った者はこれに当たらない。また，当該「公共の娯楽場」の主催者，出演者，管理関係者は含まれない。例えば，野球場の場合，係員や売り子，野球選手などは「入場者」とはいえない。これらの者に対しては，刑法第234条（威力業務妨害罪）や本条第31号（業務妨害の罪）の適用を考慮すべきである。

コ　「乗客」とは，現に「公共の乗物」を利用している者であって，その運行業務従事者以外のものをいう。乗客は，たまたま1人しかいなかったとしても差し支えない。

サ　「著しく」とは，一般人からみて放置できない程度をいう。この「著しく」は，「粗野」のみにかかり，「乱暴」にはかからないと解する。「乱暴」は，その用語自体強度な挙動という意味を含んでおり，拡張解釈の余地が乏しいのに比し，「粗野」は，道徳的判断の領域に属する概念であり，恣意的判断を招くおそれがあるので，要件に絞りをかけたものと解されるからである（同旨：伊藤・勝丸81頁，反対：野木ほか40頁）。「乱暴」とは，既に事実的・実体的な色彩の強い概念であるが，「粗野」とは，評価的・修飾的な色彩が強い概念であるので，実体を規定することが必要なのである。

シ　「粗野」とは，しつけの悪い，礼儀を失したことをいう。したがって，「著しく粗野な言動」とは，その程度の高い言葉，挙動をいい，時，場

所，相手を構わず，いわゆる場所柄をわきまえないで大声で歌う，高笑いをする，わいせつな言葉を吐く，混雑した電車内のシートに足を投げ出して座るなどがこれに当たる。禁煙とされた場所で喫煙する行為，悪臭を発する物を携え，あるいは極端に汚れた服装で入場し，又は乗車する行為も同様である（伊藤・勝丸82頁）。

ス 「乱暴」とは，挙動等に現れてくる不当に荒々しい性質をいう。したがって，「乱暴な言動」とは，不当に荒々しい言葉・挙動をいうが，刑法にいう暴行，脅迫などに至らないものをいう。他の乗客等に絡んだり，物を投げたりすること（人の身体に対するものは暴行罪となるので除外）が，これに当たる。

セ 「迷惑をかける」とは，人が言動によって他の人に不快感を与えることをいう。すなわち，その言動が，他の人に対し，邪魔になる，礼を失し秩序を乱している，恥ずかしい，うるさい，嫌な感じ，処置に困る，といった感情（以下「不快感」という。）を与えることをいう。困惑，恐怖，憎悪，不安といった強い感情まで引き起こすものである必要はない。

ソ 本号は「迷惑をかけた者」というように完了形で規定されているとおり，本号の罪の成立には，他の人に不快感を与えること（以下「迷惑被害」という。）の発生が必要である。すなわち，本号の法文は，「迷惑をかける行為をした者」ではないので，「迷惑行為」をしただけでは足りず，「迷惑被害」を与えたことが必要である。すなわち，本号の罪は，挙動犯ではなく，結果犯であると解する。したがって，「入場者」あるいは「乗客」のうち，少なくとも1人に対し，現実に不快感を抱かせたことが必要であり，誰にも不快感を抱かせなかった場合には本号の罪は成立しない。また，結果犯であるが故に，本号の罪が成立するためには，「相手方が不快感を抱く」という結果に対する行為者の認識（故意）が必要である。

(3) 他の罪との関係

本号は，本条第13号前段「公共の場所において多数の人に対して著しく粗野若しくは乱暴な言動で迷惑をかけた者」の特別規定であることから，本号の罪が成立すれば第13号前段の罪は成立しない。

本号の罪が同時に暴行罪（刑法第208条），脅迫罪（同法第222条）に該当する場合は，本号の罪はそれらの罪に吸収され成立しない。

威力業務妨害罪（同法第234条）との関係について，後掲の判例は，同罪が成立する場合に本号の適用を排斥している（**判例①**）。思うに，威力業務妨害罪の被害者は「事業主体」であるが，その犯罪行為の向けられる相手が「事業主体」とは限らないから，「入場者・乗客」に対する行為について，威力業務妨害罪が成立する場合がある。その場合には，「入場者・乗客」に迷惑をかけることを伴うが，違法性の強い威力業務妨害罪のみが成立し，本号の罪はそれに吸収されると解する。

本号の罪と酒に酔つて公衆に迷惑をかける行為の防止等に関する法律第4条第1項の罪（「酩酊者が，公共の場所又は乗物において，公衆に迷惑をかけるような著しく粗野又は乱暴な言動をしたとき」）との関係については，1個の行為が両罪に該当する場合に，これらを観念的競合とみる説，後者が前者を吸収するとする説，逆に前者が後者を吸収する説など考え方が分かれているが，前者と後者とでは行為の場所や対象を若干異にしていること，後者では前者と異なり迷惑をかけるという行為自体を処罰することを法意とすること，前者が乗客等の保護及び公衆道徳の維持励行を目的としているのに対し，後者はこのような言動に出るほど酩酊すること自体を防止することを目的としており，両者は保護法益をやや異にしていることなどから，観念的競合と解するのが妥当である。

本号の罪といわゆる迷惑防止条例違反罪との関係も，1個の行為が両罪に該当する場合には，同様に観念的競合であると解する（伊藤・勝丸85頁以下参照）。例えば，大阪府公衆に著しく迷惑をかける暴力的不良行為等の防止に関する条例（昭37・12・24条例第44号）は，第5条第1項において「何人も，公共の場所又は公共の乗物において，多数でうろつき，又はたむろして，通行人，入場者，乗客等の公衆に対し，いいがかりをつけ，すごむ等不安を覚えさせるような言動をしてはならない。」と規定しているが，本号とは行為態様が若干異なっている。

もっとも，この種の比較的軽い犯罪については，観念的競合の関係にある

両罪のうち，より重い罪で処罰すれば足り，また，法定刑が同じであれば，立証の難易度等を考慮し，いずれかの罪で処罰すれば足りるので，あえて両罪を立件・起訴するまでもないと考えるのが，実務の実情である。

本号の罪と興行場法第4条第1項（「入場者は，興行場において，場内を著しく不潔にし，その他公衆衛生に害を及ぼす虞のある行為をしてはならない。」）の罪との関係は，その犯罪行為の態様に差異があり，両罪の犯罪行為が完全に重なり合うことはまれであることに鑑み，一般的には併合罪である。なお，まれに両罪の犯罪行為が完全に重なり合うような1個の行為によって両罪が成立する場合には，観念的競合の関係に立つであろう。

(4) 判 例
① 広島高岡山支判昭30.12.22高裁特報2・追録1342

本件は，被告人らがキャバレーの2階の客席のテーブルの上にコンロを持ち込んで炭火で牛の内臓やニンニクを焼いて悪臭を発せさせ，ついでコンロを階下の客席にも持っていってホール内に悪臭を充満させたり，2階にいて階下のホールに向かって大声で呼びかけたり，あるいは，また焼いた牛の内臓の切れや火のついたたばこを2階からホールに向かって投げたりした事実につき，弁護人が本法第1条第5号及び第31号を適用すべきなのに刑法第234条を適用したのは誤っているとして控訴したのに答えたものであり，「このように多数の客をしてその意思に反し強いてそこに踏み止り得ない心境に立ち至らしめたことは，とりもなおさず，被告人等が多数の客の意思を制圧する勢力を示したということが出来るから威力を用いたということを妨げない。しかも被告人らのこのような所為は前にも提示したように殊更外部からコンロと牛の内臓やニンニクのような特に臭気を放つ物を持ち込んで焼いたり，これを投げたりしたような事実から観察すると，偶然な機会に行われたものとは認め難くして，全く故意に多数の客の嫌悪する所為に出て以ってその営業を妨げる意図の下に行ったものと認められるから，所論のように軽犯罪法を適用すべき犯罪ではなくして，刑法第234条に定める威力を用いて人の業務を妨害したものに該当する犯罪と認めるのが正当である。」と判示した。

(5) 質疑応答

Q1 住宅団地と最寄駅との間を運行する乗合タクシー（ジャンボタクシー，定員8名程度，満席になるまで先着順に乗車させる方式のもの）は「公共の乗物」に該当するか。

A この場合は，通常のタクシーと異なり，8名という多数人が乗車できる上，見知らぬ者同士が乗り合わせることが常態であるから，不特定かつ多数人が同時に利用できる乗物といえる。よって，「公共の乗物」に該当する。

Q2 電車の中で乗客に対して乱暴な言動を行った者が，酒を飲んで酔っぱらっていたため，乗客に対して「迷惑をかける」認識を有していなかった場合に，本号の罪は成立するか（責任無能力ではないとする。）。

A 本号は，結果的に迷惑をかけたことに対する結果責任を問う規定ではなく，迷惑をかける結果を意識的に招来したことに対する責任を問う規定であるから，迷惑をかけることの認識は必要と解すべきであり，犯行時において「迷惑をかける」認識を有していなかった場合には，粗野乱暴の罪は成立しない。

なお，被疑者が，取調べ時に「酒を飲んで酔っぱらっていたので，覚えていない。」と供述しても，犯行時には意識的に行動していたことは経験則上よくあるので，目撃者等から事情聴取するなどの捜査を尽くすことが肝要である。

Q3 本号の罪は，いわゆる「結果犯」であるというが，「結果犯」とは，自己の予期（認識）しない結果（事実）が発生した場合でも，その結果（事実）に対して責任を負う（いわば結果的に責任を負う）ことになる犯罪のことか。

A いいえ，そうではない。「結果犯」とは，いわゆる構成要件として一定の行為のほかに結果の発生を必要とする犯罪（例えば，殺人罪，器物損壊罪）のことである。また，「結果犯」における結果（事実）は構成要件に属する事実であるから，理論上，故意（認識）の対象であり，例えば，本号においては，「迷惑をかける」という行為者の故意（認識）が必

要である。すなわち,「結果犯」とは,予期(認識)していない結果(事実)に対して責任を負う犯罪ではなく,予期(認識)しているからこそ,その結果(事実)に対して責任が認められる犯罪である。なお,「結果犯」に対置されるのが「挙動犯」であり,構成要件として一定の行為があればよく,結果の発生を必要としない犯罪(例えば,偽証罪,暴行罪)をいう。

(6) 犯罪事実の記載例

記載例①

> 被疑者は,令和○年○月○日午後○時○分頃,○○県○○市○○町○番○号所在○○鉄道株式会社○○線○○駅から同市○○町○番○号所在○○駅に向かって進行中の○○駅行急行電車内において,○○○○(当時○○歳)ほか数名の乗客に対し,「警察を呼ぶなら呼んでみろ。」「警察が怖くて何ができる。」などと怒号するなどして嫌悪感を抱かせ,もって,公共の乗物の中で,乗客に対し,著しく粗野かつ乱暴な言動で迷惑をかけたものである。

記載例②

> 被疑者は,令和○年○月○日○時頃,○○県○○市○○町○番○号所在の居酒屋「○○」において,○○○○(当時○○歳)等数名の入場者に対し,「俺のことを馬鹿にしただろう。」「警察なんか怖くない。」などと怒号して嫌悪感を抱かせ,もって,公共の飲食店において,入場者に対し,著しく粗野かつ乱暴な言動で迷惑をかけたものである。

記載例③ 併合罪の場合(1潜伏の罪 (6)犯罪事実の記載例③参照)。

6 消灯の罪（第6号）

> 正当な理由がなくて他人の標灯又は街路その他公衆の通行し，若しくは集合する場所に設けられた灯火を消した者

※原文は「標燈」・「燈火」

(1) 立法趣旨

本号は，夜間における交通や集合の便利と安全を維持し，ひいては暗い場所での犯罪や非行の防止を目的とする。

本号は，警察犯処罰令第2条第28号「濫(みだり)に他人の標燈又は社寺，道路，公園其(そ)の他の公衆用の常燈を消したる者」を承継したものであるが，本号においては，屋外灯に限らず屋内灯も，さらに常灯に限らず臨時灯も，いずれを消す行為も処罰される点で，処罰範囲が広がっている。

(2) 要 件

本号の構成要件は，次のとおりである。

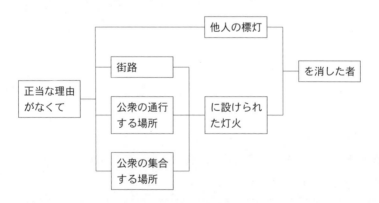

本号に該当する者は，①「正当な理由がなく，他人の標灯を消した者」と，②「正当な理由がなく，街路，公衆の通行または集合する場所に設けられた灯火を消した者」である。

ア 「正当な理由がなく」とは，違法性を意味する文言である。「正当な理由がある」場合は，違法性が阻却され，本号の罪は成立しない。例えば，消し忘れの標灯，灯火を消す場合は正当の理由ありといえるが，面白半分，

いたずらで消すのは正当の理由ありとはいえない。なお，「正当な理由がなく」と「みだりに」との違いについては，「1 潜伏の罪 (2)要件 キ」を参照されたい。

イ 「他人の」とは，自己以外の者が正当に管理・使用していることをいう。所有権の帰属は問わず，自己のものであっても，正当な権限に基づいて他人が管理・使用しているものは「他人の」に当たる。「他人」は，個人ばかりでなく，会社や官庁などであってもよい。

ウ 「標灯」とは，標識としての役目をもつ灯火をいい，交番や医師宅の赤灯，火災報知機の赤灯，非常口を示す電灯などがその例である。もちろん，門柱や玄関にあって，氏名や屋号を記入した門灯や，灯火自体は標識となっていなくても，標札等を照らし，これと相まって標識の役目を果たしている灯火も含まれる。宣伝を兼ねているネオンの看板は，その商店の名や屋号などによりその存在を示す役割も果たしているものであれば「標灯」といえる。設置場所，臨時・常設の区別，光源のいかんを問わない。しかし「他人の標灯」なので，自己の管理・使用する標灯は含まれない。夜間の通行の安全に役立っている自宅の門灯を消して通行人に不安を抱かせても本号の罪には当たらない。

エ 「街路」とは，相当程度人家が連続した市街地の道路をいう。道路の幅員や国道・都道府県道・市町村道の別，さらに公道か私道かの別，当該地域が行政区画上の市であるか町村であるかは問わない。

オ 「公衆」とは，不特定又は多数人をいう（野木ほか42頁。植松63頁）。特定・不特定を問わず多数人をいうとの説（大塚106頁，乗本ほか63頁）もあるが，この説によれば，不特定の少数人が通行する場所の灯火を消しても本号の罪に該当しないこととなるが，多数の人が通行する夜道よりも，少数の人しか通行しない夜道にこそ防犯のための灯火が必要であり，これを保護すべきであるから，この説には賛成できない（伊藤・勝丸90頁，後掲質疑応答 Q2参照）。

「公衆」の概念が本法に用いられているのは，本号の「公衆の通行し，若しくは集合する場所」のほか，本条第13号の「公衆の列」，第20号の

「公衆の目に触れるような場所」，同号の「公衆にけん悪の情を催させる」，第26号の「公衆の集合する場所」，第34号の「公衆に対して物を販売し」がある。立法当局者は，第13号の「公共の場所」について，「公衆が一般に利用し得る場所」としており（第2回国会衆議院司法委員会会議録4号1頁），「公共」と「公衆」をほぼ同義に解していたと思われる。しかし，概念としては，「公衆」の方が，やや広く，かつ包括的，かつ具体的な意味合いが強いものと解する。したがって，「公衆」とは，不特定又は多数人をいうものと解する。

カ 「その他」とは，法令用語上，一般的には，その前後の語句を並列的に連結する語句である。なお，「その他」と「その他の」の違いについては，「2 凶器携帯の罪 (2)要件 エ」を参照されたい。

キ 「公衆の通行する場所」とは，「街路」以外の，普段公衆の往来に供される場所をいう。公道・私道の別を問わないし，道路法にいう道路である必要はないばかりか，道路といえる必要もなく，例えば，空地であっても，普段人が道路代わりに利用している場所であればよい。本号の通行方法には別段制限がないが，電車軌道は別として専ら自動車に乗って通行する自動車専用道路（高速自動車国道）もこれに当たると解する（伊藤・勝丸91頁）。立法当時は予想されなかった対象であるが，積極に解するのが妥当であろう。本号の成立には，現に人が通行している必要はなく，たまたま誰も通行していなくても，普段公衆の往来に供されていればよい。

ク 「公衆の集合する場所」とは，普段公衆が集まる場所をいい，現に人が集まっている必要はない。警察犯処罰令第2条第28号では，社寺，公園など屋外の場所を対象としていたが，本号においては，屋外の場所にとどまらず，公民館，市民会館など公衆が集合する公共の会堂，劇場，飲食店など屋内の場所も含まれる。会社，団体の集会室なども，「公衆の」を不特定又は多数人とする立場で，本号に含まれる。

ケ 「灯火」とは，人工的に光を発する器具，設備の光をいう。発光源の種類，公設・私設の別，設置場所のいかん，臨時・常設の別を問わない。工事現場であることを示す道路上に置かれた発光器もこれに当たる。なお，

本号にいう灯火には「標灯」を含まないが，「標灯」の場合と違って「他人の」という限定がないから，自己の管理・使用するものを含む。例えば，管理人が団地，公園に設置された灯火を消したり，映画館の支配人が館内灯を消すことも，正当な理由がない限り，本号の禁止に触れることになろう。反対に，「他人の」灯火であっても，消し忘れられた光を消すように，正当の理由があるときはこれに当たらない。

コ 「消す」とは，通常は，点滅装置を操作することによって発光を止めることをいうが，これにとどまらず発光を止める一切の行為が当たり，その方法には限定がない。したがって，電灯のスイッチを切ることはもちろん，電灯のスイッチを壊したり，電球を割ったり，電線を切断するなどの手段を用いても「消す」に当たる（乗本ほか63頁，野木ほか42頁は施設を損壊しない場合に限る。）。

(3) 他の罪との関係

標灯，灯火を損壊して消せば器物損壊罪（刑法第261条）に，電球等を盗んで消せば窃盗罪（同法第235条）にそれぞれ該当し，本号の罪と観念的競合の関係に立つ。店舗内の電灯を消したような場合には，場合により威力業務妨害罪（同法第234条）も成立するが，両者の関係は観念的競合と解する。

鉄道の標識灯を損壊して往来危険を生ぜしめる往来危険罪（同法第125条），自動車道の標識灯を損壊する道路運送法第100条違反の行為が行われれば，これらの罪とともに本号の罪も成立し，両者は観念的競合となる。

(4) 質疑応答

Q1 電球を領得するため，交番の電球を取り外して赤灯を消し，その取り外した電球を持ち去った場合に成立する犯罪は何か。

A 赤灯を消したことで消灯の罪が成立し，電球を持ち去ったことで窃盗罪が成立する。そして，両罪が成立して，1個の行為が数個の罪名に当たる場合として観念的競合（刑法第54条前段）となる。

Q2 行き止まりに民家が一軒しかない田舎道で，その民家の住人1名，その地区担当の郵便配達人1名のほかは，たまに宅配便配達人や訪問客が通行するだけの場所に設置された防犯灯を消した場合，本号の罪は成立す

るか。

A 「公衆」を「不特定又は多数人」と解する説によれば，少数であっても不特定の配達人や訪問客が通行することから，「公衆の通行する場所」に当たり，本号の罪が成立する。

もっとも，「公衆」を特定又は不特定の「多数人」と解する説によれば，本号に当たらないが，本問のような場所こそ防犯のために灯火が必要であり，これを保護すべきであるから，この説は採用し得ない。

(5) 犯罪事実の記載例

記載例①

> 被疑者は，正当な理由がないのに，令和○年○月○日午後○時○分頃，○○県○○市○○町○番○号同県○○警察署○○交番において，同警察署長甲野太郎管理に係る同交番表側壁面に設置された赤灯を，そのスイッチを切って消し，もって，標灯を消したものである。

記載例②

> 被疑者は，正当な理由がないのに，令和○年○月○日午後○時○分頃，○○県○○市○○町○番所在の○○公園に設置された電灯を，そのスイッチを切って消し，もって，公衆の通行し，若しくは集合する場所に設けられた灯火を消したものである。

記載例③　併合罪の場合（1 潜伏の罪 (6)犯罪事実の記載例③参照）。

7 水路交通妨害の罪（第7号）

> みだりに船又はいかだを水路に放置し，その他水路の交通を妨げるような行為をした者

(1) 立法趣旨

本号は，水路交通の安全と円滑を図ることを目的としており，警察犯処罰令第2条第12号「公衆の自由に交通し得る場所に於て濫（みだり）に車馬舟筏（しゅうばつ）其の他の物件を置き又は交通の妨害と為るべき行為を為したる者」に由来し，同号のうち陸上交通関係については道路交通法の規定によることとして削除され，水路交通に関する部分のみが承継されたものである。また，本号は往来妨害罪（刑法第124条第1項）の補充規定である。

(2) 要件

本号の構成要件は，次のとおりである。

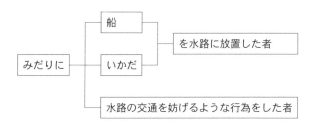

本号に該当する者は，①「みだりに，船又はいかだを水路に放置した者」と，②「みだりに，水路の交通を妨げるような行為をした者」である。

ア 「みだりに」とは，「正当な理由がなくて」とほぼ同じ概念であって行為の違法性を表しており，社会通念に照らし相当の理由があるとは認められないこと（**判例①，②**）をいう。なお，「正当な理由がなく」と「みだりに」との違いについては，「1 潜伏の罪 (2)要件 キ」を参照されたい。

イ 「船」とは，本条第1号の「船舶」と同じであり，海，湖沼，河川などの水上を航行し得る一切の舟船をいう。その大小，推進動力の有無を問わない。水上バス，水上機，飛行艇，ホバークラフト，水上オートバイも「船」に当たると解する。

ウ 「いかだ」とは，木材・竹など浮力を持つ部材を組み合わせて結び付けた水に浮かぶ物体で，航行や養殖の目的に用いられている。必ずしも木や竹に限らず，ドラム缶を組んで水に浮かべたものでもよい。

エ 「水路」とは，船舶，いかだの一般交通の用に供される水面及びこれに付随した水中をいう。本条第25号にいう「水路」とは異なる。湖沼，河川，港湾，運河などその種類を問わない。船舶等の一般交通を前提とするので，船舶等の交通の不可能な堀や池などは「水路」とはいえないし，特定の人のみ利用するものも「水路」とはいえないが，反面，水路の交通妨害の蓋然性を前提とするので，広大な河川，海洋，相当に深い海中，湖心なども「水路」とはいえず，ある程度限られた幅員と深度であることを要する。

オ 「放置し」とは，管理者，使用者が現実の管理を放棄した状態をいう。一時的であっても，また岸などに係留してあっても放置する意図であるならば，これに当たる。漂流して水路に至るべきことを予見しながら，水路外に放置し，船舶等が水路に至った場合も「水路に放置」したことになる（伊藤・勝丸96頁）。交通妨害という具体的結果の発生を要しない。また，交通妨害の認識も要せず，「放置」という外形的事実の認識で足りる。

カ 「その他」とは，法令用語上，一般的には，その前後の語句を並列的に連結する語句である。なお，「その他」と「その他の」の違いについては，「2 凶器携帯の罪 (2)要件 エ」を参照されたい。

キ 「水路の交通を妨げるような行為」とは，その手段・態様を問わず，船舶等を水路に放置する以外の方法により，社会通念上，水路交通の妨害となる蓋然性のある一切の行為をいう。例えば，水面に障害物を浮かべて妨害したり，水底に物を沈めて船底に触れさせるなどの行為が考えられる。水路に通行禁止等の虚偽の標示をすることや水路に釣船を停めて釣りをしている行為も，場合によりこれに当たる（伊藤・勝丸96頁）。

「ような行為」とあるので，社会通念上，水路交通の妨害となる蓋然性のある行為で，その外形的事実の認識があれば足り，水路交通妨害のおそれがあることの認識は必要ない。本号の行為をすれば直ちに既遂となる挙動犯であるから，水路交通妨害の結果の発生は必要ない。この点，往来妨

害罪（刑法第124条第1項）が結果の発生を要件とする結果犯であることと異なる。

(3) **他の罪との関係**

本号の罪と本条第25号の罪（水路流通妨害の罪）とは，保護法益を異にするので両罪が成立し，その関係は観念的競合となる。

本号の行為が往来妨害罪（刑法第124条第1項）にも該当する場合は，本号が同条の補充規定であるので，往来妨害罪のみが成立し，本号の罪は吸収される。

(4) **判　例**

① 東京高判昭24．7．29高刑集2・1・53

みだりにとは，社会通念上正当な理由ありと認められない場合を指すものである。

② 大判昭6．10．26刑集10・505

警察犯処罰令第2条第25号ニ所謂「濫ニ（いわゆる）（みだり）」トハ社会通念ニ照シ相当ノ理由アリト認ムルコトヲ得サル場合ヲ指称スルモノトス

(5) **質疑応答**

Q1　みだりに水上自転車を水路に放置した者に，本号の罪は成立するか。

A　水上自転車が，本号の「船舶」又は「いかだ」に該当すれば，本号の罪が成立する。水上自転車には，種々の形態のものがあるので，当該水上自転車の構造いかんによって，本号の罪の成否が決まると考える。すなわち，「船舶」は，全体の構造として水を押しのけた空間を確保し，それによって生み出される浮力を利用して運用されるものであるのに対し，「いかだ」は，それを構成する個々の部材自体の浮きとしての能力によって運用されるもの（浮水しても沈没しないもの）であるところ，水上自転車のうち，水に浮かぶものは，その構造のいかんによって，船舶又はいかだに当たるから，本号の罪が成立する。しかし，漕ぐ力によって水上を滑走し，漕ぐのを止めると沈没するものは，船舶にもいかだにも当たらないから，本号の罪は成立しない。

Q2 水路である運河に釣船を停めて釣りをした者が、水路交通の妨害をしているとの認識がなく、また、釣りをしていた間はその水路を他の船が全く通らなかった場合に、本号の罪は成立するか。

A まず、水路である運河に釣船を停めて釣りをする行為は水路交通の妨害となる蓋然性のある行為であり、「水路の交通を妨げるような行為」に該当する。

次に、水路交通の妨害をしているとの認識がない点であるが、外形的行為の認識があれば、水路交通妨害の認識は不要であるので、この点の認識がなくとも本号の罪の成立を妨げない。

そして、本号は、文理上、結果の発生を要件としていないのであるから、現実に水路交通妨害の結果は不要である。

よって、本号の罪は成立する。

なお、釣船を停めていた場所が水路であるとの認識は必要であるから、その点に関する捜査を怠ってはならない。

(6) 犯罪事実の記載例

記載例①

> 被疑者は、令和〇年〇月〇日午後〇時〇分頃、〇〇県〇〇市〇〇町〇番地先の2級河川〇〇川において、みだりに、ドラム缶をつなぎ合わせて作ったいかだ1個を乗り捨て、もって、いかだを水路に放置したものである。

記載例②

> 被疑者は、令和〇年〇月〇日午後〇時〇分頃、〇〇県〇〇市〇〇町〇〇番地先の〇〇運河（幅員約15メートル）において、釣船を停めて魚釣りをし、もって、水路の交通を妨げるような行為をしたものである。

記載例③　併合罪の場合（1 潜伏の罪 (6)犯罪事実の記載例③参照）。

8 変事非協力の罪（第8号）

> 風水害，地震，火事，交通事故，犯罪の発生その他の変事に際し，正当な理由がなく，現場に出入するについて公務員若しくはこれを援助する者の指示に従うことを拒み，又は公務員から援助を求められたのにかかわらずこれに応じなかつた者

(1) 立法趣旨

本号は，いわゆる天変地異や大事故の発生時などにおける市民の協力義務という道徳律のうち，公務員又はこれを援助する者の指示に従うことや公務員からの援助の要求に応ずべきこと，という最低限遵守しなければならない義務の履行を担保するための規定であり，全ての市民が協力し合って変事による災害の拡大防止，被害の救済等に当たることを意図するものである。

本号は，警察犯処罰令第2条第27号「水火災其の他の事変に際し制止を肯せすして其の現場に立入り若は其の場所より退去せす又は官吏より援助の求を受けたるに拘らす傍観して之に応せさる者」を承継するものである。

(2) 要　件

本号の構成要件は，次のとおりである。

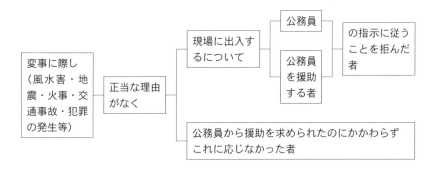

本号に該当する者は，風水害，地震，火事，交通事故，犯罪の発生その他の変事に際し，正当な理由がないのに，①「現場に出入するについて，公務員若しくはこれを援助する者の指示に従うことを拒んだ者」と，②「公務員から援助を求められたのにかかわらず，これに応じなかった者」である。

ア 「風水害，地震，火事，交通事故，犯罪の発生その他の変事に際し」とは，このような変事の機会にという意味であって，実際に変事が生じている時期及びその前後の相当期間を含むものである。例えば，台風による風水害の警告が発せられてから，実際に台風が襲来して風水害（土砂崩れ等）が発生し，その後，被害の救済，復旧が行われるまでの相当期間をいう。

また，「風水害，地震，火事，交通事故，犯罪」と「変事」が，「その他」ではなく，「その他の」で結ばれていることから，「風水害，地震，火事，交通事故，犯罪」は，「変事」の厳格な例示であり，「変事」の一種であるから，「変事」といえる程度の事態でなければならない。なお，「その他」と「その他の」の違いについては，「2 凶器携帯の罪 (2)要件 エ」を参照されたい。

「風水害」は，風又は水による災害であり，台風による洪水や山崩れ，家屋の倒壊などがその典型例であるが，風害と水害が同時に発生する必要はなく，竜巻や高潮による災害もこれに当たる。

「地震」は，「変事」といえる程度の地震をいい，軽微な地震は除かれる。海域における大規模な地震から発生する津波による災害は，本号の「風水害」に，地震が契機となって発生する火災は，本号の「火事」に当たる。

「火事」は，江戸時代には「火事と喧嘩は江戸の華」と言われたように，建物火災がその典型例であるが，林野火災，船舶火災，航空機火災，車両火災もこれに当たる。火事の主な原因は放火，次いで火の不始末であり，これらは，放火罪や失火罪に当たる「犯罪」ではあるが，通常，火事の原因が判明するのは鎮火後であって犯罪の嫌疑も未確定であるから，本号の「犯罪」に当たるか否かにかかわらず，本号の「火事」に当たるとして処理すれば足りる。

「交通事故」は，道路交通法第72条第1項にいう交通事故はもちろん，全ての交通機関による事故をいい，電車の脱線などによる陸上の事故，船舶の衝突などによる海上の事故，飛行機の墜落などの空中の事故など一切を含む。しかし，「変事」でなければならないので，とても「変事」とは

いえない余りにも軽微なもの，例えば，自動車のタイヤのパンクなどは除かれる。

「犯罪」としては，殺人，強盗，騒乱などの重大犯罪が予想されるが，重大犯罪に限られないことは法文上明らかである。なお，放火や失火の犯罪によって火災が発生した場合は，本号の「火事」に当たる。火災の発生に至らない未遂罪の場合，例えば，放火を企図して大量のガソリンや灯油を撒いて騒然とさせた場合は，本号の「犯罪」あるいは「その他の変事」に当たる。

「その他の変事」とは，その前の例示である風水害等に匹敵する程度の異常な出来事で，公務員が現場の出入りについて指示をしなければならないような状態，公務員がその事態処理のために一般人の援助を必要とするような状態を伴う程度のものをいい，例えば，落雷，火山の噴火，伝染病の発生，火薬庫・ガス・石油タンクの爆発，原子力関連事故などが発生し，上記の程度に至った場合がこれに当たる。

イ 「正当な理由がなく」とは，違法性を意味する文言である。「正当な理由がある」場合は，違法性が阻却され，本号の罪は成立しない。なお，「正当な理由がなく」と「みだりに」との違いについては，「1 潜伏の罪 (2)要件 キ」を参照されたい。

指示又は援助が不適法な場合は，そもそも本号の構成要件を充足しないので「正当な理由」の存否は問題にならないのに対し，一応適法な指示又は援助の求めではあるが，極めて苛酷な行為を強いるような場合には，その場の状況等に照らし，拒むことや応じないことに「正当な理由」があると認められることが多い（伊藤・勝丸108頁）。

ウ 「現場」とは，変事の場所及びその周辺で当該公務員に指示権が認められる範囲をいう。具体的には，火災の際の非常線内，犯罪の際の現場保存区域内，伝染病発生の交通遮断地域内（乗本ほか67頁）がその例である。

エ 「出入するについて」とは，「現場」に出たり入ったりすることの許可や禁止，出入りの地域や場所，方法，時間などの条件をいう。

オ 「公務員」とは，刑法第7条にいう公務員のほか，法令により罰則適用

上公務員とみなされるいわゆる「みなし公務員」を含む。しかし，公務員なら誰でもよいのではなく，各変事につき指示又は援助を求める権限を有する者でなければならないので，警察官，消防職員，市町村職員，防疫関係職員など（伊藤・勝丸100頁）がこれに当たり，さらに海上保安官，災害派遣中の自衛官などもこれに当たることになろう。

カ 「これを援助する者」とは，「公務員を援助する者」であり，法令に基づき公務員を援助する者（例えば，非常勤の消防団員）はもちろん，公務員からの適法な援助の求めに応じて公務員を援助する者をいう。その「公務員を援助する者」から更に援助を求められ，これに応じて公務員を援助する者も「公務員を援助する者」である。しかし，公務員から援助を求められていないのに，自発的に公務員の援助に当たっている者や公務員の不適法な援助の求めに応じて公務員を援助している者は，これに当たらない（伊藤・勝丸105頁）。すなわち，当該公務員は，法令によって「援助を求める権限」が与えられている者でなければならない。その公務員の例とその権限の要旨は，次のとおりである。

① 警察官は，天災事変等の危険な事態において，特に急を要するとき，居合わせた者等に危険防止措置を採ることを命ずることができる（警察官職務執行法第4条第1項）。

② 海上保安官は，海難，天災事変等における救援，犯人逮捕，非常事変に際し，付近の人や船舶に協力を求めることができる（海上保安庁法第16条）。

③ 消防職員（消防団員を含む。）は，緊急の必要があるとき，火災現場付近に在る者を消防作業（人命救助を含む。）に従事させることができ（消防法第29条第5項），傷病者の発生現場に在る者に対し，救急業務に協力することを求めることができる（同法第35条の10第1項）。

④ 市町村長は，災害発生時等における緊急の必要があるとき，区域内の住民や現場にある者を応急措置業務に従事させることができる（災害対策基本法第65条）。

⑤ 都道府県知事は，災害発生時等における緊急の必要があるとき，区域内

の住民や現場にある者を応急措置業務に従事させることができ（災害対策基本法第71条），救助に関する業務に，医療・土木・輸送関係者を従事させ，要救助者及び近隣の者を同業務に協力させることができる（災害救助法第7条，第8条）。
⑥　水防管理者，水防団長，消防機関の長は，水防のためのやむを得ない必要があるとき，区域住民や現場にある者を水防に従事させることができる（水防法第24条）。
⑦　河川管理者は，洪水・津波・高潮等による危険切迫時において，区域住民や現場にある者を水災防御業務に従事させることができる（河川法第22条第2項）。

　　また，武力攻撃災害発生時には，市町村職員，都道府県職員，警察官等には，消火・負傷者の搬送・被災者の救助等に関する措置の実施について，住民に対する協力要請権限が与えられている（武力攻撃事態等における国民の保護のための措置に関する法律第115条第1項）。
キ　「指示」は，適法なものであることを要する。適法とは，法令上指示権が明確に認められている場合と当該公務員に変事に際しての職権行使が認められている結果として社会通念上その職権行使に関連して必要に応じた指示権が是認される場合とをいう。本号にいう「指示」は，法文上，「現場に出入りすることについての指示」に限られる。

　　公務員に指示・命令権限を与える法令のうち，これに従わなかった者に対する特別の処罰規定がなく，本号が適用される例として，例えば，
①　警察官職務執行法第4条第1項（危険な事態において，避難等の措置を命ずる権限を警察官に与えるもの）
②　自衛隊法第94条第1項（前同様の権限を災害時の派遣自衛官に与えるもの）
③　海上保安庁法第18条（危険な事態において，船舶の進行の停止，航路変更，乗員乗客等の下船又は下船の制限などの措置をとる権限を海上保安官に与えるもの）
④　刑事訴訟法第112条・第222条第1項（捜索場所等への出入りを禁止する

権限を，検察官，検察事務官，司法警察職員に与えるもの)
⑤ 出入国管理及び難民認定法第36条（捜索場所等への出入りを禁止する権限を入国警備官に与えるもの）
⑥ 道路交通法第6条第3項（道路における交通の円滑を図るためやむを得ないと認めるとき，車両等の運転者以外の関係者に対し，その混雑を緩和するための必要な措置を指示する権限を警察官に与えるもの）
などがある。

　なお，例えば，道路交通法第6条第2項（上記の混雑を緩和するため，車両等の運転者に対し，当該車両等の通行禁止又は通行方法を命ずる権限を，警察官に与えるもの），同条第4項（道路の損壊，火災の発生等における道路の危険を防止するため，歩行者等又は車両等の通行を禁止又は制限できる権限を，警察官に与えるもの）に関しては，同法第119条第1項第1号，第120条第1項第1号，第121条の第1項第1号及び第2号に，また，消防法第28条（火災現場における退去，出入り禁止等の命令権限を消防吏員，消防団員，警察官に与えるもの）に関しては，同法第44条第21号に，それぞれ，その命令に従わなかった者に対する特別の処罰規定が設けられている。このような場合には，これらの特別法に基づく罪が成立するから，一般法である本号の罪の成立する余地はないので，注意を要する。

ク 「従うことを拒み」とは，単に指示に従わないだけでは足りず，更に積極性を要し，指示に従わない意思を表明し，あるいは，指示に反する行動を取って指示に従わないことを明らかにする場合をいうものと解する。したがって，「従うことを拒む」罪は作為犯であって，不作為犯ではない（大塚107頁は不作為犯とし，野木ほか46頁は不作為犯を含むとする。）。故意の内容としても指示に反することの認識を要する。

ケ 「公務員から援助を求められた」とは，公務員から適法に援助を求められたことをいい，当該公務員は法令によって援助を求める権限が与えられている者でなければならない。これについては，前記カのとおりである。

コ 「応じなかった」とは，消極的に求めに応じないことをいい，援助を求められたにもかかわらずその場で傍観している場合とその場から立ち去る

場合とを含む。したがって，「救助の求めに応じなかった」罪は不作為犯である。ただ一般人の，「応ずる」義務は，容易に援助が可能であり，社会生活を営む者として当然期待せられる程度の行為である場合に限られると解する（植松72頁）。

(3) **他の罪との関係**

本号は，変事に際しての規定で本条第32号前段の罪（立入禁止場所侵入の罪）の特別規定であるから，本号の罪が優先し，本号の罪が成立する場合，本条第32号の罪が成立する余地はない。

本号は，刑法第114条（消火妨害罪），第121条（水防妨害罪），消防法第40条第1項第2号，第3号（消防行為妨害罪）の補充規定であるから，これらの罪が成立する場合は，本号の適用はない。なお，前記キ参照。

(4) **質疑応答**

Q 火災の現場において，消防団員から，燃え盛っている家屋内へ立ち入っての幼児の救出を指示されたが，「嫌だ。」と言ってその指示に従わなかった場合，本号の罪は成立するか。

A 火災現場での消防団員の救助要請は消防法第29条第5項により適法である。しかし，自己の生命・身体の危険を冒すことになるような場合には，「正当な理由」があると認められ，本号の罪は不成立となる。

(5) **犯罪事実の記載例**

記載例①

> 被疑者は，正当な理由がないのに，令和〇年〇月〇日午後〇時〇分頃，〇〇県〇〇市〇〇町〇番〇号〇〇〇〇方の火災現場において，縄張りをして同現場への立入りを禁止していた〇〇警察署巡査長〇〇〇〇の指示に背いて同現場内に立ち入り，もって，変事に際し，公務員の指示に従うことを拒んだものである。

記載例②

>　被疑者は，正当な理由がないのに，令和〇年〇月〇日午後〇時〇分頃，〇〇県〇〇市〇〇町〇番〇号先交差点内の交通事故現場において，セーフティコーンを並べて同現場への立入りを禁止していた〇〇警察署巡査長〇〇〇〇の指示に背いて同現場内に立ち入り，もって，変事に際し，公務員の指示に従うことを拒んだものである。

記載例③

>　被疑者は，正当な理由がないのに，令和〇年〇月〇日午後〇時〇分頃，〇〇県〇〇市〇〇町〇番〇号〇〇〇〇方の火災現場付近の路上において，消火活動を円滑に行うための交通整理に従事していた同市消防署消防士〇〇〇〇から，自家用車の移動要請を受けて承諾したのに，これを放置して火災の見物を継続し，もって，公務員から援助を求められたのにもかかわらずこれに応じなかったものである。

記載例④　併合罪の場合（１潜伏の罪 (6)犯罪事実の記載例③参照）。

9　火気乱用の罪（第9号）

> 相当の注意をしないで，建物，森林その他燃えるような物の附近で火をたき，又はガソリンその他引火し易い物の附近で火気を用いた者

(1)　立法趣旨

本号は，火災予防のため，建物などへの延焼や，ガソリンなどへの引火を誘発する抽象的危険のある行為を禁圧するもので，警察犯処罰令第3条第5号「家屋其の他の建造物若は引火し易き物の近傍又は山野に於て濫に火を焚く者」を継承するものであるが，「山野に於て」の要件は広きにすぎるので削除された。

(2)　要件

本号の構成要件は，次のとおりである。

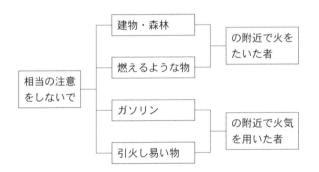

本号に該当する者は，相当の注意をしないで，①「建物，森林その他燃えるような物の附近で火をたいた者」と，②「ガソリンその他引火し易い物の附近で火気を用いた者」である。

ア　「相当の注意をしない」とは，通常人に一般的に要求される程度の注意を払わないことを意味し（**判例①**），要求されている注意義務の内容を認識しながら殊更に必要とされる行為をしない場合とそのような注意を怠ってしまった場合の両方を含む。前者は故意による行為であり，後者は過失による行為である。

過失による行為の場合，過失犯で論じられている過失に関する理論が適

用され，過失の有無の判断は通常人を標準とする客観説による。

　一般的に，たき火をする場合には，鎮火に足りる程度の消火用の水，砂などを手元に準備し，火が燃え広がらないように監視しておれば，相当の注意を払ったことになろう。しかし，これを怠れば，「相当の注意をしないで」に当たる（**判例②**）。単に風下を選んで火をたいただけでは，相当の注意を払ったといえない場合が多いであろう。

　相当の注意を払ったか否かは，行為の目的と無関係であるから，たとえ正当な目的で火をたいたり，火気を用いても，相当の注意を払ったといえなければ本号が成立する。

　なお，「相当の注意をしないで」という要件は，本号前段，後段の両方にかかる。

イ　「建物」の意義については，「1 潜伏の罪 (2)要件　オ」を参照。なお，本号では邸宅は建物に含まれるものと解され，囲繞地は除かれるものと解される。

ウ　「森林」とは，木竹が集団して生育している土地の上にある立木竹を意味するが（森林法第2条第1項第1号参照），本号の立法趣旨からみて森林法で定義されている森林と同一ではなく，同法で森林とされている木竹の集団的な生育に供される土地は含まれず，逆に同法で除外される主として農地又は住宅地若しくはこれに準ずる土地の上にある立木竹は本号の森林と解される（同旨：伊藤・勝丸110頁）。本号の場合，土地自体を含める必要はないものと考えられる。

エ　「その他」とは，法令用語上，一般的には，その前後の語句を並列的に連結する語句である。なお，「その他」と「その他の」の違いについては，「2 凶器携帯の罪 (2)要件　エ」を参照されたい。

オ　「燃えるような物」とは，建物や森林以外の可燃物を意味し，大きさ，材質，燃えやすいか否かなどを問わない。しかし，本号が延焼によって火災となるおそれのある行為，換言すれば，公共の危険を生ずる可能性のある行為を取締りの対象としているのであるから，相応の物件，相当量の物であることを要し，1本のたばこ，数枚の紙片のように延焼しても公共の

危険をほとんど生じないような物は,「その他燃えるような物」に含まれない。
カ 「附近」とは,絶対的・客観的な尺度による距離を意味するのではなく,火をたくことによって延焼の危険を生じたり,火気を用いることによって引火の危険を生じたりする程度の距離を意味するが,必ずしも対象物から離れて,その外部であることを要せず,建物,森林などの内部も含まれる。
キ 「その他引火し易い物」とは,引火点が低く,火気を近づけるだけで容易に火のつく物を意味するが,ガソリンと同程度に引火しやすいことは必要でなく,アルコール類,火薬類,ガス,灯油など油類,セルロイド,プラスチック製品,トルエンなどが挙げられる。量の多少は問わないが,危険を全く生じないといってもよいくらい微量のものは除かれるものと考える。
ク 「火をたく」とは,ある程度独立して多少継続的に火気を燃える状態にしておくことを意味し,単にマッチを擦ったり,ライターで炎を出したり,たばこを吸う行為は,火をたくとはいえない。
ケ 「火気を用いた」とは,火を発せしめる全ての行為を意味し,火力の程度は問わない趣旨である。マッチを擦ったり,ライターで炎を出したり,たばこを吸う行為もこれに当たる。

(3) 他の罪との関係

建物又は森林に延焼する危険を認識しながら本号に該当する行為をしたときは,放火罪(刑法第108条ないし第110条),放火未遂罪(同法第112条),失火罪(同法第116条),森林放火罪(森林法第202条),森林放火未遂罪(同法第204条),森林失火罪(同法第203条)の成立が考えられる。その場合,本号の罪はこれらの罪に吸収される。

本号に該当する行為が,消防法に規定されている消防長らの火災予防措置等命令違反の罪(消防法第44条第1号,第3条第1項第1号)に該当する場合,同法は本号に対し特別規定の関係にあるので,火災予防措置等命令違反の罪のみが成立し,本号は適用されない。

(4) 判 例
① 東京地判昭52．3．7判時857・120
　　軽犯罪法第1条第9号にいう「相当の注意」とは，通常人に一般的に期待される程度の注意であると解した上，「被告人は判示花壇脇（幅員約6.1メートルの遊歩道上で，それに沿って多数の建物が建ち並んでいる）においてたき火をする際，消火用の水を用意することなく，また右消火用の水がどこで入手できるかについても事前に確かめず，漫然折からの寒さから暖をとるため新聞紙等を拾い集めてたき火をしたものであって，付近建物への延焼の危険の有無について考え，あるいはこれが防止にことさら気を配り，注意を払った形跡は窺われない」として，相当の注意をしないでたき火をした者に当たると判示した。

② 東京高判平15．2．5東高刑時報54巻1—12・6
　　住宅街に隣接した宅地造成予定地（一面に生い茂っていた雑草が枯れ草となっている畑跡地）において，被告人がKに対し，整地するために伐採集積していた木の枝を燃やすよう指示し，Kがライターで着火して燃やした事案に関し，「被告人は，Kと共謀の上，本件土地一面に存する枯れ草という燃えるような物，あるいはそれに近接する建物の付近で火をたいたものであり，被告人らは，点火の際，鎮火に足りる程度の消火用の水等を手元に準備するなど，直ちにたいた火を消火し，火が周囲の枯れ草等に燃え広がらないように配慮した形跡はないから，相当の注意，すなわち，通常人に一般的に期待される程度の注意を欠いたものである。」と判示し，本号の罪の成立を認めた。

(5) 質疑応答
　Q　付近には，荒ゴミ以外に可燃物が全くない事案において，古布団，古椅子，段ボール箱，古雑誌等の荒ゴミを燃やそうとして，中央にあった古布団に火をつけた場合，燃やそうとした荒ゴミ自体を「燃えるような物」と認め得るか。
　A　荒ゴミが公共の危険を生ずる可能性のある相当量の物であれば，被疑者が焼損しようとした荒ゴミ自体を「燃えるような物」と認め得る。

9 火気乱用の罪（第9号） 99

同じ事例で同号の罪の成立を認めた判例（神戸簡判平元.11.7・公刊物未登載）もある。

(6) **犯罪事実の記載例**

記載例①

> 被疑者は，令和○年○月○日午後○時○分頃，○○県○○市○○町○番○○公園東側路上において，消火用の水を用意するなどの措置を講じないで，同公園の柵に沿って南北約20メートル，東西約2メートルの範囲にわたって集積されていた古布団，古椅子，段ボール箱，古雑誌等の荒ゴミの中央付近にあった古布団にガソリンを掛け，所携のライターで点火して燃え上がらせ，もって，相当の注意をしないで燃えるような物の付近で火をたいたものである。

記載例②

> 被疑者は，令和○年○月○日午後○時○分頃，○○県○○市○○町○番○号○○競艇場東側一般観覧席において，消火用の水を用意するなどの措置を講じないで，競艇客が捨てて散乱している多数の新聞紙，予想紙等の傍らで，マッチで点火して新聞紙，舟券等を燃やし，もって，相当の注意をしないで燃えるような物の付近で火をたいたものである。

記載例③

> 被疑者は，令和○年○月○日午後○時○分頃，○○県○○市○○町○番○号所在の○○川遊歩道上の中央花壇脇において，幅員約6.1メートルの同遊歩道に沿って多数の建物が建ち並んでいるのに，消火用の水を用意する等の措置を講じないで，同所にあった新聞紙や木くず，枯れ草等を拾い集めてこれに所携のマッチで点火してたき火をし，もって，相当の注意をしないで建物の付近で火をたいたものである。

記載例④

> 被疑者は，令和〇年〇月〇日午後〇時〇分頃，〇〇県〇〇市〇〇町〇番地先の森林内遊歩道において，消火用の水を用意する等の措置を講じないで，集めた枯れ草に所携のライターで点火してたき火をし，もって，相当の注意をしないで森林の付近で火をたいたものである。

記載例⑤　併合罪の場合（1 潜伏の罪 (6)犯罪事実の記載例③参照）。

10 爆発物使用等の罪(第10号)

> 相当の注意をしないで,銃砲又は火薬類,ボイラーその他の爆発する物を使用し,又はもてあそんだ者

(1) 立法趣旨

本号は,人の生命,身体,財産に対する危害を予防するため,銃砲の暴発,爆発物の爆発のおそれという抽象的危険性のある行為を禁止するもので,銃砲刀剣類所持等取締法,火薬類取締法などの各種取締法規を補充するものである。

警察犯処罰令第3条第4号「濫(みだり)に銃砲の発射を為し又は火薬其の他劇発すへき物を玩(もてあそ)ひたる者」の規定を継承するものである。

本号制定以前から,銃砲等所持禁止令,銃砲火薬類取締法,狩猟法,爆発物取締罰則など諸法令による規制があったが,本号はこれらを補充するため設けられたものである。

(2) 要件

本号の構成要件は,次のとおりである。

ア 「相当の注意をしない」の意義については,「9 火気乱用の罪 (2)要件ア」を参照。

この「相当の注意をしない」という要件は,本号前段,後段の両方にかかる。

イ 「銃砲」とは,金属性弾丸を発射する機能を有する装薬銃砲、空気銃及び電磁石銃(銃砲刀剣類所持等取締法第2条第1項)を意味し,銃砲刀剣類所持等取締法の銃砲と同意義である。銃砲に弾丸が装填されている必要はないが,弾丸が装填されていないことを確認したうえ,使用し,又はも

てあそんだ場合は，相当の注意をしたことになろう。
ウ 「火薬類」とは，火薬類取締法第2条に規定されている火薬，爆薬及び火工品をいう（大塚108頁）。しかし，玩具花火，爆竹，クラッカー（かんしゃく玉）などの「がん具煙火」（火薬類取締法施行規則第1条の5）は，原則として，本号の「火薬類」には当たらないと解する（伊藤・勝丸114頁）。なぜなら，「火薬類」は，「その他の」によって「爆発する物」につながっており，「爆発する物」の厳格な例示として解釈されるべきであるから，「爆発する物（爆発性を有し破裂して相当の破壊力をもつ物）」に当たらない「がん具煙火」は，本号の「火薬類」には当たらないことになる。もっとも，多量の玩具花火をまとめて使用すれば，「爆発する物」となって本号の罪に当たる場合もある。なお，「その他」と「その他の」の違いについては，「2 凶器携帯の罪 (2)要件 エ」を参照されたい。
エ 「ボイラー」とは，密閉された鋼製容器内で水を加熱して高温・高圧の蒸気を発生させる装置で，刑法第117条第1項の「ボイラー」と同意義である。
オ 「爆発する物」とは，爆発性を有し破裂して相当の破壊力をもつ物を全て含むもので，爆発物取締罰則の「爆発物」より広義である。判例によって爆発物取締罰則にいう「爆発物」ではないとされた塩素酸カリウムと濃硫酸との接触による爆発及び揮発油の燃焼による破壊力を包蔵する火炎びんは，本号の「爆発する物」に該当すると考える（**判例①**）。

なお，「火炎びん」については，本号の特別法に当たる「火炎びんの使用等の処罰に関する法律」の適用がある。同法律は，その第1条において，「火炎びん」とは，「ガラスびんその他の容器にガソリン，灯油その他引火しやすい物質を入れ，その物質が流出し，又は飛散した場合にこれを燃焼させるための発火装置又は点火装置を施した物で，人の生命，身体又は財産に害を加えるのに使用されるものをいう。」と定義し，第2条において，「火炎びんを使用して，人の生命，身体又は財産に危険を生じさせた者」や「その未遂罪」を処罰し，第3条において，火炎びんの製造，所持等を処罰することとしている。

カ 「使用」とは，物の本来の用法に従って取り扱うことを意味する。銃砲を発射したり，火薬類を発火させたり，ボイラーをたいたりすることは本来の用法に従って使用することで当然含まれるが，さらに，その行為と密接不可分で暴発あるいは爆発の危険を伴う行為，例えば，弾丸を銃砲に装塡したり，銃砲の手入れ，火薬類の運搬，ボイラーの掃除なども含まれるものと解される。

キ 「もてあそぶ」とは，本来の用法とは無関係・無目的に，好奇心，暇つぶし，いたずらなどのために漠然と取り扱うことを意味する。

(3) 他の罪との関係

本号の行為の結果，人の死傷，物の損壊が発生し，過失致死傷罪（刑法第209条ないし第211条），過失激発物破裂罪（同法第117条第2項，第117条の2）が成立する場合，また，まれではあろうが，事案により，殺人罪（同法第199条），傷害罪（同法第204条），激発物破裂罪（同法第117条第1項），建造物損壊罪（同法第260条），器物損壊罪（同法第261条）などが成立する場合には，それらの罪の補充規定である本号の罪は，それらの罪に吸収され，成立しない。

銃砲等発射罪（銃砲刀剣類所持等取締法第3条の13）や爆発物使用罪（爆発物取締罰則第1条）が成立する場合も同様である。

本号に該当する行為が，銃砲所持の許可を受けた者によって法定の制限（不当な発射の禁止）に違反してなされた場合（銃砲刀剣類所持等取締法第10条第2項），18歳未満の者が火薬類を取り扱った場合（火薬類取締法第23条第1項），18歳未満の者や精神障害者に火薬類を取り扱わせた場合（同第2項）には，いずれも本号の罪とこれらの罪は観念的競合となる。なぜなら，前者の保護法益が，人の生命・身体・財産に対する危害発生の防止であるのに対し，後者の保護法益は，許可制度の維持，あるいは18歳未満者等の保護やその者による危害の発生防止であり，両者の保護法益が異なるからである。

(4) 判 例

① 最大判昭31．6．27刑集10・6・921，判時79・3

爆発物取締罰則にいう爆発物とは、理化学上の爆発現象を引き起こすような不安定な平衡状態において、薬品その他の資材が結合した物体であって、その爆発作用そのものによって公共の安全をみだし、又は人の身体財産を害するに足りる破壊力を有するものをいう。構造において、塩素酸カリウムと濃硫酸との接触による爆発及び揮発油の燃焼による破壊力を包蔵する火炎びんは、前者の爆発は破壊力のない小爆発であり、後者の破壊力は単なる燃焼に起因するものであって、爆発物に当たらない（これらも、本号の爆発物には当たる。）。

(5) 質疑応答

Q1 住宅街にある児童公園において、居合わせた児童に対し、ソーダ水を作る実験をして見せるため、相当の注意をしないで、ラムネの空き瓶（ガラス製）に水とドライアイスを入れたところ、気化した炭酸ガスの圧力で内部のラムネ玉が押し上げられて瓶の口をふさぎ、約40秒で瓶が爆発して粉砕したガラス片が半径十数メートルの範囲にわたって飛散したが、自ら及び児童は爆発の危険を感じて逃げたため、負傷しなかった。本号の罪は成立するか。

A まず、設問の「ラムネの空き瓶（ガラス製）に水とドライアイスを入れたもの」は、どの段階で爆発する物となるかが問題となる。気化した炭酸ガスの圧力で内部のラムネ玉が押し上げられて瓶の口をふさいだ時点で爆発する物となる。

次に、行為者の認識が問題となる。行為者が、「気化した炭酸ガスの圧力で内部のラムネ玉が押し上げられて瓶の口をふさぐこと」を予期していた場合、あるいは、瓶の口を下げるなどして故意に内部のラムネ玉で瓶の口をふさいだ場合には、爆発させる意図がなくても、爆発する物を作って爆発するに任せたと認められ、相当の注意をしないで、爆発する物を弄んだ者に該当する。

しかし、設問の場合は、その前後の状況から、行為者は、「気化した炭酸ガスの圧力で内部のラムネ玉が押し上げられて瓶の口をふさぐこと」を予期していなかったと認められるので、その状態に気づいた時点で、初め

て「爆発する物」であると認識することとなるが，その後，爆発するに任せたとしてもやむを得ず，狼狽して逃げたことを捉えて，爆発する物を弄んだ者に当たるとはいえない。

　もっとも，設問の事例で，児童が負傷すれば，重過失傷害罪が成立する。

Q2　相当の注意をせずに，爆竹を使用した場合，本号の罪は成立するか。

A　爆竹は，爆発音を出すことを主な目的としており，少量の火薬又は爆薬が使用された火工品であるため，爆発力が極めて小さく，相当の破壊力をもつとはいえないので，爆竹を使用しても，本号の罪は成立しない。

(6) 犯罪事実の記載例

記載例①

> 　被疑者は，令和〇年〇月〇日午後〇時〇分頃，〇〇県〇〇市〇〇町〇番地先路上において，付近には民家等があるのに，人の往来を確かめるなどすることなく，漫然と空気銃を発射し，もって，相当の注意をしないで，銃砲を使用したものである。

記載例②

> 　被疑者は，令和〇年〇月〇日午前〇時〇分頃，〇〇県〇〇市〇〇町〇番〇号先路上において，付近は商店等が密集しているのに，人の往来を確かめるなどすることなく，好奇心から水とドライアイスを入れて密閉したガラス瓶を破裂させ，もって，相当の注意をしないで爆発する物をもてあそんだものである。

記載例③　併合罪の場合（1 潜伏の罪 (6)犯罪事実の記載例③参照）。

11 投注発射の罪（第11号）

> 相当の注意をしないで，他人の身体又は物件に害を及ぼす虞のある場所に物を投げ，注ぎ，又は発射した者

(1) 立法趣旨

　他人（公衆）の身体又は財産の安全を保護するため，これらに害を及ぼす抽象的危険性のある行為を禁止するものである。過失による傷害，物件の毀棄をも未然に防止する趣旨であり，警察犯処罰令第2条第32号「他人の身体，物件又は之に害を及ぼすべき場所に対し物件を抛 澆(ほうきょう)し又は放射したる者（注：抛澆＝投注）」を継承した規定である。

(2) 要　件

　本号の構成要件は，次のとおりである。

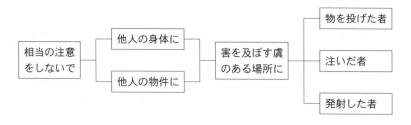

ア　「相当の注意をしない」とは，通常人に一般的に要求される程度の注意を払わないことを意味し，要求されている注意義務の内容を認識しながら殊更に必要とされる行為をしない場合とそのような注意を怠ってしまった場合の両方を含む。なお，「9 火気乱用の罪 (2)要件 ア」を参照されたい。

イ　「他人」とは，犯人以外の者である。「他人の身体」というときは自然人に限られることは当然であるが，「他人の物件」というときは自然人に限られず，法人及びその他の団体，官公署なども含まれる。「他人の物件」には自己所有の物であっても，他人が賃借権その他正当な権原に基づき適法に占有している物を含む。

ウ　「物件」とは，動産及び不動産を意味し，動物も「物件」である。ただし，不動産については，本法の趣旨，本号の罪質，規制態様からみて，お

おおむね消極と解する。

エ 「害」とは，強要，脅迫の被害にまで至らなくとも，例えば，衣類や身体に水をかけることによって与える害のように，一般人が迷惑と思う程度の害悪を意味する。

オ 「害を及ぼす虞」とは，物を投げたりすることによって直接その物が他人の身体又は物件に当たるおそれだけを意味するのではなく，他人がその物を踏み，滑って転ぶなどのように，他人自身の行為を伴うことによって及ぼすおそれのような間接的なものも含まれる。

カ 「害を及ぼす虞のある場所」とは，特定の地域ないしは区域を意味するものではなく，投棄によって抽象的危険を生ずる場所をいうものと解される。人の居住する建物，人の通行する道路，人の訪れる公園など「他人」の居る場所及び「他人の物件」の存在する場所を意味する。公開あるいは使用中の海水浴場の砂浜や海面，スキー場のスロープやキャンプ場，汽車，電車，自動車などの乗物の内部も含まれる。その場所に，たまたま「他人」又は「他人の物件」が存在しなくてもここにいう場所に当たる。

　本号の罪が成立するためには，行為者に投注発射をする目標の場所が「他人の身体又は物件に害を及ぼす虞のある場所」であることの認識が必要である。

キ 「物」とは，固体，液体，気体の全てを含む意であるが，電気，光などのエネルギーは含まれない。「物」とは，その性質上，一般人が判断して，直接あるいは間接に他人の身体又は物件に害を及ぼす危険性のあるものをいう。したがって，チリ紙や糸くずなど軽微無害な物は本号の「物」とはいえない。

ク 「投げる」「注ぐ」「発射する」とは同種類の行為を，「物」に応じて使い分けているもので，「物」に運動エネルギーを与える行為である。「投げる」は固体に，「注ぐ」は液体及び気体，すなわち流動物に応ずる行為であり，「発射する」とは何らかの器具あるいは装置を使用して物を飛ばすことを意味し，例えば，パチンコで石や玉を飛ばしたり，玩具の拳銃でプラスチック製の弾丸や水を飛ばしたり，ゴルフクラブでボールを打った

り，ラジコンで玩具の飛行機を飛ばしたりする行為がこれに当たる。

「投げる」といっても，物に力を加えて飛ばすことだけを意味するのではなく，高所から落としたり，転がしたりすることも含まれる。

「投げる」「注ぐ」「発射する」という行為は「害を及ぼす虞のある場所に」向かってなされることが必要であるが，実際に，その場所又は近くに到達しなくても本号の行為に当たる。各行為が行われた時点で既遂に達する。

(3) 他の罪との関係

本号の行為の結果，人の死傷が生じ，例えば，人が通るのを見て道路に物を投げ人に当たった場合，あるいは人がいないと思って物を投げたところ，通りかかった人に当たったという場合には，殺人罪（刑法第199条），傷害罪（同法第204条），過失致死傷罪（同法第209条ないし第211条）が成立し，他人の物を壊した場合には器物損壊罪（同法第261条）が成立するが，この場合は，本号の罪はそれらの罪に吸収され，本号の適用はない。

本号の行為が道路交通法第76条第4項第4号「石，ガラスびん，金属片その他道路上の人若しくは車両等を損傷するおそれのある物件を投げ，又は発射すること」，第5号「前号に掲げるもののほか，道路において進行中の車両等から物件を投げること」に当たる場合，同法は本号に対し特別規定の関係にあるので，道路交通法違反のみが成立すると解する（同旨：伊藤（卓）。伊藤・勝丸121頁）。

本号の行為が廃棄物の処理及び清掃に関する法律第25条第1項第14号，第16条「みだりに廃棄物を捨てた者」に当たる場合，本号の罪とその罪は観念的競合となる（101問107頁）。なぜなら，前者の保護法益が，人の身体・財産の安全であるのに対し，後者の保護法益は，環境の保全であり，両者の保護法益が異なるからである。

(4) 質疑応答

Q 公園の人混みに向かって，野球ボールを投げたが，人混みまで届かず，手前の池に落ちた場合，本号の罪は成立するか。

A 本号の罪は，文理上，「害を及ぼす虞のある場所」に到達する必要

はなく，各行為が行われれば既遂に達するのであり，本号の罪は成立する。

(5) **犯罪事実の記載例**

記載例①

> 被疑者は，令和〇年〇月〇日午後〇時〇分頃，〇〇県〇〇市〇〇町〇番〇号所在〇〇国駐〇〇総領事館前道路上において，長さ約1メートル，直径約14センチメートルの竹棒2本を同総領事館敷地内に向けて投げ入れ，もって，相当の注意をしないで，他人の身体又は物件に害を及ぼすおそれのある場所に物を投げたものである。

記載例②

> 被疑者は，令和〇年〇月〇日午後〇時〇分頃，〇〇県〇〇市〇〇町〇番〇号〇〇〇〇方敷地内に板塀越しに空き瓶を投げ入れ，もって，相当の注意をしないで，他人の身体又は物件に害を及ぼすおそれのある場所に物を投げたものである。

記載例③　併合罪の場合（1潜伏の罪(6)犯罪事実の記載例③参照）。

12 危険動物解放等の罪（第12号）

> 人畜に害を加える性癖のあることの明らかな犬その他の鳥獣類を正当な理由がなくて解放し，又はその監守を怠つてこれを逃がした者

(1) 立法趣旨

本号は，公衆や家畜に対する安全を保障し，危害を未然に防止するため，危険な動物の不適正な管理行為を禁止するもので，警察犯処罰令第3条第13号「狂犬，猛獣等の繋鎖を怠り逸走せしめたる者」を継受したものである。

(2) 要件

本号の構成要件は，次のとおりである。

ア 「人畜」とは，人及び家畜をいう。家畜とは，通常，人が利用するために繁殖させ，飼育する鳥獣を意味し，犬，猫，牛，馬，豚，羊，山羊，うさぎなどの獣及び文鳥，鶏，伝書鳩，アヒルなどの鳥がこれに当たる。通常，人に飼養されることを常としないライオン，熊などは，現に飼養されていたとしても，ここでいう家畜には含まれない。「家畜」には，当然のことながら，熱帯魚，鯉，金魚などの魚類，みつばち，かぶと虫，鈴虫などの昆虫類は含まれない。

イ 「害」とは，生命や身体に対する危害を意味する。「害」の中に精神的な不快感情を含むとする説（植松84頁，大塚110頁）と含まないとする説（伊藤・勝丸123頁）があるが，本号が「害を加える性癖を有する鳥獣類」という表現を使っていることからみて，その鳥獣の行動によって「害」を被ることを防止する趣旨であり，単にその鳥獣自体が精神的な不快感情を与えるにとどまる場合は，ここにいう「害」を加えるものとはいえない。

ウ 「性癖」には，先天的なものと後天的なものがある。前者の例としては

猛獣（**判例**①），後者の例としては狂犬，闘犬などが挙げられる。後天的な性癖は病気，訓練などいかなる原因によって備わったかは問わない。

エ 「明らか」とは，客観的に明らかであることを意味する。したがって，行為者や一般人が「明らか」であると思い込んでいても，客観的に明らかでなければ，本号に当たらない。

　また，本号の罪が成立するためには，行為者において，当該鳥獣類には「明らかに人畜に害を加える性癖がある」との認識が必要である。したがって，「人畜に害を加える性癖がある」かもしれないとの未必的認識では，構成要件である「明らか」に対応する認識がなく，不十分である。

オ 「犬その他の鳥獣類」とは，人に飼育・管理されている危険な鳥獣類であり，犬はその例である。鷹，鷲などの鳥類，熊，虎，コウモリなどの獣類が含まれる。当該鳥獣類は，人に飼育されているか管理されているものでなければならない。本号の「鳥獣類」については，「鳥類及び獣類（哺乳類）の範疇に属する動物」と生物学の分類に従って厳格に解すべきではなく，「鳥獣及びこれに類する動物」と柔軟に解し，一般人が「獣（けもの）」と観念する，ワニ，ヘビ，トカゲなどの爬(は)虫類をも含むと解すべきである。なぜなら，法は社会通念によって解釈されるべきであるからである。したがって，一般人が「獣（けもの）」と観念しない，両生類，魚類，節足動物等，例えば，さそり，ムカデ，すずめ蜂，火蟻などは含まれない。

　この点に関し，鳥獣の保護及び管理並びに狩猟の適正化に関する法律は，その第2条において，「鳥獣とは，鳥類又は哺乳類に属する野生動物」と定義しているところ，これに鑑みれば，本号においては，「鳥獣とは，鳥類又は哺乳類に属する人に飼育・管理されている動物」と解釈すべきこととなるが，立法趣旨が異なるので，同様に解する必要はない。

　なお，「その他の」とは，語句と語句を連結する法律用語であるが，前の語句が後の語句の厳格な例示になっている点で，「その他」とは異なる。なお，「その他」と「その他の」の違いについては，「2 凶器携帯の罪（2）要件 エ」を参照されたい。

カ 「正当な理由がなく」とは，違法性を意味する文言である。「正当な理由

がある」場合は，違法性が阻却され，本号の罪は成立しない。「正当な理由がなく」は前段のみにかかる。後段には「怠る」という過失の構成要件とともに違法性を示す語句が使われているから，「正当な理由がなく」と改めていう必要がない。なお，「正当な理由がなく」と「みだりに」との違いについては，「1 潜伏の罪 (2)要件 キ」を参照されたい。

キ 「解放した」とは，故意に動物を解き放ち自由な状態にすることを意味し，檻(おり)の扉を開ける，鎖を解くなどの作為によるのが通常であるが，監守義務のある者において動物が檻(おり)の扉を壊して逃げ出そうとしていることを認識しながら，逃げてもよいとして放置する不作為（いわゆる不真正不作為犯）も含むと解する。この場合は，故意犯であるから，過失犯を処罰する後段の「監守を怠ってこれを逃がす」には当たらない。動物が監守者の支配を脱し，自由な状態になったとき「解放した」ことになる。

ク 「監守」とは，動物を自己の支配内に置き，他に害を及ぼさないようにしておくことを意味し，檻(おり)に入れておくとか鎖でつないでおくことがその典型である。

ケ 「監守を怠ってこれを逃がした」とは，監守義務者の過失によって，その支配下にあった動物がその支配を脱したということであり，檻(おり)の扉を閉め忘れたり，鎖をきちんとつけなかったりすることがこれに当たる。動物が監守義務者の支配を脱することが必要であり，檻(おり)の扉を閉め忘れても，動物が檻(おり)から出なければ，本号は成立しない。しかし，動物が支配を脱すれば十分であり，遠方まで逃走する必要はない。人に危害を及ぼしたことも不要である。

(3) 他の罪との関係

本号の行為の結果，人の死傷，物の損壊が生じ，殺人罪（刑法第199条），傷害罪（同法第204条），過失致死傷罪（同法第209条ないし第211条），器物損壊罪（同法第261条）が成立する場合は，本号の罪はそれらの罪に吸収され，本号は成立しない。

県，市，町，村の条例で，飼犬を檻(おり)に入れなかったり係留しておかなかったりした行為を処罰する「飼犬条例」が定められている場合，本号に当た

行為が「飼犬条例」にも該当するときは，両者は観念的競合の関係に立つものと解する（同旨：伊藤・勝丸125頁）。

(4) 判　例

① 東京高判昭58.10.6高検速報58・159

軽犯罪法第1条第12号にいう「人畜に害を与える性癖のあることの明らかな鳥獣類」とは，その鳥獣類が人畜に害を加える性癖を有し，かつ，右事実が社会通念により明らかである場合を指すと解すべきであるところ，本件虎は，生後11か月余の小虎であるとはいえ，人畜に害を加える性癖があり，そのことが社会通念により明らかであるから，本件虎は同法条に定める鳥獣類に該当する。

(5) 質疑応答

Q　一見して温和で安全に見えるスピッツ犬を人にかみつくように訓練した上，正当な理由なく解放したが，行為者以外には誰も，その犬が「人に害を加える性癖」を有することを知らなかった場合，本号の罪は成立するか。

A　一般人から見て「人畜に害を加える性癖のあること」が明白でなくても，客観的に「人畜に害を加える性癖のあることが明らか」であり，そのことを行為者が認識していたのであるから，本号の罪は成立する。

(6) 犯罪事実の記載例

記載例①

> 被疑者は，令和○年○月○日午後○時○分頃，○○県○○市○○町○番○号所在の自宅庭先において，失恋によって自暴自棄となり，飼育している毒蛇であるマムシ2匹の飼育箱の蓋を開放し，同所から隣家に同マムシ2匹を逸走させ，もって，人畜に害を加える性癖のあることの明らかな鳥獣類を正当な理由がなくて解放したものである。

記載例②

> 被疑者は，令和○年○月○日午後○時○分頃，○○県○○市○○町○

番地の自宅庭先において，檻に入れて飼育している人にかみつく性癖のある犬（ドーベルマン，雌犬3歳）1頭の檻の扉を閉め忘れ，同所から同犬を逃がし，もって，監守を怠って人畜に害を加える性癖のあることの明らかな犬を逃がしたものである。

記載例③　併合罪の場合（1潜伏の罪　(6)犯罪事実の記載例③参照）。

13　行列割込み等の罪（第13号）

> 公共の場所において多数の人に対して著しく粗野若しくは乱暴な言動で迷惑をかけ，又は威勢を示して汽車，電車，乗合自動車，船舶その他の公共の乗物，演劇その他の催し若しくは割当物資の配給を待ち，若しくはこれらの乗物若しくは催しの切符を買い，若しくは割当物資の配給に関する証票を得るため待つている公衆の列に割り込み，若しくはその列を乱した者

(1) 立法趣旨

　本号は，公共の場所で他人に迷惑をかける行為（前段）と，公共の乗物施設等を利用する際の秩序を乱す行為（後段）とを禁止するもので，このような場所における安寧（平穏）と公衆道徳の維持励行を目的とするものである。

　本号前段は，本条第5号と罪質を同じくするものであるところ，第5号が公共の娯楽場，公共の乗物など特定の公共の場所において行われる場合を要件とするのに対し，本号は公共の場所一般において行われる場合を要件とするもので，第5号の一般規定の性格をもつものである。なお，本号が第5号の一般規定であるといっても，第5号の要件に当たる行為の全てが，本号の要件にも当たるというものではない。例えば，乗客の1人ないし少人数に対する迷惑行為は，第5号の要件には当たるが，本号の要件には当たらない。

　本号後段は，警察犯処罰令第2条第15号「雑沓の場所に於て制止を肯（がえん）せす混雑を増すの行為を為したる者」を受け継いだものであるが，その内容はほとんど新設規定といってもよいほど改められている。国民の公徳心を振興し，維持することが期待された規定である。

(2) 要件

　本号の構成要件は，次のとおりである。

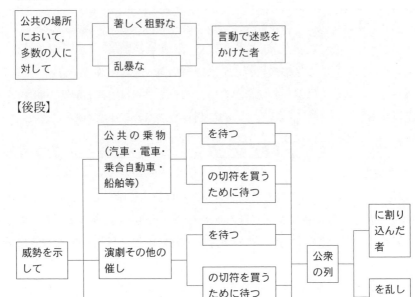

ア 「公共の場所」とは，不特定かつ多数の人が自由に出入りし利用できる場所を意味し，屋内・屋外を問わず，その場所の所有権・管理権が私人に属するか，国その他の公共団体に属するか否か，また，使用等が有償か無償かを問わない。公園など一般公衆の使用に供される「公共用物」に限られるものではなく，また，官公署の建物など国又は公共団体の使用に供される「公用物」であってもよい（**判例①**）。

「公共の場所」という用語は，売春防止法第5条第2号及び第6条第2項第2号，酒に酔つて公衆に迷惑をかける行為の防止等に関する法律第3条第1項及び第4条第1項にもみられ，本号とほぼ同意義と解される。

「公共の場所」の例としては，前記判例にもある道路，公園，広場や官公庁の構内などが挙げられる。本条第5号に規定されている「公共の会堂，劇場，飲食店，ダンスホールその他公共の娯楽場」も「公共の場所」に含まれることは当然であるが，第5号は本号の特別規定であり，これらの場所で本号前段の行為が行われた場合，第5号のみが適用される。

イ 「多数の人」とは，5人以上を意味すると解する。2人以上とする見解（大塚111頁），2人では足りず，数人（伊藤・勝丸128頁）あるいは5，6人以上（伊藤（卓））とする見解もあるが，特定人である友人など4名の面前でわいせつ行為をしたという公然わいせつの事案において，「公然（不特定又は多数人）」性を否定した（特定かつ少数人と認定した）裁判例（静岡地裁沼津支判昭42・6・24下級刑集9・6・851）に照らせば，捜査官としては，「多数人」を5名以上であると解して証拠の収集に当たることが肝要である。

ウ 「著しく粗野若しくは乱暴な言動で迷惑をかけた」の意義については，本条第5号において解説したとおりである。また，第5号の罪と同様，本号の罪は，一般的に迷惑行為と評価される「著しく粗野又は乱暴な言動」をしただけでは成立せず，迷惑被害の発生が要件となっている結果犯であるから，行為者には，自己の言動が著しく粗野又は乱暴であることの認識（故意）のほか，その言動によって相手が不快感を抱くことの認識（故意）が必要である。詳細については，「5 粗野乱暴の罪 (5)質疑応答 Q3」を参照されたい。本号前段の罪が成立するには，多数の人に迷惑をかけたことで足り，その場にいた全員あるいは大多数の人に迷惑をかけることまでは必要としない（野木ほか57頁）。

エ 「汽車，電車，乗合自動車，船舶その他の公共の乗物」の意義については，「5 粗野乱暴の罪 (2)要件 キ・ク」の解説参照。

第5号には，飛行機が例示されていて本号には例示されていないのは，立法当時，航空機搭乗券の購入に不特定多数人が利用し行列するという情勢になかったから例示されなかったものと思われる。飛行機は，新幹線と競争するほどの不特定かつ多数人の高速輸送機関であり，「その他の公共

の乗物」に含まれるといえる。なお，「その他」と「その他の」の違いについては，「2 凶器携帯の罪 (2)要件 エ」を参照されたい。

　「公共の乗物」にはタクシーが含まれるか。例示されている汽車等とやや異なるが，現在ではタクシーが大衆の足となり，駅などのタクシー乗場で行列を作って多数人が待っているのも日常の現象であり，その行列を保護する価値は，汽車，乗合自動車に対するそれと全く同様である。立法当時，タクシー待ちの行列などの事態は予想されなかったが，今日では，タクシーは本号の「公共の乗物」に当たると解するのが妥当である。

　本号は，行列の秩序を保護法益とするものであるから，行列の存在する場所の公共性に着目して解釈すべきであり，タクシー車内の秩序を保護法益とする本条第5号の場合とは異なり，タクシーを含むと解することが相当である（同旨：伊藤・勝丸129頁）。

オ　「演劇その他の催し」とは，映画，歌舞伎などの演芸，音楽会，美術の展覧会，オリンピックなどの運動競技会，プロボクシングの試合などが挙げられる。有名人のサイン会，コンテスト，デパートのバーゲン，大売出しなども「催し」である。有料・無料を問わない。

カ　「割当物資の配給」とは，国又は地方公共団体が法令に基づいて，消費規制を行っている主食品や衣料品などの物資の配給のことであるが，現在は有名無実の規定である。記念切手や年賀はがきは，1人当たりの購入枚数が制限されたとしても，「割当物質」ではないからこれには当たらない。

キ　「待つ」という用語はその対象によって若干意味が異なるが，表現が狭いので，多少意味を広く解する必要がある。公共の乗物を「待つ」というのは，乗車だけでなく降車をも含み，催しを「待つ」というのも入場だけでなく出場をも含む（植松91頁）。配給を「待つ」というのは配給を受けるために待つことである。

ク　「切符を買うために待つ」とは，乗車券，乗船券，航空券などを買うために待つことを意味する。「切符」には指定席券，特急券，定期券なども含まれる。「買う」という行為は，空港カウンターで航空券を搭乗整理券に引き換えるような行為（チェックイン）をも含む（伊藤・勝丸129頁）。

ケ 「証票を得るために待つ」とは，配給を受けるために必要な切符や通帳等の交付を受け，又はこれらに証印，記入などを受けるために待つことを意味する（植松91頁，大塚111頁，野木ほか58頁など）。

コ 「公衆の列」とは，多数人が作る列を意味する。

サ 「威勢を示す」とは，他人に不安感を抱かせるような態度をとることであり，威力業務妨害罪（刑法第234条）の威力より軽い程度で足りる。本号は，威勢を示して公衆の列に割り込むか，公衆の列を乱すことによって成立し，相手が実際に不安感ないし不快感を抱くことは必要ではない。

シ 「割り込む」とは，列を作っている人の意に反して列の先頭又は中間に入ることを意味する。列の一部の者の同意を得ても，他の者が同意しないときは「割込み」となる。不同意を明示しなくても，また，阻止ないし抵抗行為がなくても，同意があったとはいえない。一般的には，行列を作っていること自体から，不同意が推定される。

ス 「乱す」とは，列の順序を変更させたり，列を解かせたり，他の列を作って真実の列と区別しづらくしたりすることを意味する。

(3) 他の罪との関係

本号の行為による威勢を示すことが暴行，脅迫に当たり，暴行罪（刑法第208条），脅迫罪（同法第222条），強要罪（同法第223条）が成立する場合，本号の罪はこれらの罪に吸収される。

本条第5号（粗野乱暴の罪）は，本号の特別規定であり，第5号が成立する場合，本号の適用はない。

本号に該当する行為が酒に酔つて公衆に迷惑をかける行為の防止等に関する法律，各種の迷惑防止条例に該当する場合，観念的競合となる。

(4) 判　例

① 最判昭45. 7. 16刑集24・7・434

昭和36年広島県条例第13号第4条にいう「屋外の公共の場所」について，「現実に一般に開放され，不特定多数の人が自由に出入し，利用できる場所を指すものと解すべきであって，一般公衆の使用に供することを，本来の，もしくは直接の目的として設けられた場所であることを要しない

し，また，その場所が，官公庁の用に供され，官公庁の庁舎および構内管理権の及ぶ公用の場所であることも，同条にいう『公共の場所』であるとすることの妨げとなるものではない。」と判示した。

(5) 質疑応答

Q 映画館において，多数の入場者に対して，粗暴な言動で迷惑をかけた場合，本号の罪は成立するか。

A 軽犯罪法第1条第5号（粗野乱暴の罪）は，本号前段（公共の場所での迷惑行為）の罪の特別規定であるので，第1条第5号が成立する場合には，本号は成立しない。よって，設問の場合も第5号の罪が成立するので，本号の罪は成立しない。

(6) 犯罪事実の記載例

記載例①

> 被疑者は，令和〇年〇月〇日午後〇時〇分頃，〇〇県〇〇市〇〇町〇番〇〇交通センターにおいて，〇〇行きの乗合自動車（バス）に乗車するため列を作って待ち合わせていた甲野太郎ほか数名に対し，「馬鹿野郎，どけどけ。」などと怒号し，上記甲野らを押しのけてその列に割り込み，もって，威勢を示して乗合自動車を待っている公衆の列に割り込んだものである。

記載例②

> 被疑者両名（3名）は，共謀の上，令和〇年〇月〇日午後〇時〇分頃，〇〇県〇〇市〇〇町〇番〇〇映画館1階券売り場において，入場券を買うために列を作って待っていた甲野太郎ら十数名に対し，こもごも「邪魔だ，どけ。」などと怒号してその列を散開させ，もって，威勢を示して演劇その他の催しの切符を買うために待っている公衆の列を乱したものである（なお，共犯者のうち1名のみを送致する場合は，冒頭の部分を「被疑者甲は，乙（及び丙）と共謀の上，」とする。）。

記載例③　併合罪の場合（1潜伏の罪 (6)犯罪事実の記載例③参照）。

14 静穏妨害の罪（第14号）

> 公務員の制止をきかずに，人声，楽器，ラジオなどの音を異常に大きく出して静穏を害し近隣に迷惑をかけた者

(1) 立法趣旨

一般市民の日常生活を音響の面から保護し，その平穏を乱す過大な騒音を防止しようとするものである。

警察犯処罰令第2条第11号「公衆の自由に交通し得る場所に於て喧噪し，横臥し又は泥酔して徘徊したる者」に近似するが，場所の制約がなく，方法・態様など要件も改められており，新設規定とみてよい。

(2) 要件

本号の構成要件は，次のとおりである。

ア 「公務員」とは，騒音等の取締りにつき権限を有する公務員を意味する。公共の安全と秩序の維持に当たることを責務とする警察官のほか，地方公共団体の職員で騒音防止に関する事務を取り扱っている者などが本号の「公務員」である。

イ 「制止」とは，特定の騒音についてその音響を発している者に対してなされる禁止又は制限である。具体的かつ，特定の騒音についてなされたものでなければならず，立札，広報などで行う一般的な禁止，制限は含まない。

「制止」は，適法に行われなければならないが，言語による注意（**判例①**），書面，動作によるなど，警告の方法は問わない。時間帯を定めた禁止，制限であっても「制止」に当たる。「制止」の回数に定めはなく，一度の「制止」でも，それをきかなければ本号に当たる。

「制止」は，行為者に対して直接なされなくても，制止を受けたことが通常行為者に伝わるような者，例えば，家族や従業員などに対してなさ

れ，現実に行為者に「制止」を受けたことが伝わっていればよい。

ウ 「きかずに」というのは，当該公務員による「制止」を認識した上，これに従わないことを意味する。制止に応じて行為をやめた場合には要件に当たらない。

エ 「音」は，人声，楽器，ラジオのほか，全ての音を含む意味である。例えば，拡声器，テレビ，ステレオ，プレーヤー，カラオケ，自動車の警笛，事業所の機械音も含まれる。事業所の機械音については，社会倫理的な次元で容易に解決できる騒音ではなく，生業に結びついていることを理由に，本号の「音」に含まれないとする見解（警察庁刑事局調査統計官「特別刑法」18頁）もあるが，賛成し難い。生業に基づくものであっても，例えば，閑静な住宅街に縫製作業所あるいは木工作業所を設け，深夜に稼働してけたたましいミシン音ないし槌音を発する場合には，制止を求めるべきであろう。

オ 「異常に大きく出し」とは，一般通常の，健全な社会常識によって相当とされる程度を超える音を出すことを意味する。その判断に当たっては，その音が出される①場所——商店街，住宅街，工場地帯，飲食店内，図書館内など，②時刻——昼間，夜間，③行為の内容——デモ行進，祭りなどの諸事情が考慮される（判例②）。

カ 「静穏を害し」とは，音を異常に大きく出して四囲の静かな状態を破ることである。本号の要件としては「音を異常に大きく出し」だけで十分であり，「静穏を害し」は意味において重複すると解する（伊藤・勝丸134頁，植松95頁）こともできるが，「音を異常に大きく出せば，静穏が害されるような客観的状況において」という意味で，注意的に規定されたものと解することもできる。

キ 「近隣」とは，隣近所の人たちの意味である。アパートの隣接する各室も「近隣」である。住民に限らず，旅館の宿泊客でもよい。また，特定人でも不特定人でも構わないし，少数でもよい。しかし，1人では足りず，複数人でなければならない。

ク 「迷惑」については，「5 粗野乱暴の罪 (2)要件 セ」を参照されたい。本

号は，騒音による場合であるから，睡眠，読書，会話などの日常生活の妨げになることが「迷惑」に該当する。

ケ　本号は「迷惑をかけた者」というように完了形で規定されているとおり，本号の罪が成立するためには，音を異常に大きく出す行為の結果，「近隣に迷惑をかけた」こと，つまり，隣近所の人に不快感（迷惑被害）を与えたことが必要である。すなわち，本号は，「近隣に迷惑をかけた」という結果の発生を要件とする「結果犯」である。したがって，本号の罪の成立には，「近隣に迷惑をかける」という行為者の故意（認識）が必要である（従来の私見を改める。反対：伊藤・勝丸135頁）。なお，「結果犯」の意義については，「5 粗野乱暴の罪 (5)質疑応答 Q3」を参照されたい。また，仮に，「近隣に迷惑をかける」という行為者の認識は必要ないと解するならば，その事実（「近隣に迷惑をかけた」という結果）は，故意の対象に含まれない客観的処罰条件であるということになろう。

(3) 他の罪との関係

本号の「音を異常に大きく出す」行為が暴行に当たる場合は暴行罪（刑法第208条）が成立する（**判例③**）。また，それによって負傷すれば，傷害罪が成立する（**判例④**）。その場合には，本号の罪は暴行罪ないし傷害罪に吸収される。

本号の行為が騒音規制法で処罰される行為（騒音規制法第29条，第12条第2項，第30条，第15条第2項）に該当する場合，同法は本号の特別規定と解されるので，同法違反のみが成立する。

自然公園法は，国立公園又は国定公園の特別地域等における騒音行為について，罰則をもつ取締規定（自然公園法第86条第9号，第37条第1項第2号，同条第2項）を置いているが，それらの行為が本号にも該当する場合，同法の対象区域，法定刑からみて同法が本号の特別規定と考えられるので，本号は適用されない。

各都道府県で規定されている，騒音規制の条例で罰則をもつものと本号との関係については，条例が法の先占を侵害できない（法律と矛盾する条例，法律が規定している事柄について規定する条例は，許されない。）という問

題があって検討を要するが（**判例⑤**），条例が有効であれば，条例は本号の特別規定と解され条例違反のみが成立し，条例が無効であるときは本号違反のみが成立する。

(4) 判　例

① **東京高判昭27．3．11高刑集5・3・409**

　　被告人が再三所轄杉並警察署勤務警察官から異常に高音の放送をなさざるよう注意を受けていたことは明らかであり，かかる注意は軽犯罪法第1条第14号にいわゆる公務員の制止に該当するものと解するを相当とする。されば，公務員の注意は受けたが制止を受けたことがないとする所論は到底採用し難い。

② **大阪高判昭28．6．8高裁特報28・37**

　　被告人は，豊岡市内の店舗において，録音機（テープレコーダー）に拡声機を取りつけ，近隣はもとより，約2キロメートルを隔てる部落にまで達する異常に大きな高音で放送し，近隣の者に対し，電話による通話，客との商談，医師の診療その他の業務遂行に障害を与え，一般住民の神経を不断に刺激し，迷惑をかけたことを認め得られる。豊岡市のような商店住家の混在する地方都市において，前記のような高音で録音放送することが，軽犯罪法第1条第14号にいわゆる「ラジオなどの音を異常に大きく出し」たことに該当することは明白である。

③ **最判昭29．8．20刑集8・8・1277**

　　刑法第208条にいわゆる暴行とは，人の身体に対し不法な攻撃を加えることをいい，加害者が，室内において相手方の身辺で大太鼓，鉦等を連打し，同人等をして頭脳の感覚が鈍り意識もうろうたる気分を与え，または，脳貧血を起こさせたりなどする程度に達せしめた場合をも包含するものと解すべきである。

④ **最決平17．3．29刑集59・2・54**

　　原判決の是認する第一審判決の認定に係る「被告人は，自宅の中で隣家に最も近い位置にある台所の隣家に面した窓の一部を開け，窓際及びその付近にラジオ及び複数の目覚まし時計を置き，約1年半の間にわたり，隣

家の被害者らに向けて，精神的ストレスによる障害を生じさせるかもしれないことを認識しながら，連日朝から深夜ないし翌未明まで，上記ラジオの音声及び目覚まし時計のアラーム音を大音量で鳴らし続けるなどして，同人に精神的ストレスを与え，よって，同人に全治不詳の慢性頭痛症，睡眠障害，耳鳴り症の傷害を負わせた」との事実関係の下において，「被告人の行為が傷害罪の実行行為に当たるとして，同罪の成立を認めた原判断は正当である。」と判示した。

⑤ **最大判昭50．9．10刑集29・8・489**

　特定事項についてこれを規律する国の法令と条例が併存する場合でも，後者が前者とは別の目的に基づく規律を意図するものであり，その適用によって前者の規定の意図する目的と効果をなんら阻害することがないときや，両者が同一の目的に出たときであっても，国の法令が必ずしもその規定によって全国的に一律に同一内容の規制を施す趣旨ではなく，それぞれの普通地方公共団体において，その地方の実情に応じて，別段の規制を施すことを容認する趣旨であると解されるときは，国の法令と条例の間にはなんらの矛盾抵触はなく，条例が国の法令に違反する問題は生じ得ない。

(5) **質疑応答**

　Q　夜間，住宅街で太鼓をたたいて異常に大きな音を出していたところ，警察官からこれを中止するよう注意は受けたが，それ以上，バチを振る手を止めるなどの制止行為は受けなかった場合，「公務員の制止」があったといえるか。

　A　「制止」とは，特定の騒音に対してなされる禁止又は制限であり，注意もこれに含まれるといえるから，「公務員の制止」があったといえる。

(6) **犯罪事実の記載例**

記載例①

　被疑者は，○○県○○市○○町○番○号において，サロン「○○○」を経営し，かねてから同店備え付けのカラオケ，有線放送を大音量で店内に流していたところ，令和○年○月○日午後○時○分頃，所轄○○警察署警

察官〇〇〇〇から，音量を下げるよう口頭注意を受けたのに，これをきかず，その頃から同月〇〇日頃までの間，同店において，上記カラオケ，有線放送の音量を異常に大きく出して静穏を害し，よって，近隣に迷惑をかけたものである。

記載例②

　被疑者は，〇〇県〇〇市〇〇町〇番〇〇銀行〇〇支店前路上において，かねてから夜間しばしば大音量でエレキギターを演奏していたところ，令和〇年〇月〇日午後〇時〇分頃，所轄〇〇警察署警察官〇〇〇〇からエレキギターを演奏するのを止めるよう注意を受けたのに，これをきかず，その頃から同日午後〇時〇分頃までの間，同所において，異常に大きな音でエレキギターを演奏して静穏を害し，よって，近隣に迷惑をかけたものである。

記載例③　併合罪の場合（1潜伏の罪 (6)犯罪事実の記載例③参照）。

15 称号詐称・標章等窃用の罪（第15号）

> 官公職，位階勲等，学位その他法令により定められた称号若しくは外国におけるこれらに準ずるものを詐称し，又は資格がないのにかかわらず，法令により定められた制服若しくは勲章，記章その他の標章若しくはこれらに似せて作つた物を用いた者

(1) 立法趣旨

本号は，法令によって定められた官公職，位階勲等，学位その他称号，これらのものを象徴する制服，標章等の信用を保護するとともに，詐欺その他の犯罪発生の抽象的危険性のある行為を禁止するものである。

警察犯処罰令第2条第20号（「官職，位記，勲爵，学位を詐り又は法令の定むる服飾，徽章を僭用し若は之に類似のものを使用したる者」）の規定を継承したものである。

(2) 要件

本号の構成要件は，次のとおりである。

【前段】

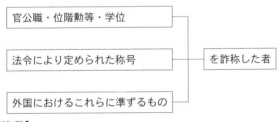

【後段】

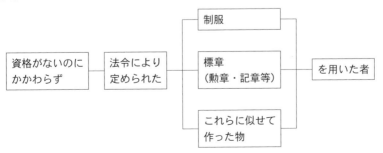

ア 「官公職」とは，公務員の官名及び職名の総称である。公務員には国家公務員，地方公務員，非常勤の公務員（例えば，人権擁護委員，保護司，民生委員，調停委員など），法令により公務に従事するものとみなされるもの（日本銀行の役職員など）及び罰則の適用について公務員とみなされるもの（国立大学法人の役員及び職員など）が含まれる。検事総長の官職を詐称した著名な事件として「裁判官によるニセ電話事件」がある（**判例①**）。

イ 「位階勲等」とは，位階令（大正15年勅令第325号）にいう正1位から従8位までの位階及び勲章従軍記章制定ノ件（明治8年太政官布告第54号）に定める旭日大綬章，瑞宝大綬章又は桐花大綬章を始めとする1級から6級までの勲等をいう。

ウ 「学位」とは，学校教育法（昭和22年法律第26号）及び学位規則（昭和28年文部省令第9号）による博士，修士及び学士などの称号をいう。

エ 「その他」とは，法令用語上，その前後の語句を並列的に連結する語句である。なお，本号には，「その他」と「その他の」の用語が使用されている。その違いについては，「2 凶器携帯の罪 (2)要件 エ」を参照されたい。

オ 「法令により定められた称号」とは，法令によって一定の地位あるいは資格を有する者が用いることを認められている称号をいい，医師法（昭和23年法律第201号）による医師，弁護士法（昭和24年法律第205号）による弁護士，公認会計士法（昭和23年法律第103号）に定められた公認会計士や税理士，司法書士，行政書士，土地家屋調査士，不動産鑑定士なども法令により資格が認められた称号である。しかし，多くは，それぞれの根拠法が，これら名称の使用制限及び違反処罰の特別規定を設けているから，本号の適用を受けるものは，あん摩マッサージ指圧師，はり師，きゅう師，柔道整復師，栄養士など数少ない。

カ 「外国におけるこれらに準ずるもの」とは，我が国の官公職，位階勲等，学位，称号に相応するような外国のそれを指す。米軍隊の官職を詐称すればこれに当たる。外国のこれらについては，当該外国の法令にその根

拠を有する必要はない（伊藤・勝丸138頁，大塚112頁）。
キ 「詐称する」とは，当該官公職の地位，当該称号等を有しない者が，その地位や称号等を有するかのように装って他人に示すことをいう。当該官職にある特定の人物を装ってその官職名とともに名乗る場合も含まれる（**判例②**）。また，自分から当該官公職を名乗らないが，その地位にある者の氏名を名乗り，相手方をしてその地位にある者と誤信させた場合も含まれる（**判例③**）。方法は口頭，文書，態度など問わないし，明示である必要もないが（**判例④**），明らかにそれが虚偽であることが分かるような，一時の座興のごときは含まれない（**判例⑤**）。相手が詐称を真実と信ずることは必要ではないし，迷惑を被った事実も必要でない。

　実在しないが，実在の官公職や称号と紛らわしいもの，例えば，「検事補」とか，「警視庁捜査第5課第1係長」といった官公職，「弁護士補」といった称号を用いた場合（警視庁に捜査第5課はない。），本号に当たるとする説（伊藤・勝丸140頁，警察庁「特別刑法」20頁）と当たらないとの説（植松99頁）がある。当たらないとの説は本号の要件を文理どおりに解釈するものであるが，通常人をして実在の官公職等と誤信させるほどのものであれば，立法趣旨に照らし，当たると解するのが妥当と思われる。

ク 「資格がない」とは，無資格者及び資格停止中のものなどを意味する。
ケ 「法令により定められた制服」とは，当該制服に関して法令に何らかの根拠を有するということであり，制服の着用について根拠があれば，その制式まで規定されていなくてもよい。警察官（警察法第70条），海上保安官（海上保安庁法第17条），自衛官（自衛隊法第33条），鉄道職員（鉄道営業法第22条），入国審査官及び入国警備官（出入国管理及び難民認定法第61条の5），消防吏員（消防組織法第16条）などの制服がこれに該当する。
コ 「勲章」とは，勲章従軍記章制定ノ件（明治8年太政官布告第54号），文化勲章令（昭和12年勅令第9号）などに基づく勲章をいう。
サ 「記章」とは，警察功労章令（昭和19年勅令第298号）などに基づく記章をいう。
シ 「その他の標章」とは，法令に根拠のある官公署の職員バッジ，警察官

等の帽章，階級章等がある。交通腕章は法令の根拠がないので「標章」に当たらない（警察庁「特別刑法」23頁）。身分証明書，警察手帳などは，法令に基づくものであっても，「標章」ではない。

ス 「これらに似せて作った物」とは，通常人をして真正なものと誤信させる程度に類似して作られた物でなければならない。「似せて作った物」であるから，作成当時，真正な物に似せるという模造の意図の下に作られた物でなくてはならない。これを用いる者本人が作成した物である必要はないが，その者において模造の意図の下に作られた物であることを認識している必要がある。立法論としては作成の意図いかんにかかわらず類似物一般に及ぼすべきであるという見解（植松101頁）もある。外国の制服，標章その模造物は本号の対象ではない。

セ 「用いる」とは，用法に従って使うことである。したがって，着用ないし帯用する必要がある。飾り棚などに陳列することは「用いる」に当たらない。資格のある者が着用しているように装う必要があるから，仮装行列や演劇に使う場合は本号に当たらない。

(3) 他の罪との関係

本号の行為が詐欺罪（刑法第246条）又は恐喝罪（同法第249条）の手段として行われた場合，詐欺，恐喝の法益は個人財産であり，本号の罪の保護法益とは異なるから，本号の罪が詐欺罪・恐喝罪に吸収されるのではなく，牽連犯の関係に立つ（**大判明43. 10. 10刑録16・1651**）。

本号の行為が不同意わいせつ罪の手段として使われた場合，一般的にいって両者が手段・結果の関係にはないので，併合罪となる（**判例④**）。

弁護士法，公認会計士法，税理士法など，称号を定めた法令には，無資格者がその称号を使用した場合に処罰する特別規定を置いているが，それら規定の罪と本号の罪の両要件に該当する場合には，本号の罪はそれら規定の罪に吸収され，本号の罪は成立しない。

警備業法（昭和47年法律第117号）は，警備員等が警備業務を行うに当たっては，警察官，海上保安官の制服と色，型式，標章により明確に識別することができる服装を用いなければならないとし，違反者には，公安委員会

が必要な指示をすることができるとしており（警備業法第16条，第48条），さらに，その指示違反には罰金をもって臨むこととしている（同法第57条）。本号の罪がまず成立し，次いで前述の指示違反罪が成立するときは，両者は併合罪となるが，上記指示の前後にわたる着装が1個の行為と認められる場合には，観念的競合となる場合もあろう（伊藤・勝丸144頁）。

(4) **判　例**

① **渋谷簡判昭53. 6. 9判時894・36**

　　判事補である被告人について，「検事総長でないのに，昭和51年8月4日午後11時ころ，東京都渋谷区南平台町18番20号当時内閣総理大臣三木武夫方に電話をかけ，同人に対し，検事総長の布施であると称して，いわゆるロッキード事件に関連して外国為替及び外国貿易管理法違反により勾留中の前内閣総理大臣田中角栄の処分等について直接裁断を仰ぎたい旨申し向ける等して，検事総長の官職を詐称したものである。」と起訴事実を認定した。なお，その後，被告人側の控訴は棄却され（**東京高判昭55. 2. 1判時960・8**），上告も棄却された。

② **最決昭56.11.20刑集35・8・797（上記①の上告審）**

　　官職の詐称には，自己の同一性については正しく表示しながら単に官職のみを僭称する場合のみならず，当該官職にある特定の人物をその官職名とともに名乗る場合も含まれる。

③ **東京高判昭55. 2. 1判時960・8（上記①の控訴審）**

　　軽犯罪法第1条第15号の法意は，当該官公職を有しない者が恰(あたか)もその官公職にあるかのように装う言動をすることを禁止し，一般人や行為の相手方がそのような言動に惑わされ，詐欺その他の犯罪が発生することを未然に防止することにあるのであるから，その行為態様を行為者が自己の氏名は正しく表示し，単に官公職のみを僭称する場合に限定すべき理由はなく，通常人をして実在の官公職と誤信させる程度に紛らわしいものを用いた場合あるいは必ずしも明示の詐言を用いなくとも相手方を錯誤に陥らしめに足る言語，語調，態度等が存する場合も，同条号にいわゆる官公職等を詐称する犯罪の構成要件を充足するものと解するのが相当であるから，

自己が当該官公職にある第三者であるかのように称する場合はもとより，当該官公職名を称しないもののその官公職の存する官公署の何某を名乗り，さらに会話の内容，語調から当該官公職にある何某と誤信させる言動をした場合もまた官公職詐称の行為に当たると解すべきである。

④ 広島高松江支判昭27．9．24高裁特報20・187

軽犯罪法第1条第15号にいわゆる官公職等を詐称する犯罪の構成要件として，必ずしも明示の詐言あることを要せず言語の口調態度等を通して相手方を錯誤に陥らしめるに足以上既に詐称行為ありたりということができる。又，被告人において，原判示第1の如くA女に対して情交を挑まんがため，専ら警察官を装ったとするも，本来，官公職等を詐称する行為はその犯罪の性質上猥褻行為の手段として普通用いられるところではないから，原審においてそれらを別個の犯罪として処断したことはその認定誠に相当であるというべきである。

⑤ 東京高判昭31．3．1高刑集9・1・121

被告人が警察官でないのに警察官だというように申し向けるのは，それが一時の座興程度のものでなく，相手方が知らないのに乗じてなされたものと認められる以上，飲食代金を支払わなかったり，相手方に迷惑をかけた事実がないとしても，道義的非難に値しないものとはいえず，違法性のないものとすることもできず，軽犯罪法第1条第15号の官名詐称の罪の成立を妨げない。

(5) 質疑応答

Q 医師や弁護士の資格を持たない者が，医師や弁護士であると詐称した場合，本号の罪は成立するか。

A 弁護士法，医師法には，無資格者がその称号を用いることに対する特別の処罰規定が置かれており（弁護士法第74条，第77条の2，医師法第18条，第33条の3），設問の場合は，同法の罪が成立し，それに本号の罪は吸収される。よって本号の罪は成立しない。

(6) 犯罪事実の記載例

記載例①

> 　被疑者は，警察官でないのに，令和〇年〇月〇日午後〇時〇分頃，〇〇県〇〇市〇〇町〇番地付近路上において，〇〇花子（当時32歳）に対し，警察官であるかのように装い，「中央署の者だが，今怪しい男が逃げ込んで来なかったか，聞きたいことがある，協力してくれ。」などと申し向け，もって，官公職を詐称したものである。

記載例②

> 　被疑者は，検事総長でないのに，令和〇年〇月〇日午後〇時〇分頃，〇〇県〇〇市〇〇町〇番〇号内閣総理大臣〇〇〇〇方に電話をかけ，同人に対し，検事総長の〇〇であると称して，〇〇事件に関連して〇〇法違反により勾留中の〇〇〇〇の処分等について直接裁断を仰ぎたい旨申し向けるなどし，もって，官公職を詐称したものである。

記載例③

> 　被疑者は，〇〇大学〇〇学部の学位を持っていないのに，令和〇年〇月〇日午後〇時〇分頃，〇〇県〇〇市〇〇町〇番地〇〇株式会社３階の採用面接試験場において，同社総務部長〇〇〇〇に対し，「私は，〇〇大学〇〇学部を卒業しています。」と申し向け，もって，学位を詐称したものである。

記載例④　併合罪の場合（1潜伏の罪 (6)犯罪事実の記載例③参照）。

16 虚構犯罪等申告の罪（第16号）

> 虚構の犯罪又は災害の事実を公務員に申し出た者

(1) 立法趣旨

本号は，犯罪や災害という緊急異常な事態に対処すべき公共の機関に無駄な行動をとらせるなど公共の利益を損なうこととなる危険性のある行為を防止しようとするものである。

警察犯処罰令第2条第21号「官公署に対し不実の申述を為し又は其の義務ある者にして故なく申述を肯せさる者」を継受するものであるが，その後段は不利益供述の強要を禁ずる憲法第38条との関係からも排除され，要件が限定された。

(2) 要　件

本号の構成要件は，次のとおりである。

ア 「虚構」とは，実在しないことを実在するかのように仮装することをいい，実在する事実を多少誇張したり，変更したりする程度では足りない。誇張，変更の程度が大きく，基本となる事実が別のものになるに至った場合すなわち，真実の事実と申告された事実との間に同一性がなくなる程度に変更されれば「虚構」となる。申告者が申告する事実が「虚構」であることを認識していることを要するが，自らが捏造したものである必要はない。

イ 「犯罪」とは，その行為に対して罰則規定のあるものを指すが，違法性・有責性までを具備している必要はなく，構成要件に該当する行為であればよい。ここで犯罪の事実とは，犯罪そのものの事実であり，犯罪に関する事実では足りないし，将来発生するとされるものは含まれない。「犯罪」は自分が被害者となったものや自分が犯したものに限られるわけでな

く，たまたま知ったというものでも構わない。申告者が犯罪と誤信したものでも，申告した事実が犯罪に該当しなければ，「犯罪」の申告には当たらない。虚偽の遺失届の提出も，遺失が犯罪に該当しないので「犯罪」の申告には当たらない（警察庁「特別刑法」25頁）。

　申告する「犯罪」は抽象的なものでは足らず，ある程度具体的でなければならない。場所，日時がある程度特定して示される必要がある。110番電話を使用して「今，ここで，人殺しがあった」というのは，方法，態様からして，具体性・特定性ありといえるが，単に，「盗まれた」という程度の内容では足らない。場所，日時は明示される必要はなく，申告内容から判断できればよい。

　本号の行為は，公権力の発動を促す縁由となるものであるから，犯罪が明らかに時効にかかっていると認められるものであるときは，本号の行為に当たらないと解する。

ウ　「災害」とは，人の生命，身体又は重大な財産に危害が及ぶ天変地異，火事，爆発，建物・家屋の倒壊，航空機の墜落など社会通念上，災害と呼ばれるものをいう。また，災害の事実とは災害そのものの事実であり，災害に関する事実では足りない。また，抽象的なものでは足らず，ある程度の具体性が必要なことは「犯罪」と同様であり，みだりに火災報知機を使用するだけでは，本号に当たらない（**判例①**）。

エ　「公務員」とは，当該公務員を意味し，犯罪又は災害に対処すべき権限を有する公務員をいう。犯罪については，検察官，検察事務官，一般司法警察職員である警察官，特別司法警察職員である海上保安官等の捜査機関であり，災害に関しては，警察官，消防職員，市町村吏員等がこれに当たる。

オ　「申し出る」とは，申告することを意味し，口頭，電話，書面，電子メールなど，手段，方法を問わない。災害に関しては火災報知機や非常ベルなどでもよい。自己の名義で申し出る必要はなく，他人名義を使っても，匿名でも構わない。申告は，自発的でなければならないから，公務員から聞かれたことに対し虚偽の答弁をする場合は「申し出る」とはいえないが，その機会に公務員から聞かれたことと関連のない犯罪や災害の事実

を申告する場合は「申し出る」に該当する。

カ 本号の罪が成立するためには，行為者において，申し出る内容が虚構であるとの認識を要する。

(3) 他の罪との関係

本号の行為が，単なる虚構申告にとどまらず，虚偽告訴罪（刑法第172条）に該当する場合には，同罪に本号の罪が吸収されるので，本号を適用する余地はない。

本号の行為が，名誉毀損罪（同法第230条），信用毀損罪ないし業務妨害罪（刑法第233条）に該当する場合には，各罪の性質や保護法益が異なることから，両罪が成立し，観念的競合の関係に立つものと解する（**判例②**）。

本号の行為が，消防法に規定される，みだりに火災報知機を使用する罪（消防法第18条第1項，第44条第13号）に該当するだけでは本号の要件を満たさないが，正当な理由がなく消防署等に火災発生の虚偽の通報又は救急を要する傷病者に係る虚偽の通報をする罪（同法第44条第10号）に該当する場合は，本号に対して特別規定の関係にある消防法の罪のみが成立する。

電波法に規定される船舶遭難又は航空機遭難の事実がないのに，無線設備によって虚偽の遭難通信を発する罪（電波法第106条第2項）に該当する場合には，電波法が電波の公平かつ能率的な利用を確保することを趣旨とする法意に鑑み，本号とは別個に成立し，観念的競合に当たると解する（伊藤・勝丸148頁）。

(4) 判　例

① 旭川簡判昭50．7．2刑月7・7＝8・795

軽犯罪法第1条第16号の犯罪又は災害の事実とは，犯罪又は災害そのものについての具体的発生事実をいうものと解する。これを本件についてみるに，前記証拠によれば，本件非常ベルは「このベルは旭町警察官派出所に通じておりますので非常の際はボタンを押して下さい」との掲示とともに一体をなして設置されていた事実，そのもとで被告人が本件非常ベルを押した事実が認定でき，以上の事実に鑑みると，被告人の所為は，確かにその日時，その場所における，非常の事態の申出とは認め得るが，しか

し，それのみでは，いまだ同法第1条第16号所定の事実としての具体性に乏しいものであるから，それを前提とする同法所定の虚構申告の訴因は認められない。

② 大阪高判平14．6．13高刑集55・2・3
　軽犯罪法第1条第16号は，異常な事態に対処すべき公共の機関が無駄な活動を余儀なくされ，ひいては公共の利益を害することになるおそれのある行為を防止する趣旨で規定されたものであるのに対し，刑法第233条の信用毀損罪等は，人の経済的面における社会活動に対する侵害を内容とする犯罪で，信用や業務の安全を保護するものであり，このような軽犯罪法の立法趣旨，両罪の罪質，保護法益の相違等を考え併せると，両罪が特別法と一般法の関係にあるとはいえない。したがって，捜査機関に虚偽の申告をし，これが公表されて人の信用等が害された場合は，軽犯罪法第1条第16号の虚構申告罪が成立するほか，刑法第233条の信用毀損罪等も成立すると解するのが相当である。

(5) 質疑応答
　Q　携帯電話を使って警察に電話をかけ，「爆発があった。」とのみ告げてうそをついた場合，本号の罪は成立するか。
　A　申告する「犯罪又は災害」は，ある程度具体的でなければならず，日時場所がある程度特定して示される必要があり，「爆発があった。」のみでは，本号の罪は成立しない。本法第1条第31号（業務妨害）の罪が成立する余地はある。

(6) 犯罪事実の記載例
記載例①

　被疑者は，借金の返済に苦慮した末，債権者の同情を乞うてその支払猶予を得るべく，いわゆる狂言強盗を企て，令和〇年〇月〇日午後〇時〇分頃，〇〇県〇〇市〇〇町〇番地所在〇〇県〇〇警察署〇〇交番において，同署地域課勤務警察官〇〇〇〇に対し，「今日午後7時頃，集金の帰りに〇〇寺前交差点付近で，いきなり後方から来た男にナイフを突きつけら

> れ，現金200万円入りの集金カバンを奪われました。」などと虚偽の事実を申告し，もって，虚構の犯罪事実を公務員に申し出たものである。

記載例②

> 被疑者は，消防士に憧れ，その出動場面を見たいと考え，令和〇年〇月〇日午後〇時〇分頃，〇〇県〇〇市〇〇町〇番〇〇消防署前において，携帯電話を使って同消防署に電話をかけ，同署係官に対し，「〇〇ビルが火事です。」などと虚言を申し向け，もって，虚構の災害の事実を公務員に申し出たものである。

記載例③　併合罪の場合（１潜伏の罪 (6)犯罪事実の記載例③参照）。

17　氏名等不実申告の罪（第17号）

> 質入又は古物の売買若しくは交換に関する帳簿に，法令により記載すべき氏名，住居，職業その他の事項につき虚偽の申立をして不実の記載をさせた者

(1)　立法趣旨

本号は，質屋や古物商の帳簿の記載の真正を保持し，盗犯や盗品等犯の捜査の利便を確保することにより，この種犯罪の発生を防止するとともに，質屋営業法（昭和25年法律第158号）及び古物営業法（昭和24年法律第108号）の適正な運用を図ろうとするものである。

警察犯処罰令には，この種の規定はなく，古物商や質屋の帳簿など記載の正確性を担保する罰則規定は府県令の定めるところであったが，昭和22年1月に失効したことに伴い本号が置かれることとなったものである。

(2)　要　件

本号の構成要件は，次のとおりである。

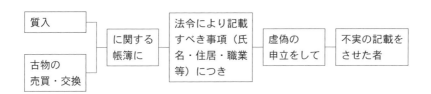

ア　「質入又は古物の売買若しくは交換に関する帳簿」とは，「質入に関する帳簿」と「古物の売買若しくは交換に関する帳簿」である。

「質入に関する帳簿」とは，質屋が備え置かなければならない「質物台帳」及び「質取引人名簿」である（質屋営業法第13条，質屋営業法施行規則第17条，様式第3号，第4号）。

「古物の売買若しくは交換に関する帳簿」とは，古物商及び古物市場主が備え置かなければならない「帳簿若しくは国家公安委員会規則で定めるこれに準ずる書類又は電磁的記録」であり（古物営業法第16条，第17条，古物営業法施行規則第17条，様式第15号，第16号），例えば，古物台帳

が，これに当たる。

イ 「法令により記載すべき氏名，住居，職業その他の事項」とは，質屋営業法第13条，古物営業法第16条，同法第17条に規定された事項のうち質屋や古物商の取引の相手方となる者の申告によって記載されるべき事項である。したがって，質屋が自らの判断で記載すべき事項である「質契約の年月日，質物の特徴，質置主の特徴，確認の方法」，古物商が自らの判断で記載すべき事項である「取引の年月日，古物の特徴，相手方の真偽を確認するためにとった措置の区分及び方法」は，本号の「その他の事項」には含まれない。「その他の事項」には，質物や古物の品目，数量のほか取引相手の年齢などが含まれる。なお，質屋営業法及び古物営業法では，「住居」ではなく「住所」の記載が求められている。

ウ 「虚偽」とは，真実と相異することであり，「虚偽」であることの認識を要する。事項の全てが偽りである必要はなく，一部が偽りであれば足りる。

氏名は，必ずしも戸籍上のそれを申し立てなくとも，通称，雅号，芸名など社会的に通用していて，その人を特定し得るものであれば，それを申し立ててもよい。代理人が自己の氏名等の代わりに本人の氏名等を申し立てても「虚偽の申立」には当たらないと解する。しかし，本人から委託を受けていない無権代理人が，自己の氏名等の代わりに本人の氏名等を申し立てれば，「虚偽の申立」となる。他人の物を勝手に質入れしても，その他人に成り済まし，また，無権代理人であっても，代理人として，自己の氏名，住居等を正しく申し立てれば，本号の罪には当たらない。なぜなら，本号は盗犯や盗品等犯の捜査の利便を確保するための規定であり，備え置きの帳簿から取引に関与した者を確実に把握できれば，盗品などの発見の端緒としては十分だからである。

居所あるいは勤務先を住所として申し立てた場合，本号に該当するかどうかは問題である。住所であるとして居所あるいは勤務先を記載しても取引の相手方の確認に不都合がなければ，盗犯や盗品等犯の捜査の利便を確保できるので，本号の「虚偽の申立」には当たらないと解する。

エ 「申立」とは，告げることであり，自発的でなくて，質屋や古物商の質

問に答える形式でも構わない。口頭でも書面でもよく，方法は問わない。
オ 「不実の記載」とは，内容虚偽の記載であり，帳簿にそのような記載がなされて初めて本号が成立する。本号は結果犯である。
カ 「記載をさせた」とは，質屋や古物商あるいはその店の従業員に記載をさせることだけでなく，これと同一視できるような場合，例えば，申立人自身が質屋や古物商等の依頼に応じ，代わって記載する場合も含まれる。

　質屋や古物商等において，申立内容が虚偽であることを知っていた場合については，後記(5)の質疑応答を参照されたい。
キ 本号は，窃盗犯や盗品等犯の犯人自身に対しても，「住居，氏名，職業等」について申告義務を負わせ，罰則をもって担保しているところ，黙秘権を認める憲法第38条に反しないか検討する。本号は，単に「住居，氏名，職業等」について申告義務を負わせるにすぎず，犯行に関する自白ないし不利益事実の申告を求めるものではない。氏名には黙秘権が認められないとの最高裁判決（**判例①**）に照らせば，本号が憲法第38条に反しないことは明白である。

(3) 他の罪との関係

　本号は，質屋営業法及び古物営業法の補充規定の性格をもっており，同法の規定と直接重複するところはない。質屋と質置主（質入人）が，古物商と相手方（売払人）が，通謀して，帳簿に不実の記載をした場合，本号ではなく，質屋営業法違反（第32条，第13条）又は古物営業法違反（第33条第2号，第16条，第17条）の共同正犯が成立する。

　質屋営業法違反と古物営業法違反の各犯罪主体は，質屋や古物商（古物市場主）の身分を有する者に限られており，いわゆる「身分犯」であるから，この場合，質置主（質入人）ないし相手方（売払人）は，いわゆる「身分なき共犯者」（刑法第65条第1項）として，質屋営業法違反（正しい記載をしなかった罪）ないし古物営業法違反（不実の記載をした罪）の共謀共同正犯が成立する。「不実の記載をさせた」と認定するのではないから，本号には当たらない。

(4) 判　例
① 最大判昭32. 2. 20刑集11・2・802

氏名の黙秘権について,「憲法第38条第1項は,何人も自己が刑事上の責任を問われる虞ある事項について供述を強要されないことを保障したものと解すべきである。被告人の氏名の如きは原則として,不利益な事項ということはできず,それにつき黙秘する権利があるとはいえない。」旨判示した。

(5) 質疑応答

Q 入質に際し,質屋の主人に偽名を名乗り,帳簿に不実の記載をさせたが,同人が偽名であることを知っていた場合,本号の罪は成立するか。

A 本号は,質屋や古物商(古物市場主)を保護する規定ではないから,申告内容が虚偽であると看破し,だまされていなかったとしても,本号の罪は成立する。なお,質屋や古物商は情を知っているが,質置主らと通謀していない場合には,質屋については質屋営業法違反,古物商については古物営業法違反が成立し,質置主らについては本号の罪のみが成立する。通謀していた場合は,「前記(3)他の罪との関係」を参照されたい。

(6) 犯罪事実の記載例

記載例①

> 被疑者は,令和〇年〇月〇日午後〇時〇分頃,〇〇市〇〇町〇番地甲野質店こと甲野太郎方において,同人に対し,高級腕時計1個を質入れする際,職業を医師,氏名を乙川次郎と,それぞれ偽って申し立て,上記甲野をして質物台帳にその旨不実の記載をさせたものである。

記載例②

> 被疑者は,令和〇年〇月〇日午後〇時〇分頃,〇〇県〇〇市〇〇町〇番〇号所在の〇〇古物店において,同店従業員丙野三郎に対し,金のネックレス2本を売り払う際,丁山四郎になりすまし,〇〇〇〇の代理人丁山四郎であると偽って申し立て,上記丙野をして古物台帳にその旨不実の記載をさせたものである。

記載例③ 併合罪の場合(1潜伏の罪 (6)犯罪事実の記載例③参照)。

18 要扶助者・死体等不申告の罪(第18号)

> 自己の占有する場所内に,老幼,不具若しくは傷病のため扶助を必要とする者又は人の死体若しくは死胎のあることを知りながら,速やかにこれを公務員に申し出なかつた者

(1) 立法趣旨

　扶助を要する者又は死体若しくは死胎に対する公務員による発見を容易にし,救護の措置,公衆衛生上の措置,あるいは,それを端緒とする犯罪捜査等が速やかに実施できるようにするため,要扶助者・死体・死胎が発見された場所の占有者に刑罰を伴う申出義務を課すものである。

　本号は,警察犯処罰令第2条第10号前段「自己占有の場所内に老幼,不具又は疾病の為扶助を要する者若(もし)は人の死屍,死胎あることを知りて速(すみやか)に警察官吏に申告せさる者」を受け継いだ規定である。

(2) 要　件

　本号の構成要件は,次のとおりである。

ア　「自己の占有する場所」とは,自己が事実上支配している場所をいい,その場所の支配者が本号の犯罪主体である。いわゆる身分犯である。現実の支配を要するので,自己の所有地であっても,他人に賃貸しているなどの理由で現実の支配を有しない場合はこれに当たらない。また,公道や海洋などは,私人の占有の対象となり得ないから,これに当たらない。

イ　「老幼,不具若しくは傷病」とは,扶助を必要とする原因を列挙したものであるが,制限列挙と解すべきである(同旨:伊藤・勝丸155頁)。「老幼」とは,老者及び幼者の意味である。「不具」とは,身体器官の不完全なことをいい,目が見えない者,耳が聞こえない者,口がきけない者及び

手足のない者などを指す。「傷病」とは，広く肉体的・精神的に疾患のある者をいい，その原因のいかん，治癒の可能性の有無を問わない。したがって，精神病者はもちろんのこと，知的障害者（反対：伊藤・勝丸155頁は，知的障害者を「不具」に含める），泥酔者，麻酔状態にある者，重大な損傷を受けている負傷者，飢餓者，にわかに産気づいた女性なども状況によってはこれに含まれる。しかし，単に妊娠中の女性や熟睡中の者などは含まれない。

ウ 「扶助を必要とする者」とは，刑法第217条（遺棄罪）のそれと同義である。すなわち，精神上若しくは身体上の欠陥を生じ，他人の扶助がなければ起臥寝食など日常生活を営む動作ができない者をいい，生活物資を自給するに足る経済力の有無を問わない（**判例①**）。ただし，本号の立法趣旨からいって，要扶助者が家族である場合，病院の入院患者である場合などのように保護責任者による救護が当然予想され，公務員の救護を受けるまでもない者は除外される。このような者に対しては，必要な救護をしなければ，「その生存に必要な保護をしなかったとき」に当たり，刑法第218条（保護責任者遺棄罪）が問題となる。

エ 「死体若しくは死胎」とは，人若しくは胎児の死体であり，その一部をも含む。ただし，本号の立法趣旨からいって，公務員をして処置されるまでもなく，その存在する場所の占有者が自ら処置すべきものは除外される。したがって，自宅療養中や病院入院中の者の死体は，これに当たらない。「死体」は，病死体であると変死体であるとを問わない。

オ 「公務員」とは，要扶助者又は死体等について処置する権限を有する公務員あるいは，犯罪捜査の権限を有する公務員である。警察官，地方公共団体の福祉関係吏員，民生委員などがこれに当たる。

カ 「速やかに申し出なかった」とは，要扶助者や死体等のあることを知った時点から速やかに自発的に申し出なかったことをいう。「速やかに」とは，「遅滞なく」とか，「直ちに」の意であるが，具体的状況の下において，社会的通念に従って決するほかない。申し出る方法には制限はなく，口頭でも書面でもよく，電話でも電子メールでもよい。本号は，いわゆる

不作為犯である。

(3) **他の罪との関係**

本号の要扶助者が発見された場所の占有者が，要扶助者の保護責任者であるときは，前述のとおり，その者が救護すれば良く，公務員の救護を受けるまでもないので，公務員への申出義務を課するべきではなく，本号の罪は成立しない。したがって，行為者について保護責任者遺棄罪（刑法第218条）が成立するときは，その者に本号の罪は成立せず，両罪が競合することはない（同旨：稲田・木谷96頁，伊藤・勝丸156頁）。

本号の行為をした者がさらに進んで，要扶助者や死体等を場所的に移動させた場合には，遺棄罪（同法第217条）又は死体遺棄罪（同法第190条）が成立し，本号の罪とは併合罪となる。本号に当たる場合に，検視を経ないで変死体を密葬したときには，本号の罪と変死者密葬罪（同法第192条）との併合罪となる。

(4) **判　例**

① 大判大４．５．21刑録21・670

刑法第217条（遺棄罪）所定の「扶助ヲ要スヘキ者」（現行法の文言では「扶助を必要とする者」）の意義につき，「老幼不具又ハ疾病ニ因リテ精神上若クハ身体上ノ欠陥ヲ生シ他人ノ扶持助力ヲ待ツニ非サレハ自ラ日常生活ヲ営ムヘキ動作ヲ為ス能ハサル者ヲ総称スルモノニシテ其生活資料ヲ自給シ得ルト否トニ関係ナキモノトス」と判示した。

(5) **質疑応答**

Q 甲は，自己が所有し，乙に賃貸している建物内部に死体があることを知りながら，速やかにこれを公務員に申し出なかった場合，甲に本号の罪は成立するか。

A 「自己の占有する場所」とは，自己が事実上現実の支配をしている場所をいうのであり，自己の所有する建物であっても，他人に賃貸して現実の支配をしていない場合は，これに当たらず，甲に本号の罪は成立しない。

(6) 犯罪事実の記載例

記載例①

> 　被疑者は，令和〇年〇月〇日午後〇時〇分頃，〇〇県〇〇市〇〇町〇番〇号の自宅車庫内において，氏名不詳の死体を発見したにもかかわらず，同月〇〇日午後〇時頃まで，警察官等の公務員に申し出ることなく放置し，もって，死体のあることを知りながら，速やかに公務員に申し出なかったものである。

記載例②

> 　被疑者は，令和〇年〇月〇日午前〇時〇分頃，〇〇県〇〇市〇〇町〇番〇号の自宅玄関先敷地内において，一面識もない〇〇〇〇（当時30歳）が泥酔して倒れていることを発見したにもかかわらず，同日午後〇時頃まで，警察官等の公務員に申し出ることなく放置し，もって，傷病のため扶助を必要とする者のあることを知りながら，速やかにこれを公務員に申し出なかったものである。

記載例③　併合罪の場合（１潜伏の罪 (6)犯罪事実の記載例③参照）。

19　変死現場変更の罪（第19号）

> 正当な理由がなくて変死体又は死胎の現場を変えた者

(1) 立法趣旨

本号は，変死体又は死胎の背後に潜む犯罪の証拠が失われることを防止する目的で制定されたものである。

本号は，警察犯処罰令第2条第10号後段「前項の死屍，死胎に対し警察官吏の指揮なきに其の現場を変更したる者」を継受したものである。

(2) 要　件

本号の構成要件は，次のとおりである。

ア　「変死体」とは，刑事訴訟法第229条（検視）にいう「変死者」及び「変死の疑のある死体」をいう（伊藤・勝丸157頁，野木ほか70頁。消極警察庁「特別刑法」27頁，乗本ほか86頁）。

「変死者」とは，老衰死・病死等の自然死でないもの，すなわち，不自然死で，かつ，何らかの犯罪による死亡ではないかという疑いのある死体をいう。

「変死の疑のある死体」とは，自然死か不自然死か明らかでない死体であって，不自然死の疑いがあり，かつ，犯罪による死亡かどうか不明の死体をいう。したがって，自然死であることが明白な死体（例えば，老衰死・病死），あるいは不自然死ではあるが犯罪によらないことが明白な死体，すなわち，非犯罪死（例えば，水泳中の溺死・飛び降り自殺・落雷による感電死）は「変死体」に含まれない。

明らかな犯罪死（例えば，殺人・過失致死）などが変死体に含まれるかどうかについては見解が分かれている。すなわち，検視制度は死体が犯罪に基因している疑いがあるかどうかを判断するための捜査以前の緊急処分

であるから，明白な犯罪死については，いきなり，捜査手続に入り，検証すべきであるとする説と，犯罪死こそ変死体の典型的なものであるから，検視の対象とすべきであるとか，明らかに犯罪死であるといい得るかどうかは検視の結果判定されるから，これも変死体に含めるべきであるとする説がある。

　実務上は，犯罪死も変死体に含めて処理している。

　これらの関係を整理すると，次のようになる。

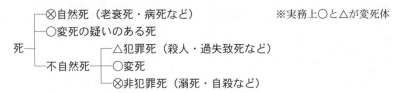

イ　「死胎」とは，胎児の死体であり，その一部をも含む概念である。自然死胎であると不自然死胎であるとを問わない。第三者の目に触れるような形で存在することが，既に変死体と同様に扱われるべきこと，つまり，犯罪的要素のあることを物語っているといえる。

ウ　「現場」とは，変死体又は死胎が発見された時点におけるそれらの存在状況をいう。それには，変死体又は死胎自体の状況はもちろん，それらを含む周囲の場所的状況をも含む（大塚115頁，植松118頁，伊藤・勝丸158頁）。すなわち，死体の近くに落ちていた凶器，血痕の付着状況，所持品や荒らされた部屋の状況なども「現場」に含まれ，これらを変更することは本号に当たることになる。

エ　「変える」とは，積極的に人為的変更を加えることである。死体の位置につき，仰向けを下向けとし，東枕を西枕とし，手足の位置を動かすとか，その着衣の状況を変える行為，血痕，泥や土など死体の付着物を取り去り，あるいは，死体に何かを付着させる行為，死体の傍らにある凶器を手に取る行為，開放されていた窓を閉める行為などは，全てこれに当たる。犯罪捜査を妨害するなどの特定の目的や意図をもって行うことは必要でないが，「正当な理由がなく」行われることが要件である。

オ　「正当な理由がなく」とは，違法性を意味する文言である。「正当な理由

がある」場合は，違法性が阻却され，本号の罪は成立しない。周囲にある爆発物を取り除く行為や放出されているガスの元栓を閉める行為などは，本号の保護法益以上の法益を保護するための行為として，正当な理由があると認められる。なお，「正当な理由がなく」と「みだりに」との違いについては，「1 潜伏の罪 (2)要件 キ」を参照されたい。

(3) **他の罪との関係**

変死者密葬罪（刑法第192条）が成立すれば，本号の罪はこれに吸収されるので成立しない。もっとも，変死体を密葬のために移動させる行為以外に，変死体の周辺にある凶器を持ち去るなどの現場を変える行為があった場合には，両罪が成立し併合罪となる。本条第18号に当たる行為（死体等不申告）とともに本号の行為がなされたときには，両者は併合罪となる。

本号の行為が同時に死体損壊罪ないし死体遺棄罪（刑法第190条）にも該当する場合には，同罪と本号の罪が成立し観念的競合となる（**判例①**）。なお，死体に墨などで文字を書くなどの行為がある場合は，死体損壊罪には該当しないが本号には該当する。

(4) **判　例**

① 最判昭29.4.15刑集8・4・471

軽犯罪法第1条第19号は，正当の理由がなくて変死体又は死胎の現場を変える行為を取り締まろうとする法意に出でたものであって，故意に死体を放棄する行為を処罰の対象とする死体遺棄罪とはその罪責を異にしている。

(5) **質疑応答**

Q 帰宅途中に立ち寄った風俗店に財布を置き忘れたことに気づき，取りに戻ったところ，店内には誰もおらず，受付カウンターが荒らされており，その傍らに，頭から血を流して倒れている店長を認めたが，既に死亡していたので，関わり合いになることを恐れ，そのカウンター上にあった自己の財布を持ち帰った。本号の罪は成立するか。

A 「現場」とは，変死体又は死胎が発見された時点におけるそれらの存在状況をいい，それには，変死体又は死胎自体の状況のみならず，それ

らを含む周囲の場所的状況をも含むから、設問の場合も「現場を変えた」といえる。また、行為者のプライバシーや自己の財布を確保する利益よりも、犯罪の証拠保全を図るという本号の保護法益を優先させるべきであるから、「正当な理由」もないと認められる。よって、本号の罪は成立する。

(6) 犯罪事実の記載例

記載例①

> 被疑者は、正当な理由がないのに、令和○年○月○日午後○時○分頃、○○県○○市○○町○番○号付近路上において、甲野太郎の死体を発見した際、その死体を道路脇の溝の上に移した上、その上衣の襟を引き裂くなどし、もって、死体の現場を変えたものである。

記載例②

> 被疑者は、正当な理由がないのに、令和○年○月○日午前○時○分頃、○○県○○市○○町○番○○病院の駐輪場において、自己の自転車の前かご内に、何者かが放置した手提げ袋を開けて在中のビニール袋入り死胎を発見したが、その手提げ袋ごと隣の自転車の前かごに移し替え、もって、死胎の現場を変えたものである。

記載例③　併合罪の場合（1潜伏の罪 (6)犯罪事実の記載例③参照）。

20　身体露出の罪（第20号）

> 公衆の目に触れるような場所で公衆にけん悪の情を催させるような仕方でしり，ももその他身体の一部をみだりに露出した者

(1)　立法趣旨

本号は，公衆の健全な風俗感情を保護するとともに，一般の社会風俗の向上を図ろうとするものである。

警察犯処罰令第3条第2号「公衆の目に触るべき場所に於て袒裼（たんせき），裸裎（らてい）し又は臀部，股部を露わし其の他醜態を為したる者」を受け継いだものであるが，要件が明確化・具体化されている。

(2)　要　件

本号の構成要件は，次のとおりである。

ア　「公衆の目に触れるような場所」とは，本号が公然わいせつ罪（刑法第174条）の補充規定であることに鑑み，「公衆」は同罪にいう「公然」とほぼ同旨であり，不特定又は多数の者が認識し得る状態をいう（同旨：伊藤・勝丸160頁，野木ほか71頁，大塚116頁，植松122頁，乗本ほか88頁。**最決昭32．5．22刑集11・5・1526**）。「公共の」よりは広く，特定多数人，不特定少数の場合も公衆に含まれる。しかし，「目に触れる場所」ではなく「目に触れるような場所」との文言に照らし，現実に不特定又は多数の者によって認識されることは必要でない。本号の場所としては，街路上，公園，電車・バス内，海水浴場などが適例であるが，私人の家屋内であっても通行人の目に触れる場合には，本号の場所に該当する（**判例①**）。要は，不特定又は多数人が特別の注意を払ったり，のぞき見したりするような特別な動作をせずとも，自然に目にし得る場所をいう。

イ　「その他身体の一部」とは，例示されている尻，ももに代表されるよう

に，通常，人が衣服などで隠している部分をいう。乳房などもこれに当たる。身体の全部を露出する行為はもちろんこれに当たる。「その他」とは，法令用語上，その前後の一般的属性を同じくする語句を並列的に連結する語句であることから，そのように解釈できるのである。「その他の」ではないので，身体の一部なら何でも該当する訳ではない。なお，「その他」と「その他の」の違いについては，「2 凶器携帯の罪 (2)要件 エ」を参照されたい。

ウ 「けん悪の情を催させるような」とは，一般通常人の風俗感情上，不快の念を与えるようなものをいう。現に，その場にいる人の風俗感情における快・不快を問わない。なぜなら，本号は，一般公衆の健全な社会や風俗感情を対象とするものであるからである。

エ 「仕方」とは，単に露出する身体の部位，方法，姿勢に限らず，諸般の具体的状況から見た事態を意味し，公衆にけん悪の情を催させるかは，行為主体の年齢，性別，職業，行為の目的などの主体的事情や行為の場所，周囲の状況などの環境的事情を総合して，社会通念によって判断されるべきものである。すなわち，行為者が男性か女性か，幼児か少年か大人か，裸体が清潔か否かなどの差異，露出する場所，部分，方法などによって，「けん悪の情」に違いが生ずることに注意を要する。例えば，成人のみが観覧するいわゆるストリップ劇場で尻，もも等を露出することは，社会状況に照らして不自然ではなく，本号に当たらないが，未成年者も出入りする喫茶店などで，尻，もも等を露出すれば本号に当たり，また，海水浴場で着用すれば問題のないビキニスタイルの水着も，これを着用して市街地を歩き，電車，市内バス等に乗車するなどは本号に当たる。しかし，海岸のホテルから海浜まで同じスタイルで往復することは社会的許容の範囲内にあり本号に当たらないであろう。さらに，冠婚葬祭の席上で，上半身裸になるような行為は，男女を問わず，その場の神聖厳粛ないしは慶賀のムードを破壊するものであって，「けん悪の情を催させるような仕方」に当たる。

オ 「みだりに」とは，「正当な理由がなくて」とほぼ同じ概念であって行為の違法性を表わしており，社会通念に照らし相当の理由があるとは認めら

れないことをいう。なお,「正当な理由がなく」と「みだりに」との違いについては,「1 潜伏の罪 (2)要件 キ」を参照されたい。

カ 「露出する」とは,肌そのものを人の目に触れる状態に置くことをいう。したがって,薄物をまとっているため,肢体の輪郭が明瞭にわかる場合でも,肌そのものが見えない以上これに当たらないが,網目を通して肌そのものが見える網タイツや,肌が透いて見える薄衣やパンティストッキングなどは,これを着用していても,また,素肌に絵を描いても,なお「露出」しているといえる。もとより,本号の罪が成立するためには,「けん悪の情を催させるような仕方」で尻等を露出することを要する。

(3) 他の罪との関係

公然わいせつ罪(刑法第174条)が成立すれば,本号の罪は,それに吸収され,適用の余地はない。

男子が路傍で,いわゆる立小便をする行為は,本条第26号(排せつ等の罪)にも該当するが,陰茎が通行人の目に触れ易いような状態にして行う場合には本号の罪も成立し,両罪は観念的競合となる。もっとも,人の性的羞恥心を害する程度に至れば,公然わいせつ罪(刑法第174条)が成立し,本条第26号(排せつ等の罪)との観念的競合となる。

(4) 判 例

① **大判大2.12.3刑録19・29・1369**

警察犯処罰令第3条第2号ハ公衆ヲシテ不快ノ念ヲ抱カシムヘキ風俗即チ醜体ヲ暴露スルヲ禁止スルニ在ルヲ以テ苟モ容易ニ公衆ノ目ニ触ルル場所ナル以上ハ家屋ノ内外ヲ問ハス醜体ヲ露ハスヲ許ササルノ法意ナリトス

〔注〕 入浴後,自宅の居間で全裸になっていた事案に関するものである。

(5) 質疑応答

Q1 相撲大会における土俵での取組の後,そのままの姿でバスに乗って自宅に帰った場合,本号の罪は成立するか。

A 公衆の面前で,「しり,もも」を露出していることは明らかであるが,「けん悪の情を催させる」か否かが問題である。まわし姿の男がバス

に乗っている場面は，極めて異様な光景であり，「けん悪の情を催させる」ものであると解する。よって，本号の罪は成立する。

Q2 本号（身体露出）の罪と，公然わいせつ罪（刑法第174条）とは，どのような関係にあるか。

A 公衆の面前で身体の一部を露出した場合において，本号（身体露出）の罪が成立するためには，その行為が「けん悪の情を催させるようなもの」であることが必要であり，公然わいせつ罪が成立するためには，その行為が「わいせつ」であることが必要である。

「わいせつ」とは，「性欲を刺激，興奮させ，普通人の性的羞恥心を害し，健全な性的道徳観念に反するもの」であり，「けん悪の情を催させるようなもの」よりも反社会性の強いものである。公然わいせつ罪が成立すれば，同罪に本号の罪は吸収される。

(6) 犯罪事実の記載例

記載例①

> 被疑者は，令和〇年〇月〇日午後〇時〇分頃から同時〇〇分頃までの約20分間にわたり，公衆の目に触れるような場所である〇〇県〇〇市〇〇町〇番所在の株式会社〇〇鉄道〇〇駅から〇〇県〇〇市〇〇町〇番〇号所在の〇〇駅までの間を進行中の〇〇駅行急行電車内の通路において，用便をするような仕草で尻を出し，もって，公衆にけん悪の情を催させるような仕方で身体の一部をみだりに露出したものである。

記載例②

> 被疑者は，令和〇年〇月〇日午後〇時〇分頃から同日午後〇時〇分頃までの約10分間にわたり，公衆の目に触れるような場所である〇〇県〇〇市〇〇町〇番〇〇デパート〇〇店3階書籍売場において，ビキニスタイルの水着姿になって，もも等を出し，もって，公衆にけん悪の情を催させるような仕方で身体の一部をみだりに露出したものである。

記載例③　併合罪の場合（1潜伏の罪 (6)犯罪事実の記載例③参照）。

21 動物虐待の罪（削除）

> 牛馬その他の動物を殴打し，酷使し，必要な飲食物を與えないなどの仕方で虐待した者

(1) 削除理由

本号は，「動物の愛護及び管理に関する法律」（昭和48年法律第105号）の成立に伴い削除された。

(2) 参　考

動物の愛護及び管理に関する法律（最終改正：令和4年法律第68号・令和7年6月1日施行）

ア　立法趣旨（第1条）

この法律は，動物の虐待及び遺棄の防止，動物の適正な取扱いその他動物の健康及び安全の保持等の動物の愛護に関する事項を定めて国民の間に動物を愛護する気風を招来し，生命尊重，友愛及び平和の情操の涵養に資するとともに，動物の管理に関する事項を定めて動物による人の生命，身体及び財産に対する侵害並びに生活環境の保全上の支障を防止し，もつて人と動物の共生する社会の実現を図ることを目的とする。

イ　罰則（第44条）

Ⅰ　愛護動物をみだりに殺し，又は傷つけた者は，5年以下の拘禁刑又は500万円以下の罰金に処する。

Ⅱ　愛護動物に対し，みだりに，その身体に外傷が生ずるおそれのある暴行を加え，又はそのおそれのある行為をさせること，みだりに，給餌若しくは給水をやめ，酷使し，その健康及び安全を保持することが困難な場所に拘束し，又は飼養密度が著しく適正を欠いた状態で愛護動物を飼養し若しくは保管することにより衰弱させること，自己の飼養し，又は保管する愛護動物であつて疾病にかかり，又は負傷したものの適切な保護を行わないこと，排せつ物の堆積した施設又は他の愛護動物の死体が放置された施設であつて自己の管理するものにおいて飼養し，又は保管することその他の虐待を行つた者は，1年以下の拘禁刑又は100万円以

下の罰金に処する。
Ⅲ　愛護動物を遺棄した者は，1年以下の拘禁刑又は100万円以下の罰金に処する。
Ⅳ　前3項において「愛護動物」とは，次の各号に掲げる動物をいう。
　① 　牛，馬，豚，めん羊，山羊，犬，猫，いえうさぎ，鶏，いえばと及びあひる
　② 　前号に掲げるものを除くほか，人が占有している動物で哺乳類，鳥類又は爬虫類に属するもの

22 こじきの罪（第22号）

> こじきをし，又はこじきをさせた者

(1) 立法趣旨

本号は，国又は地方公共団体による労働嫌悪者に対する矯正施設，労働不能者に対する生活保護など，各種福祉措置と相まって，文明国の社会道徳に反するこじき行為を根絶する目的で制定されたものである。

本号は，警察犯処罰令第2条第2号「乞丐(かたい)を為し又は為さしめたる者」を受け継いだ規定である。

(2) 要件

本号の構成要件は，次のとおりである。

ア 「こじき」とは，不特定の他人の同情に訴えて，自分のために，又は自分が扶養する者のために，無償又はほとんど無償に近い対価（労務又は物品）を提供して金品の交付を求める行為で反復継続されるものをいう。対価性が薄いとしても，大道芸人や芸人の門付行為は，「こじき」には当たらない。反復継続する意思で行えば，ただ1人に対して乞うたとしても本号の罪は成立するが，1人に対し，1回限りで終わる意思で行った場合は，本罪に該当しない。

不特定の人に対して乞うことを要するから，親族，友人などに対して金品を乞う場合には本号に該当しない。また，本人又は自分が扶養する者のためにすることを要するから，純然たる第三者のために寄附を募る行為や僧侶の托鉢のように宗教的意味をもつ行為は，本号に該当しない。さらに，本号の罪の成立には，現実に金品を得たことを必要としない。

前記のとおり「こじき」の概念には，いわば業的な観念が内在しているから，順次数人に対して金品を乞うたとしても，こじきをするとの1個の

包括的犯意の下に行われれば，包括して一罪を構成すると解する（**判例①**）。

イ 「こじきをさせた者」とは，責任無能力者（心神喪失者，刑事未成年者）に，こじきをさせた者をいう。「させる」とは，教唆犯をいうのではなく，間接正犯的行為を指すものである。社会的実態に応じ，「こじきをする」のほかに「こじきをさせる」要件が特に設けられたものである（植松133頁，大塚117頁，伊藤・勝丸165頁）。作為によると不作為によるとを問わない。自分の監督下にある14歳未満の子供のこじき行為を制止しないでおくという不作為もこれに該当する。自ら「こじきをする」者が，責任無能力者を伴って，ともどもこじきをした場合は，「こじきをする」罪の一罪とみるべきである。

責任能力のある者に，こじきをさせる行為は，「こじきをさせる」ことには当たらず，「こじきをする」罪の教唆犯である（第3条）。

なお，自分の監督下にある14歳以上の子供など（責任能力者）が，こじきをしようとするのを，あえて制止しないとの不作為による「こじきをさせる」行為が考えられるとする見解があるが（伊藤・勝丸165頁），責任能力者に積極的に働きかけて，こじきをさせる行為を，「こじきをする」罪の教唆犯とみる見方によれば，責任能力者のこじき行為を制止しないという消極的不作為を「こじきをさせる」罪の正犯とすることはやや問題があり，この場合，「こじきをする」罪の幇助犯と解するのが妥当であろう（同旨：植松133頁）。「こじき」のボスが，輩下の者が自分の縄張り内でこじき行為をするのを許容する場合，場所代を徴収するなど強い関与支配が認められたならば，「共謀共同正犯」，関与の程度がさほど強くないならば，「幇助犯」となる。

(3) 他の罪との関係

「こじき」をすることを強制すれば，強要罪（刑法第223条）が成立するほか，「こじきをする」罪の間接正犯として，本号の「こじきをさせた」罪が成立し，両罪は観念的競合となる。この場合，「こじき」をした者には責任がないので，本号の罪は成立しない。

児童（18歳未満の者）に「こじき」をさせ，又は児童を利用して「こじき」をする行為は，児童福祉法第34条第1項第2号に違反し，同法第60条第2項の罪を構成することになるが，同法の規定は，本号の特別規定であるので，同法の規定のみが適用され，本号の罪は成立しない。いわゆる移動こじきは，本条第4号（浮浪）の罪と本号の罪との観念的競合となり，道路上に座り込んでこじきを行った場合は，道路交通法第76条第4項第2号（道路において，交通の妨害となるような方法で寝そべり，すわり，しゃがみ，又は立ちどまっていること）の罪と本号の罪との観念的競合となる。

(4) 判 例

① 宇都宮簡判昭38.10.23下刑集5・9＝10・906

軽犯罪法にいわゆる「こじき」とは，単に個々の物乞い行為（人の同情心に訴えて金品の無償交付を求める行為）自体を指すのではなく，その概念には不特定多数人に対しある程度反復継続的に物乞いするという云わば業的な観念が内在していると解すべきであり，かかる犯罪の本質からまた本件犯罪がこじきをするとの1個の包括的犯意の下に近接した日時，場所においてなされたという犯罪の態様から被告人の所為はむしろ包括的に一罪とすべきである。

(5) 質疑応答

Q 道路上において，不特定人に対して，同情を買うことで金品を求める行為をしたが，誰からも金品を受領することができなかった場合，本号の罪は成立するか。

A 社会道徳に反するこじき行為の根絶という同号の趣旨及び「こじきをし」という文理上から，本号の罪が成立するためには，現実に金品を受領したことは必要ではなく，金品を求めれば，本号の罪は成立する。よって，設問の場合も本号の罪は成立する。

(6) 犯罪事実の記載例

記載例①

　被疑者は，令和○年○月○日午後○時○分頃から同時○○分までの間，

○○県○○市○○町○番○号甲野不動産こと甲野太郎方及び同番○○号乙野商事こと乙野次郎方において，甲野，乙野らに対し，順次，哀れみに訴えて金品を乞い，上記甲野から現金500円をもらい受け，もって，こじきをしたものである。

記載例②

　被疑者は，令和○年○月○日午後○時○分頃から同日午後○時○分頃までの間，○○県○○市○○町○番○○鉄道○○駅前において，通行人に対し，哀れみを訴えて金品を乞い，○○○○から現金500円をもらい受け，もって，こじきをしたものである。

記載例③　併合罪の場合（1潜伏の罪 (6)犯罪事実の記載例③参照）。

23 窃視の罪（第23号）

> 正当な理由がなくて人の住居，浴場，更衣場，便所その他人が通常衣服をつけないでいるような場所をひそかにのぞき見た者

(1) 立法趣旨

本号は，プライバシーを侵害する抽象的危険性のある行為を禁止し，あわせて性に関する風紀の維持向上を図ることを目的として制定されたものである（**判例①**）。

警察犯処罰令には，本号に該当する規定はなく，新設された規定である。

(2) 要件

本号の構成要件は，次のとおりである。

ア 「正当な理由がなく」とは，違法性を意味する文言である。「正当な理由がある」場合は，違法性が阻却され，本号の罪は成立しない。犯罪捜査の必要上ひそかにうかがう場合には，正当な理由があるといえる。なお，「正当な理由がなく」と「みだりに」との違いについては，「1 潜伏の罪(2)要件 キ」を参照されたい。

イ 「人の住居」とは，自己（犯人自身）以外の者が正当に使用し得る住居をいう。自己の所有物であると否とを問わず，また公共用のものであるか私人専用のものであるかを問わない。住居の一部であっても，これに該当する。「人の住居」は，「浴場」「更衣場」「便所」及び「人が通常衣服をつけないでいるような場所」と「その他」により，並列的に規定されていることから，「人の住居」とは，そのいかなる部分たるとを問わないと解する。したがって，玄関のように，通常は，人が衣服を着けていることが予

想されるような部分であっても，なお「人の住居」に当たる。なお，「その他」と「その他の」の違いについては，「2 凶器携帯の罪 (2)要件 エ」を参照されたい。

ウ 「浴場，更衣場，便所」とは，私宅内の私人専用のものであるか，公衆浴場や公衆便所などのように不特定多数人が使用するものであるかを問わない。なお，劇場，デパートなどの便所においては，その中の個別に扉で仕切られた部分及び男子が小用を足すための一画が，本号にいう「便所」に当たるとの見解（伊藤・勝丸168頁）もあるが，そのように限定的に解する必要はない。例えば，男子がデパートなどの女子便所の天井や窓からひそかに内部をのぞき見した場合のように，異性用の便所をのぞき見した場合においては，のぞき見した部分が便所内の手洗場であっても，なお「便所」をのぞき見たと解してよいだろう。性道徳の維持が本号の保護法益の一つであることに鑑みると当然であろう。

エ 「その他人が通常衣服をつけないでいるような場所」とは，人が通常隠している肉体の部分を露出している可能性のある場所の内部をいう。現に人が衣服を着けているかどうかはもちろん，現に人がいるかどうかを問わない。例えば，役所の更衣室，病院の診察室・処置室，旅館の1室，キャンプ場におけるテント内，列車の寝台，船室などである。しかし，高所にいる女性のスカート内や低所にいる女性の胸元をのぞく場合は，「場所」をのぞいたのではないから本号に該当しない。なお，「その他」とは，法令用語上，一般的には，その前後の語句を並列的に連結する語句である。「その他」と「その他の」の違いについては，「2 凶器携帯の罪 (2)要件 エ」を参照されたい。

オ 「ひそかに」とは，見られないことについて利益を有する者の承諾ないし推定的承諾なしにという意味である。現に見られないことの利益を有する者又はそれ以外の第三者に知られているかどうかを問わない。例えば，公衆便所の壁の隙間などからのぞき見すれば，その直前，用便中の者に対して，のぞき見ることを予告したとしても，その承諾を得ていない限り本号に該当する。また，不特定多数人の面前で行っても，見られる者の承諾

なしに行えば，本号に該当する。例えば，公衆浴場内に入浴客として入り，カメラをタオルで隠して他の入浴客の裸体を撮影すれば，本号に当たると解する。なぜなら，公衆浴場に入る以上，他の入浴客から裸体を見られることは当然に承諾していると認められるが，撮影されることまで承諾しているとは認められないからである。

カ 「のぞき見る」とは，物陰や隙間などから見ることをいう。何の作為もしないのに，自然に見える場合は，「のぞき見る」には当たらない。望遠鏡を用いて見たり，カメラやビデオカメラ（デジタルカメラ，スマートフォンのカメラ機能を含む。）を用いて撮影したりする場合も，「のぞき見る」に当たる（**判例②**）。被写体を直接視認したり，カメラのファインダー（のぞき窓）を通して視認したり，あるいはデジタルカメラのモニター画面によって視認したりする行為を伴う場合には，その最も早い時点で既遂に達する。しかし，公衆浴場内に入浴客として入り，カメラをタオルで隠して他の入浴客の裸体を撮影する事案のように，直接の視認が「のぞき見」に当たらない場合，カメラを設置して遠隔操作やセルフタイマーによって盗撮する事案のように，行為者による直接の視認がない場合には，カメラのシャッターを切ってフィルムを感光させた時点，あるいはデジタルカメラの記憶媒体（メモリ等）に記録した時点で既遂に達するものと解する。なぜなら，撮影された写真がインターネット等によって公開される危険性があるなど，現にプライバシー侵害が発生しているからである。したがって，例えば，ビデオカメラを用いて隣の便所内の女性の姿態等を盗撮した場合，その録画内容を再生して見る前に逮捕されたため，録画内容を全く見ていなくても，記憶媒体に録画した時点で既遂に達する（**判例③**）。しかし，夫婦生活の状況を盗聴し，あるいは録音しても，「見る」ことにならないから本号には該当しない。

(3) **他の罪との関係**

　カメラやスマートフォンのカメラ機能等を用いて，便所や浴場内における人の姿態等を「盗み撮り」する行為については，本号の「窃視の罪（第23号）」の成否のほか，令和5年7月13日施行の「性的な姿態を撮影する行為

等の処罰及び押収物に記録された性的な姿態の影像に係る電磁的記録の消去等に関する法律」(略称「性的姿態撮影等処罰法」)第2条第1項第1号イの「ひそかに性的姿態等を撮影する行為」に該当するか否か,すなわち,「性的姿態等撮影罪」の成否についても検討する必要がある。

その際,留意すべき点は,「窃視の罪」の規制対象が「場所」を「のぞき見る行為」であるのに対し,「性的姿態等撮影罪」の規制対象は「人の性的姿態等」を「撮影する行為」であるということである。

同罪が成立するためには,撮影行為が不可欠である上,その撮影の対象が,①人の性的な部位(性器,肛門,これらの周辺部,臀部,乳房部),②人が身に着けている下着のうち現に性的な部位を覆っている部分,③わいせつな行為又は性交等がされている間における人の姿態のいずれかに該当する必要がある。

例えば,入浴中の女性の性的部位を撮影するため,女風呂をひそかにのぞき見したが,誰も居なかったので,撮影を断念した場合,「場所」をのぞき見したので「窃視の罪」は成立するが,撮影行為に着手したと認められない限り,「性的姿態等撮影罪」は,その未遂罪も成立しない。

なお,「スキニーパンツ越しに臀部を撮影した」事案においては,「スキニーパンツ」は「下着」に該当しないので,「性的姿態等撮影罪」は成立しない。このような場合は,都道府県が制定するいわゆる迷惑防止条例の適用を検討することとなる。

また,児童の性的姿態等を撮影した場合には,「性的姿態等撮影罪」のほか,児童ポルノ製造罪,それが淫行に当たる場合には,児童福祉法違反罪や青少年保護育成条例違反罪についても検討する必要がある。

これらの罪と本号の「窃視の罪(第23号)」との関係については,規制対象ひいては保護法益(法によって保護されるべき利益)が異なるので,1個の行為によって,これらの罪が同時に成立する場合には,それぞれの罪が成立し,観念的競合となる。

もっとも,実務的には,法定刑の重い罪(場合によっては立証の容易な罪を加えた数罪)を立件し,送致することとなろう。

また，他人の住居内に故なく侵入し，ひそかにのぞき見した場合には，住居侵入罪（刑法第130条）と本号の罪の両罪が成立する。この場合，犯人が他人の住居内をひそかにのぞき見る目的で，他人の住居の囲繞地に侵入し，これを手段として住居内をひそかにのぞき見た場合には，住居侵入の罪と本号の罪は牽連犯となる（**判例④**）。

(4) 判　例

① 東京地判昭40．3．8下刑集7・3・334

　人はその承諾がないのに，自己の写真を撮影されたり，世間に公表されない権利即ち肖像権を持つ。それは私人が私生活に他から干渉されず，私的なできごとについて，その承諾なしに公表されることから保護される権利であるプライバシーの権利の一種と見ることができよう。それは憲法第13条は個人の生命自由及び幸福追求に対する国民の権利が最大限に尊重されるべきを規定し，その他憲法の人権保障の各規定からも実定法上の権利として十分認め得る。刑法第133条，軽犯罪法第1条第23号などはこれを認める趣旨の規定と解され，私事をみだりに公開されないとする保障は，今日のようなマスコミの発達した社会においては，益々その必要性が痛感されるものと解する。（被告人側の控訴棄却，**東京高判昭43．1．26高刑集21・1・23**）

② 岡山地判平15．1．8裁判所web（事件番号平14（わ）475）

　正当な理由がないのに，約2か月間，前後9回にわたり，アパートにおいて，カーテンの隙間等から，女性（当時19歳）方室内をデジタルビデオカメラで撮影録画した行為を，本号の「人の住居をひそかにのぞき見た」に当たると認定した。

③ 気仙沼簡判平3．11．5判タ773・271

　軽犯罪法第1条第23号は，プライバシーの権利の保護を目的とするものであるところ，実質的に見て，肉眼による場合とビデオカメラを用いた撮影録画による場合とで，プライバシーの侵害の有無に何らかわりはない。むしろ，肉眼による場合には，便所をのぞきこんだ犯人の記憶も希薄化し消滅することがあり得るのに対し，便所内の女性の姿態等が録画されたビ

デオテープは，何度でもそれを再生することが可能であるばかりか，録画したテープを多数複製することが可能であるので，それによる被害が広がってゆくことがあり得るのであり，ビデオカメラによる撮影録画によるプライバシー侵害の程度は，肉眼によるのぞきこみ行為よりも著しいものというべきである。他方，軽犯罪法第1条第23号は，犯人の行為の動機及び行為の結果としての好奇心の満足等を犯罪構成要件とはしておらず，単に，のぞきこみ行為が存在し，それによって被害者のプライバシー侵害の結果が発生すれば，犯罪として既遂に達するものと解すべきである。ところで，本件では，被告人は，ビデオカメラで録画した内容を再生して見る前にスーパーマーケット従業員に犯行を発見され，取り押さえられたため，その録画内容を見ないままであるが，隣の便所内の様子の録画行為それ自体によって被害者のプライバシー侵害が発生している以上，被告人の本件犯行は，既遂に達していると判断する。

④ 最判昭57．3．16刑集36・3・260，判時1039・138

数罪間に罪質上通例その一方が他方の手段又は結果となる関係があり，しかも具体的に犯人がかかる関係においてその数罪を実行した場合には，上記数罪は牽連犯として刑法第54条第1項後段により科刑上の一罪として取り扱われるべきものである（中略）。軽犯罪法第1条第23号の罪は，住居，浴場等同号所定の場所の内部をのぞき見る行為を処罰の対象とするものであるところ，囲繞地に囲まれあるいは建物等の内部にある上記のような場所の内部をのぞき見るためには，その手段として囲繞地あるいは建物等への侵入行為を伴うのが通常であるから，住居侵入罪と軽犯罪法第1条第23号の罪とは罪質上通例手段結果の関係にあるものと解するのが相当である。

(5) **質疑応答**

Q1 駅の階段の下から階段上の女性のスカート内を，のぞき見たり，ビデオ撮影したりした場合，本号の罪は成立するか。

A 駅などの階段は，「人が通常衣服をつけないでいるような場所」ではなく，また，女性のスカート内は「場所」とはいえず，「場所」に対す

るのぞき見を規制する本号の罪は成立しない。ただし、設問の行為を罰する法律等があれば、それによって罰せられることとなることは言うまでもない（前記(3)他の罪との関係（163頁）参照。）。

Q2 入浴中の女性の裸体を見るため、女風呂をひそかにのぞき見したが、誰もいなかった場合、本号の罪は成立するか。

A 本号の罪は、「浴場」など、人が通常衣服をつけないでいるような「場所」をのぞき見する行為を処罰するものであるから、「浴場」をのぞき見した時点で既遂に達する。女風呂に誰もいなくても本号の罪は成立する。

(6) 犯罪事実の記載例

記載例①

> 被疑者は、正当な理由がないのに、令和○年○月○日午後○時○分頃、○○県○○市○○町○番地所在の○○ビル地下共同便所において、○○花子（当時20歳）が使用中の便所内を、その仕切り壁の下部隙間から、ひそかにのぞき見たものである。

記載例②—1

> 被疑者は、正当な理由がないのに、令和○年○月○日午後○時○分頃、○○県○○市○○町○番○号所在の○○ビル3階女子便所において、間仕切りの隙間から、ひそかにスマートフォンを使用して用便中の女性の姿態を撮影し、もって、便所をひそかにのぞき見たものである。

(注) この事例において、人の性的部位や下着で覆われた同部位を撮影した場合は、性的姿態等撮影罪が成立し、記載例は次のとおりである。

記載例②—2（性的姿態等撮影罪）

> 被疑者は、正当な理由がないのに、令和○年○月○日午後○時○分頃、○○県○○市○○町○番○号所在の○○ビル3階女子便所において、間仕切りの隙間から、ひそかにスマートフォンを使用して用便中の○○○○

(当時〇歳）の下着で覆われた臀部を撮影し，もって，人が身につけている下着のうち現に性的な部位を覆っている部分を撮影したものである。

なお，性的姿態等撮影罪に関する犯罪事実記載例の詳細は，土本武司・岡本貴幸『10―2訂版　刑法　特別法　犯罪事実記載例集』東京法令出版　308頁参照。

記載例③　併合罪の場合（1潜伏の罪 (6)犯罪事実の記載例③参照）。

24 儀式妨害の罪（第24号）

> 公私の儀式に対して悪戯などでこれを妨害した者

(1) 立法趣旨

本号は，社会生活上の一般感情によって尊重されている各種の儀式，祭典の平穏を保護し，これらを妨げる行為を禁止することを目的として制定されたものである。

警察犯処罰令第2条第9号「祭事，祝儀又は其の行列に対し悪戯又は妨害を為したる者」を受け継いだ規定である。

(2) 要　件

本号の構成要件は，次のとおりである。

ア 「儀式」とは，ある程度の人数が集まり，それらの人が一定の目的のために形式的かつ厳粛な行事を行うもので，社会通念上儀式と認められるものであれば，その種類を問わない。もっとも，ある程度の規模と公的色彩が必要であるから，個人の自宅で家族のみで行う誕生祝のようなものは「儀式」ではない。また，結婚式の披露宴は，結婚式とは別のものであるが，社会通念上，厳粛の感情が支配していると認められるので，結婚式ともども儀式といえる。これに対し，厳粛性の要求されることのない単なる催し物，例えば，大学祭や芸能祭などは儀式に該当しない。本号は，刑法第188条第2項（説教等妨害罪）に対する補充的性格をもつが，宗教的性格をもつ儀式に限られず，国家的な式典，官公庁，地方公共団体，企業，公私の団体などによる多数人が集合し，厳粛のうちに公的に行われる各種の典礼，例えば，観閲式，観艦式，起工式，上棟式，開通式，入学・卒業式，表彰式，記念植樹などは儀式に当たる。行列は，それが儀式の一部をなしているような場合には本号によって保護されるが，単に儀式に関連して行われるというだけでは本号の対象とならない。例えば，祭事に際し古

例に従って行われる行列等は儀式の一部である（**判例①**）。メーデーは，その祭典部分は儀式に当たるが，その後のデモ行進等は儀式ではない。

イ 「悪戯など」とは，暴行，脅迫に至らないものをいい，偽計，威力もこれに含まれる（野木ほか80頁，乗本ほか95頁，伊藤・勝丸174頁）。暴行，脅迫の域に達すれば，暴行罪（刑法第208条），脅迫罪（同法第222条）のみが成立する。「悪戯など」は，儀式中に行われる必要はなく，儀式前でもよい。例えば，主催者を装って中止の連絡をしたり，式場に爆弾が仕掛けられていると連絡したりすることが考えられる。

ウ 「妨害した」とは，儀式の円滑な進行に支障を来させたことをいい，儀式の厳粛性が害されれば足りる。「妨害した」と完了形で規定されていることから，本号の罪が成立するためには，妨害結果の発生が必要である。すなわち，本号は，結果犯（構成要件として，行為のほかに一定の結果の発生が必要とされている犯罪）である。したがって，構成要件に含まれる結果の発生とこれに対する認識（故意）が必要であるところ，本号では，行為者において，儀式の厳粛性を害することの認識（故意）が必要である。結果犯については「5 粗野乱暴の罪 (5)質疑応答 Q3」を参照されたい。

(3) 他の罪との関係

本号の行為が，同時に礼拝所不敬罪（刑法第188条第1項）に該当する場合には，保護法益が異なるので，両罪が成立し観念的競合となるが，説教等妨害罪（同条第2項）に該当する場合には，本号の罪は成立しない。なぜなら，本号は，説教等妨害罪を補充するため，儀式一般を対象とし，同罪の対象である「説教，礼拝又は葬式」に該当しない儀式に対する妨害行為を規制するものであるからである。また，本号の儀式そのものが，業務として（反復継続して）行われるとき，これに対する妨害行為が，偽計業務妨害罪（同法第233条），威力業務妨害罪（同法第234条）に該当する場合がある。この場合には，これらの罪が成立し，本号の罪は成立しない。なぜなら，業務か否かの違いはあるが，同じく儀式の平穏が基本的な保護法益であり，重い罪に吸収されると解すべきであるからである。

なお，ホテルにおける結婚式を妨害する場合のように，本号に当たるとと

もに，ホテル業務の妨害にも当たる場合には，具体的保護法益を異にする。すなわち，一方が儀式の平穏，他方がホテル業務の円滑な遂行であるため，本号の罪と業務妨害罪の両罪が成立し，観念的競合となる（同旨：伊藤・勝丸175頁）。もっとも，本号の儀式自体も，業務として（反復継続して）行われるものであるときは，儀式に対する業務妨害罪とホテル業務に対する業務妨害罪の両罪が成立して観念的競合となる。この場合において，業務主体が同一であるときは，包括一罪と解すべきであろう。

次に，迷惑防止条例との関係であるが，例えば，大阪府公衆に著しく迷惑をかける暴力的不良行為等の防止に関する条例（昭和37年条例第44号，令和5年2月1日現在）は，第5条第2項において「何人も，祭礼又は興行その他の娯楽的催物に際し，多数の人が集まっている公共の場所において，正当な理由がないのに，人を押しのけ，物を投げ，物を破裂させる等により，その場所における混乱を誘発し，又は助長するような行為をしてはならない。」と規定している。その規制対象及び規制行為は，本号とは異なっており，保護法益を異にするので，一つの行為が同条例違反の罪と本号の罪の双方に該当する場合は，両罪が成立して観念的競合となる。

(4) 判 例

① **大判昭4．3．6刑集8・100**

按スルニ警察犯処罰令第2条第9号ニ所謂祭事トハ儀ヲ整ヘ具ヲ供シテ神仏其ノ他ノ霊位ニ奉仕シ敬虔ノ誠ヲ致スノ式事ヲ汎称シテ本号ノ規定ハ専ラ敬神崇仏等信教ニ関スル良俗ヲ保護シ之カ妨害ヲ排除スルノ趣旨ニ出テタルコト寔ニ明確ナルカ故ニ其祭事ノ起源出所カ法令ニ依ルト旧慣ニ基クトヲ分タサルハ勿論其挙行ノ場所ノ如キモ必シモ神祠仏堂等ノ境域内ニ限ラサルモノト解スルヲ相当トス従テ郷社ノ例祭ニ当リ其祭儀ニ伴ヒ社域外氏子居住区内ノ地点ニ掲張スル恒例ノ注連飾若ハ古来我邦都鄙一般ニ行ハルル稲荷神社ノ初午祭ニ際シ古例ニ遵ヒ路傍ニ樹立スル旗幟ノ如キモ亦当該祭事ノ一部ヲ成スモノト謂フヘク其ノ結果トシテ故ナクシテ之等ノ施設ヲ撤去スルカ如キハ則チ本号ニ所謂祭事ニ対シテ妨害ヲ為スニ外ナラスト断定セサルヘカラス

(5) 質疑応答

Q 中学校の卒業式において，これを妨害するため，1人の生徒Aが，他の生徒全員に対し，拡声機を用いて退席を促し，また，反対する生徒Vを殴るなどして式を妨害した場合，この生徒Aに本号の罪は成立するか。

A 本号の「悪戯など」は，暴行や脅迫に至らないものをいうのであり，設問の場合，暴行に及んでいるので，本号の罪は成立しない。もっとも，この場合には，威力業務妨害罪（刑法第234条）と生徒Vに対する暴行罪（刑法第208条）とが成立し，観念的競合となる。

(6) 犯罪事実の記載例

記載例①

> 被疑者は，令和○年○月○日午後○時○分頃，○○県○○市○○町○番○号○○○○方で開催された甲野太郎の告別式の席上において，大声で同人のスキャンダルを暴露して大笑いするなどし，もって，儀式を妨害したものである。

記載例②

> 被疑者両名（3名）は，共謀の上，令和○年○月○日午前○時○分頃，○○県○○市○○町○番○○小学校体育館で開催された卒業式において，いずれも，来賓として招待されたにもかかわらず，各自「日の丸掲揚反対」と書かれたプラカードを掲げて壇上の国旗を降ろすように要求し，もって，儀式を妨害したものである。（なお，共犯者のうち1名のみを送致する場合は，冒頭の部分を，「被疑者甲は，乙（及び丙）と共謀の上，」とする。）

記載例③　併合罪の場合（1潜伏の罪 (6)犯罪事実の記載例③参照）。

25　水路流通妨害の罪（第25号）

> 川，みぞその他の水路の流通を妨げるような行為をした者

(1) 立法趣旨

　水路の流通が妨げられると，出水により公衆の生命，身体，財産に危害を及ぼすおそれがあるとともに，飲料水の供給に支障が生じ，さらに，水が滞留し，又は溢れることにより公衆衛生上の害を生ずる危険もある。本号は，そのような事態に至る抽象的危険性のある行為を禁止するのが目的である。

　本号は，警察犯処罰令第2条第23号「河川，溝渠又は下水路の疏通を妨くへき行為を為したる者」及び同第22号「人の飲用に供する浄水を汚穢し又は其の使用を妨け若は其の水路に障碍を為したる者」を継受するものである。

(2) 要　件

　本号の構成要件は，次のとおりである。

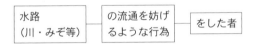

ア　「川」とは，河川の意で，その大小を問わない。自然の河川だけでなく，運河，放水路，取水路など人工のものも含む。

イ　「みぞ」とは，道路両側の排水溝，農地間の排水溝のようなものをいい，川より狭く，かつ，おおむね人工的な水路をいう。

ウ　「その他の水路」とは，上水道，下水道，農業用水路，水力発電用の導水管のようなもので，公共用か私用かを問わない。しかし，川，溝と共に例示列挙されていることから，川，溝と規模や機能を全く異にするもの，例えば，民家の雨どいなどは「水路」には該当しない。油送管やガス管は，水を送るものではないから「水路」ではない。本条第7号の水路交通妨害罪や刑法第124条の「水路」とは異なり，交通の用に供されていることは必要でない。「その他の」とは，語句と語句を連結する法律用語であるが，前の語句が後の語句の厳格な例示になっている点で，「その他」と

は異なる。なお、「その他」と「その他の」の違いについては、「2 凶器携帯の罪 (2)要件 エ」を参照されたい。

エ 「流通を妨げるような行為」とは、「流通を妨げる行為」とは異なり、社会通念からみて、通常、流通を妨げることになるおそれのある行為であれば足り、現実に水路の流通妨害の結果が発生することは必要でない。また、その手段、方法を問わない。川に大きな石や器物を投げ込む行為や、上・下水道が損壊するおそれのある行為などはこれに当たる。さらに、行為者に流通を妨害させるという故意は不要であり、客観的にみて「流通を妨げるような行為」と認められる具体的行為を行うことについての認識があれば足りる。つまり、本号は、結果犯ではなく、挙動犯である。ちなみに、挙動犯とは、犯罪の構成要件として一定の行為があればよく、結果の発生を要しないもの（例えば、偽証罪、暴行罪）、結果犯とは、犯罪の構成要件として一定行為のほかに結果の発生を要するもの（例えば、殺人罪、器物損壊罪）をいう。

(3) 他の罪との関係

本号該当行為により水を溢れさせたときには、その事実関係に応じて、刑法第119条（現住建造物等浸害罪）、同法第120条（非現住建造物等浸害罪）、同法第122条（過失建造物等浸害罪）が成立し、本号の罪はこれらの罪に吸収され成立しない。公衆の飲料に供する浄水の水道である水路の流通を妨げるような行為をした場合に、刑法第147条（水道損壊及び閉塞罪）に当たるときには、同罪のみが成立する。

「妨げるような行為」が、堤防決壊、水門破壊等による場合であるならば、刑法第123条（水利妨害罪）の罪が成立し、その補充規定である本号の罪は成立しない。

水路の流通を妨げるような汚物、毒物類を公衆用水道に投入する行為は、その事実関係に応じて、本号と刑法第143条（水道汚染罪）、同法第146条（水道毒物等混入罪）、本条第7号（水路交通妨害の罪）、本条第27号（汚廃物投棄の罪）に該当する場合があるが、本号の罪とは、それぞれ保護法益を異にするので観念的競合となる。

25 水路流通妨害の罪（第25号）　175

　なお，水道法（昭和32年法律第177号）第51条第1項（水道施設を損壊し，その他水道施設の機能に障害を与えて水の供給を妨害する罪），同条第2項（みだりに水道施設を操作して水の供給を妨害する罪）及び下水道法（昭和33年法律第79号）第44条第1項（下水道施設を損壊し，その他下水道施設の機能に障害を与えて下水の排除を妨害する罪），同条第2項（みだりに下水道施設を操作して下水の排除を妨害する罪）の各罪は，本号の特別法であるから，それらの罪が成立するときは，本号の罪は成立しない。

(4)　質疑応答

　Q　コンクリート製ブロック1個を農業用取水口に投げ込んだところ，わずかに水の流れが変わったものの，取水口を利用するに当たっては何らの支障もなかった。本号の罪は成立するか。

　A　成立する。農業用取水口は，本号の「みぞ」に当たる。さらに本号の行為は，水路の流通を妨げることになるおそれのある行為であれば足り，現実に妨害の結果が発生する必要はない。

(5)　犯罪事実の記載例

記載例①

> 　被疑者は，令和〇年〇月〇日午後〇時〇分頃，〇〇県〇〇市〇〇町〇番〇号の自宅前路上において，道路東側の排水溝に長さ約40センチメートル，幅約20センチメートル，高さ約15センチメートルのコンクリート製ブロックの破片を投げ入れ，もって，水路の流通を妨げるような行為をしたものである。

記載例②

> 　被疑者は，令和〇年〇月〇日午後〇時〇分頃，〇〇県〇〇市〇〇町〇番〇号先路上において，農業用水路を縦約1.5メートル，横約1メートル，厚さ約3センチメートルの板でせき止め，もって，水路の流通を妨げるような行為をしたものである。

記載例③　併合罪の場合（1潜伏の罪 (6)犯罪事実の記載例③参照）。

26 排せつ等の罪（第26号）

> 街路又は公園その他公衆の集合する場所で，たんつばを吐き，又は大小便をし，若しくはこれをさせた者

(1) 立法趣旨

本号は，社会風俗及び公衆衛生の維持，向上の観点から，制定されたものである。

本号は，警察犯処罰令第3条第3号「街路に於て屎尿を為し又は為さしめたる者」を受け継いだ規定であるが，場所・行為について規制が拡大されている。

(2) 要件

本号の構成要件は，次のとおりである。

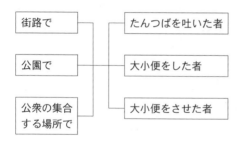

ア 「街路」とは，本条第6号の「街路」と同様，相当程度人家が連続した市街地の道路をいう。相当程度人家が密集していればよく，必ずしも表通りに限らない。また，橋，トンネル，路端の下水溝など道路の附属物はもとより，私有地であるビルの敷地や駐輪場も，道路に接して人の通行や自転車の乗り入れが予定される場合は「街路」に含まれる（**判例①**）。なお，田舎の山道，野道，畦道などは「街路」とはいえない。

イ 「その他公衆の集合する場所」とは，「公衆」すなわち「不特定又は多数人」の集合する場所をいうが，数名では集合の要件を満たさないので，その性質上「多数人が集合する場所」と解することになる。社寺の境内，停車場，競技場，公民館，図書館，百貨店，スーパーマーケット，劇場など

がこれに当たる。屋内であると屋外であると問わない。なお，「その他」とは，法令用語上，一般的には，その前後の字句を並列的に連結する字句である。「その他」と「その他の」の違いについては，「2 凶器携帯の罪(2)要件 エ」を参照されたい。

ウ 「場所で」とは，その場所で行うことはもとより，例えば，自宅の窓から街路に放尿する場合のように，本号の行為が場所外から場所内に向けて行われる場合を含む。

エ 「たんつば」とは，「たん」又は「つば」の意である。たん，唾以外のもの，例えば，いわゆる「手ばな」をかんで，鼻汁を排せつする行為は本号に当たらない。しかし，鼻汁を一旦，鼻腔から口腔内に吸い込んで口から排せつする場合には，必然的に唾を吐くことになるので本号に当たるが，この場合は，むしろ，「たん」の一種と解すべきである。

オ 「吐く」とは，たん，唾が体内から直接地上，床上等に排せつされることをいう。たん，唾を紙などに取ってから地上等に捨てる行為は，本条第27号（汚廃物投棄の罪）には当たるが，本号には当たらない。

カ 「大小便」とは，大便又は小便の意味であり，いずれか一方の排せつがあれば足りる。

キ 「大小便をさせた」とは，本条第22号（こじきの罪）にいう「させ」と同様，大小便をする行為の教唆，幇助ではなく，幼児等の責任無能力者に大小便をさせることをいう。責任能力のある者に働きかけて大小便をさせる行為は，その者に大小便をする罪が成立し，働きかけた者には，その教唆犯が成立する（同旨：伊藤・勝丸180頁，反対：稲田・木谷120頁）。自分の監督下にある14歳以上の少年らが大小便をしようとするのを，容易に制止できるのに制止しないで大小便をさせる行為は，大小便をする行為の幇助に当たる場合があろう。

ク 本号の罪が成立するためには，文理上，実際に「たんつばを吐いた」，「大小便をした」，「大小便をさせた」ことが必要である。大小便をさせようとしたが，大小便が出なかった場合は，本号の罪は成立しない。

(3) 他の罪との関係

通行人の目に触れる路傍で大小便をする行為は，本号の罪のほかに，本条第20号（身体露出の罪）の罪が成立する場合がある。その場合，両罪の関係については，観念的競合であると解する。なお，同号の説明を参照されたい。

(4) 判 例

① 大阪高判平29．2．7 LEX／DB25545228

自転車を約15台駐輪できる道路に接したγビル付属の駐輪場において立ち小便をした事案に関し，「本件駐輪場は，軽犯罪法1条26号所定の「街路」に当たると考えられる。すなわち，本件駐輪場は，その北側が歩車道の区別のない道路に，西側が歩車道の区別のある道路の歩道部分にそれぞれ接しており，北側道路との間に格子蓋付き側溝はあるものの，明らかな段差や柵等はなく，また，西側歩道とは直接接していてほとんど段差がなく，北側道路，西側道路からの出入りは自由であり，駐輪場という性質自体からも，自転車でγビルを訪れる人が北側道路，西側道路から自転車で乗り入れることが予定されており，また，γビルのエントランスとなっている本件ポーチと僅か約11cmの段差で接続していることや，その東端に同ビルの非常階段に通じる扉が設置されていることから見て，北側道路，西側道路からγビルに入る人が通行することも予定されていると考えられる。上記のような北側道路，西側道路との接続状況，通常予想されるその利用形態から考えると，本件駐輪場は，北側道路，西側道路と一体をなすものとして，上記「街路」に該当すると見るのが相当である。」と判示した。

(5) 質疑応答

Q 14歳の少年が小便をしたいと言い出したので，道端でするように言い，立小便をさせた。本号の「小便をさせた」行為に当たるか。

A 本号の「させた」とは，責任無能力者に大小便をさせることをいい，設問のように14歳の責任能力者に小便をするように言う行為は，小便をする罪の教唆に当たり，本号の罪の教唆犯が成立する。

(6) 犯罪事実の記載例

記載例①

　　被疑者は，令和○年○月○日午後○時○分頃，○○県○○市○○町○番○号先の街路において，立小便をしたものである。

記載例②

　　被疑者は，令和○年○月○日午後○時○分頃，公衆の集合する場所である○県○○市○○町○番○○線○○○○駅改札口付近において，唾を吐いたものである。

記載例③　併合罪の場合（1潜伏の罪(6)犯罪事実の記載例③参照）。

27 汚廃物投棄の罪（第27号）

> 公共の利益に反してみだりにごみ，鳥獣の死体その他の汚物又は廃物を棄てた者

(1) 立法趣旨

本号は，主として公衆衛生の見地及び風紀，美観保持の観点から，むやみに汚廃物等を放棄するのを禁止しようとするものである。

本号は，警察犯処罰令第3条第10号「濫（みだり）に禽獣（きんじゅう）の死屍又は汚穢物（わいきてき）を棄擲し又は之れか取除（とりのぞき）の義務を怠りたる者」を受け継いだ規定である。なお，「取除の義務を怠りたる」との文言は，本号には引き継がれていないが，「取除の義務を怠りたる」とは，本号の「棄てた」という構成要件を不作為の形態によって実行する場合（不真正不作為犯）であり，当然に，本号の「棄てた」に含まれていると解する。

(2) 要件

本号の構成要件は，次のとおりである。

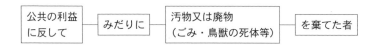

ア 「公共の利益に反して」とは，不特定かつ多数の人の為にならないことをいう。すなわち，一般的に不特定かつ多数の人が不潔感ないし不快感（迷惑感）を抱くような客観的状態をいう。公徳心から不快感を抱くに至る場合も含まれる。したがって，社会通念上，汚廃物を棄てるべきではないと観念される場所に汚廃物を棄てる行為は，公共の利益に反することとなる。また，そのような一般的かつ客観的状態をいうのであるから，当該行為によって現に誰かが不潔感ないし不快感を抱く必要はない。一般に，公衆によって利用される道路（側溝や植込みを含む），公園，広場，デパートや駅の構内，公共の乗り物，映画館，劇場などにおいて，汚廃物を棄てる行為は，公共の利益に反することとなる。公共の利益に反するか否かは，汚廃物の種類，量，投棄場所，投棄態様など，諸般の事情を総合考

慮し，社会的通念に従って判断すべきである。なお，特定又は少数の人の利益に反するだけの場合，例えば，隣家との境界の植込みに汚廃物を棄てた場合には，本号の罪は成立しない。

イ 「みだりに」とは，社会的非難に値する違法性を意味するが，社会通念上，棄ててはいけない場所に，むやみに棄てるような行為をいう。なお，「正当な理由がなく」と「みだりに」との違いについては，「1 潜伏の罪(2)要件 キ」を参照されたい。

ウ 「ごみ，鳥獣の死体その他の汚物又は廃物」が対象である。「その他の」とは，語句と語句を連結する法律用語であるが，前の語句が後の語句の厳格な例示になるので，「ごみ，鳥獣の死体」は「汚物又は廃物」の例示である。「死体」と明記されていることから，「生体」は除かれ，鳥獣の生体は「汚物又は廃物」ではない。生きている鳥獣が「廃物」に当たるとする説（乗本ほか99頁）は，文理上も，社会通念上も無理がある。「鳥獣」の生体から分離された一部，例えば，切断された手足などは，「汚物」に当たる。鳥獣に当たらない動物の生体，例えば，ゴキブリ，ミミズ，かぶと虫などは「汚物又は廃物」に当たり得る（**判例①**）。なお，「その他」と「その他の」の違いについては，「2 凶器携帯の罪 (2)要件 エ」を参照されたい。

エ 「ごみ」とは，「汚物又は廃物」のうち，残飯，汚泥，紙くず，鉄くずなど，社会通念上「ごみ」と観念できるものをいう。

オ 「鳥獣の死体」とは，鳥及び獣の死体をいう。家畜や家禽に限らない。

カ 「汚物」とは，廃棄物の処理及び清掃に関する法律（昭和45年法律第137号）第2条の「汚物」と同じ概念であり，同条に例示されている「ごみ，粗大ごみ，燃え殻，汚泥，ふん尿，廃油，廃酸，廃アルカリ，動物の死体」のほか，残飯などの不潔感ないし不快感を与えるもの及び外見上そのような感じを与えなくても，保健・衛生上有害な細菌，放射能等に汚染されているものも含まれる。

キ 「廃物」とは，本来有用であったが今は不用となった物で「汚物」に当たらない一切の物をいう。例えば，空き缶，不要となった家電製品，家屋

取り壊しの廃木材，ビル建築工事等の残土などである。有用・不用の区別は当事者の主観による。もっとも，行為者が棄てる以上，不用物といえる。

ク 「棄てた」とは，汚廃物に対する管理権を放棄し，行為者の支配外に置くことである。必ずしも場所的移転を伴うことは必要ではなく，落としたことを知りながら立ち去ること，廃棄物を置いたまま管理者が立ち去ることも不作為による「棄てた」といえる。飼犬を連れて散歩中，飼犬が路上にふんをしたのを知りながら，そのまま放置して立ち去る行為も不作為によって「棄てた」といえる（同旨：乗本ほか99頁）。これに反し，飼犬が路上にしたふんについてまで飼主の管理権を認め，これを放置して立ち去る行為を管理権の放棄とみることは，常識的でないという見方（伊藤・勝丸185頁に同書三訂版の説として引用）もあるが，元来，汚廃物に対しては，管理者に権利意識がほとんどないのが実情であり，むしろ，「棄てた」と解する方が，社会通念に合致する。

なお，汚廃物を一時的に路傍や自宅前に置く行為，例えば，相当量に達するまで置いておくような行為は管理権を放棄していないから，本号に当たらない。

また，行為者の支配外に置くことを要するから，自己の支配内に置いたままの状態で，管理権放棄の意思表示をするだけでは「棄てた」ことにはならない。

(3) 他の罪との関係

ア 各種の環境関係法令の関係

本号の規定は，各種の環境関係法令と競合することに注意する必要がある。その主要なものを，次に制定順に列挙する。これら諸法の規定は，いずれも汚物又は廃物の規制に関する規定であり，本号の刑である「拘留又は科料」よりも重い「罰金刑」あるいは「拘禁刑又は罰金刑」を定めるもので，本号の規定の特別法である。したがって，これらの罪が成立するときは，本号の罪は成立しない。

① 家畜伝染病予防法（明治26年法律第166号）

農林水産省令で定める基準に基づいてする家畜防疫員の指示を待たないで，指定伝染病に罹患した家畜の死体を焼却又は埋却する行為の禁止（第21条第2項，罰則第68条第2号）。

② **港則法（昭和23年法律第174号）**

港内又は港の境界外1万メートル以内の水面において，みだりに，バラスト，廃油，石炭から，ごみその他これらに類する廃物を捨てる行為の禁止（第23条第1項，罰則第52条第2項第1号）。

③ **毒物及び劇物取締法（昭和25年法律第303号）**

毒物，劇物等を廃棄の方法について政令で定める技術上の基準に従わないで廃棄する行為の禁止（第15条の2，罰則第24条第5号）。

④ **自然公園法（昭和32年法律第161号）**

国立公園又は国定公園の利用者に著しく不快の念を起こさせるような方法で，ごみその他の汚物又は廃物を捨て，又は放置する行為の禁止（第37条第1項第1号，罰則第86条第8号）。

⑤ **河川法施行令（昭和40年政令第14号）**

河川区域内の土地に，みだりに土石，ごみ，ふん尿，鳥獣の死体その他の汚物若しくは廃物を捨てる行為の禁止（第16条の4第1項第2号，罰則第59条第2号）。

⑥ **大気汚染防止法（昭和43年法律第97号）**

ばい煙排出者に対し，排出基準に適合しないばい煙を排出する行為の禁止（第13条第1項，罰則第33条の2第1項第1号）。

⑦ **海洋汚染等及び海上災害の防止に関する法律（昭和45年法律第136号）**

　a　海域において船舶から油を排出する行為の禁止（第4条第1項，罰則第55条第1項第1号）

　b　海域において船舶から有害液体物質を排出する行為の禁止（第9条の2第1項，罰則第55条第1項第3号）

　c　海域において船舶から廃棄物を排出する行為の禁止（第10条第1項，罰則第55条第1項第4号）

　d　海域において海洋施設又は航空機から油，有害液体物質又は廃棄物を

排出する行為の禁止（第18条第1項，罰則第55条第1項第7号）

　e　油，有害液体物質等又は廃棄物の海底下廃棄の禁止（第18条の7，罰則第55条第1項第8号）

　f　船舶，海洋施設又は航空機を海洋に捨てる行為の禁止（第43条第1項，罰則第55条第1項第16号）

⑧　廃棄物の処理及び清掃に関する法律（昭和45年法律第137号）

みだりに廃棄物を捨てる行為の禁止（第16条，罰則第25条第1項第14号）。

⑨　水質汚濁防止法（昭和45年法律第138号）

排出水を排出する者に対し，排水基準に適合しない排水の排出を禁止（第12条第1項，罰則第31条第1項第1号）。

⑩　エコツーリズム推進法（平成19年法律第105号）

特定自然観光資源の所在する区域内において，みだりに，観光旅行者その他の者に著しく不快の念を起こさせるような方法で，ごみその他の汚物又は廃物を捨て，又は放置する行為の禁止（第9条第1項第2号，罰則第19条第1号）。

⑪　平成23年3月11日に発生した東北地方太平洋沖地震に伴う原子力発電所の事故により放出された放射性物質による環境の汚染への対処に関する特別措置法（平成23年法律第110号）

みだりに特定廃棄物又は除去土壌を捨てる行為の禁止（第46条，罰則第60条第1項第1号）。

　イ　道路交通法との関係

本号の行為が，同時に，道路交通法（昭和35年法律第105号）の「何人も，交通の妨害となるような方法で物件をみだりに道路に置いてはならない。」（第76条第3項，罰則第119条第2項第7号）にも該当する場合は，それぞれ保護法益を異にするので両罪ともに成立し，観念的競合となる。

(4)　判　例

①　枚方簡判平21．2．10公刊物未登載（伊藤・勝丸183頁）

電車内において，多数匹のミールワーム[注]を撒き散らした行為に関し，

これが汚物に当たるとして、本号の罪を認定した。

〔注〕 ミールワームとは、小鳥やハムスター等の小動物の生餌となる甲虫類ゴミムシダマシの幼虫である。

(5) 質疑応答

Q1 自宅の敷地内に大量の汚廃物を置いて、街の美観を著しく損ねる「ゴミ屋敷」状態にした場合、本号の罪は成立するか。

A 本件行為は、街の美観を著しく損ねているので「公共の利益に反して」いるが、本号の要件である「棄てた」とは、汚廃物に対する管理権を放棄し、行為者の支配外に置くことであり、汚廃物が自宅敷地内にとどまる限り、「棄てた」ことにはならないので、本号の罪は成立しない。

Q2 他人の家の敷地内に汚廃物を棄てた者に、本号の罪は成立するか。

A 本問の行為は、他人の家の敷地内という当該家人の「専用空間」に汚廃物を棄てた場合であり、その家人の利益には反するが、不特定かつ多数の人が不潔感ないし不快感（迷惑感）を抱くような客観的状態にないときは、「公共の利益に反し」との要件に該当しないので、本号の罪は成立しない。しかし、その汚廃物が異臭を放ち、街の美観を損ねるときは、不特定かつ多数の人が不潔感ないし不快感（迷惑感）を抱くような客観的状態が認められ、いわば「公共空間」に影響を与えることとなるので、「公共の利益に反し汚廃物を棄てた」との要件に該当し、本号の罪は成立する。

なお、他家の敷地内に汚廃物を投げ入れた場合には、投注発射の罪（本条第11号）が成立する余地もある（11投注発射の罪 (3)他の罪との関係 参照）。

Q3 自宅敷地内に汚廃物を投入された者が、その汚廃物を街路に出した場合、その者に、本号の罪は成立するか。

A 汚廃物を投入された者は、被害者であり、同情はできるが、その汚廃物については、現に自己の管理下にある以上、これを適正に処理すべきであり、街路に投棄する行為は、「公共の利益に反し汚廃物を棄てた」との要件に該当し、緊急避難にも当たらないので、本号の罪は成立する。

Q4 歩道や駅前広場などに設けられた駐輪場において，他人の自転車の前カゴ内に空き缶や残飯などの汚廃物を棄てた場合，本号の罪は成立するか。

A 汚廃物の投棄場所である自転車の前カゴ内は，その持ち主の「専用空間」であり，これが駐輪場という「公共空間」に影響を与える場合に，初めて，不特定かつ多数の人が不潔感ないし不快感（迷惑感）を抱くような客観的状態が認められ，「公共の利益に反して」なされたこととなる。したがって，自転車の前カゴと汚廃物の態様によって結論を異にすることとなる。例えば，自転車の前カゴが布貼りされてファスナー等で閉塞され，その内部に投入された汚廃物が外部から認識できず，その自転車の持ち主の「専用空間」にとどまっている限り，いまだ「公共の利益に反して」なされたとは認められず，本号の罪は成立しないが，自転車の前カゴ内の汚廃物が外部から見え，あるいは，異臭を放ち，不特定かつ多数の人が不潔感ないし不快感（迷惑感）を抱くような客観的状態が認められる場合には，いわば「公共空間」に影響を与えることとなり，「公共の利益に反して」なされたと認められるので，本号の罪は成立する。

Q5 前問の事案において，その汚廃物を発見した自転車の持ち主が，それを自転車の前カゴ内から取り出して駐輪場に置いて帰った場合，本号の罪は成立するか。

A 問3と同様であり，汚廃物を投入された者は，被害者であり，同情はできるが，その汚廃物については，現に自己の管理下にある以上，これを適正に処理すべきであり，その管理権（管理義務ともいえる）を放棄し，自転車の前カゴ内から取り出して駐輪場に移し置く行為は，「公共の利益に反し汚廃物を棄てた」との要件に該当し，緊急避難にも当たらないので，本号の罪は成立する。これは，最初に自転車の前カゴに汚廃物を投棄した者に本号の罪が成立する場合であっても，同様である。なぜなら，自転車の持ち主が汚廃物を自転車ごと持ち去れば，汚廃物の駐輪場への影響が解消するのに，そうしないで，自転車の前カゴ内から汚廃物を取り出して駐輪場に移し置く行為は，汚廃物の駐輪場への影響を，その態様を変

えて持続させるものであり，いわば新たな法益を侵害する行為といえるので，本号の罪は成立する。

Q6 橋の上から生きた猫を棄てたところ，溺死した場合，本号（汚廃物投棄）の罪は成立するか。

A 生きた猫は，「ごみ，鳥獣の死体，その他の汚物」ではなく，社会通念上，「廃物」とも言い難いので，本号の要件に該当しない。したがって，本号の罪は成立しない。もっとも，高層ビルから猫を投棄して路上に激突させて即死させた場合のように，投棄の完了と同時に死亡したと認められる場合は，「鳥獣の死体」を棄てた者と同視でき，行為者に自己の行為によって猫が即死するとの認識があれば，本号の罪が成立すると解する。

なお，いずれの場合も，その猫の死体を発見し，容易に回収できたのに，これをしなかった場合には，不作為により猫の死体を棄てたと認められ，本号の罪が成立する余地もある。

本問の場合は，動物の愛護及び管理に関する法律第44条第1項の「愛護動物をみだりに殺し，又は傷つけた者」に該当し，本号の罪が成立する場合は，同法の罪とは保護法益が異なるので，観念的競合となる。

(6) 犯罪事実の記載例

記載例①

> 被疑者は，令和〇年〇月〇日午後〇時〇分頃，〇〇県〇〇市〇〇町〇番〇号の児童公園において，同所の滑り台横の草むらに犬の死体を投げ捨て，もって，公共の利益に反してみだりに鳥獣の死体を棄てたものである。

記載例②

> 被疑者は，令和〇年〇月〇日午後〇時〇分頃，株式会社〇〇鉄道〇〇線〇〇駅に停車中の〇〇線内回り電車の後部4両目の車両内網棚に新聞紙にのせた人糞を棄て，もって，公共の利益に反してみだりに汚物を棄てたものである。

記載例③

　被疑者は，令和○年○月○日午後○時○分頃，○○県○○市○○町○番○号○○公園において，飼い犬を連れて散歩中，同犬が同公園東側草むらで糞をしたにもかかわらず，これを放置して立ち去り，もって，公共の利益に反してみだりに汚物を棄てたものである。

記載例④　併合罪の場合（1 潜伏の罪 (6)犯罪事実の記載例③参照）。

28 追随等の罪（第28号）

> 他人の進路に立ちふさがつて，若しくはその身辺に群がつて立ち退こうとせず，又は不安若しくは迷惑を覚えさせるような仕方で他人につきまとつた者

(1) 立法趣旨

本号の趣旨は，人の日常生活における行動の自由を確保するとともに，人の進路に立ちふさがるなどの行為を禁止することによって，その行為から発展するであろう人の生命，身体，財産などへの侵害を伴う，より重大な犯罪を防止することにある。

本号は，警察犯処罰令第2条第31号「濫（みだり）に他人の身辺に立塞（ふさが）り又は追随したる者」を受け継ぐ規定である。

(2) 要 件

本号の構成要件は，次のとおりである。

【前段】

【後段】

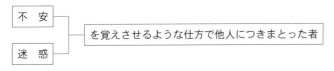

本号に該当する者は，①他人の進路に立ちふさがって立ち退こうとしない者，②他人の身辺に群がって立ち退こうとしない者，③不安若しくは迷惑を覚えさせるような仕方で他人につきまとった者である。

ア 「他人の進路に立ちふさがつて」とは，自己の身体で他人の行く手をふさぎ，人の前後左右への移動を妨害する行為である。相手との接近性と，ある程度の時間的継続性が必要である。「進路」には，退くときの進路で

ある退路も含まれる。

　進路をふさぐことは、自動車や自転車などの乗り物を運転して行うことも可能であるし、また、これらの乗り物の運転者に対しても行い得る（伊藤・勝丸191頁）。

イ　「その身辺に群がつて」とは、人の身辺を多数人が取り巻くことであり、行為者が同時に多数いることを要する（**判例①**）。その各行為者間に意思連絡のあることは不要であるが、多数人が群がっていることの認識は必要である。多数人による行為を要件にする群集犯罪（伊藤・勝丸191頁）であることが特色である。スポーツ選手、芸能人をファンが取り囲んで群がる行為について、本号に当たらないとするもの（乗本ほか10頁）と推定的承諾があり違法性が阻却されるとするもの（伊藤・勝丸192頁）があるが、通常、スポーツ選手等においては、かかるファンの行為を黙示的に承諾していると推定されるので、後説が妥当であろう。

ウ　「立ち退こうとせず」とは、他人の前後左右への移動を妨害するおそれがあることを知りながら、あえてその他人の身辺から離れないことである。「身辺」から離れないのであるから、他人の移動に追随して場所的に移動することも含まれる。行為者がその他人から立ち退くよう要求されれば立ち退く意図であるか否かも問わない。明示又は黙示の立ち退き要求がなされることも要件ではない。

エ　「不安」とは、生命、身体、財産、名誉などに対して何らかの危害が加えられるのではないかという心配のことである。「不安」であれば足り、「畏怖」の程度に達する必要もない。

オ　「迷惑」とは、不快の念を抱く心理的状態をいう。邪魔になる、礼を失し秩序を乱している、恥ずかしい、うるさい、嫌な感じ、処置に困る、といった感情を抱く心理状態である。困惑、嫌悪、不安というほど強いものである必要はない。

カ　「ような仕方で」というのは、現実に他人に不安や迷惑を覚えさせたことは必要ではなく、当該具体的状況に照らし、社会通念上、通常人が不安又は迷惑を覚えると考えられるような手段、方法、態様で行われれば足り

るということである。なお，通常人の判断を基準にするから，当該本人のみが不安，迷惑を覚えるようなものは，本号には当たらない。
キ 「つきまとう」とは，人の行動に執拗に追随することで，立ちふさがるほど相手方に接近する必要はない。尾行すること，通行人に対する客引き，物品販売などのために追随すること，通行人に署名を要求してつきまとうことなどがその例である。ちなみに，警察官が犯罪捜査のために行う尾行が，「不安若しくは迷惑を覚えさせるような仕方」であった場合，本号の構成要件に該当するが，その方法が「任意捜査の限界」を超えない限り，正当業務行為として違法性が阻却されるので，本号の罪は成立しない。

(3) **他の罪との関係**
ア 刑法犯との関係
　本号の行為が，人の行動の自由を阻害する程度を高め，一定の場所から人が脱出できない状態に置くに至れば，逮捕監禁罪（刑法第220条）が成立し，また，暴行ないし脅迫の程度に至れば，暴行罪（同法第208条），脅迫罪（同法第222条），暴力行為等処罰ニ関スル法律（大正15年法律第60号）第1条の罪が成立する場合がある。これらの罪が成立する場合には，同罪の補充規定である本号の罪は，これらの罪に吸収され，成立しない。
　また，業務に従事中の他人，例えば郵便配達や集金人に対して行われ，威力業務妨害罪（刑法第234条）に当たる場合も，同様に本号の罪は成立しない。
イ ストーカー行為等の規制等に関する法律との関係
　本号の行為が，ストーカー行為等の規制等に関する法律（平成12年法律第81号）第18条（特定の者に対するストーカー行為）にも該当する場合，同法は本号の規定よりも悪質な行為態様を規制対象としており，本号の特別法に当たるので，同法の罪に吸収され，本号の罪は成立しない。
ウ 風俗営業等の規制及び業務の適正化等に関する法律との関係
　本号の罪と，風俗営業等の規制及び業務の適正化等に関する法律（昭和23年法律第122号）に基づいて制定される条例に規定された客引き行為等の禁止規定に違反する罪は，保護法益を異にするので，両罪を1個の行為

によって犯した場合，両罪が成立し，観念的競合に当たる。

エ　売春防止法との関係

本号の罪と，売春防止法（昭和31年法律第118号）第5条第2号，第6条第2項第2号（売春の勧誘や周旋のために人の身辺に立ち塞がり又はつきまとう行為を禁止）に違反する罪は，保護法益を異にするので，両罪を1個の行為によって犯した場合，両罪が成立し，観念的競合に当たる。

オ　道路交通法との関係

本号の罪と，道路交通法第76条第4項第2号（道路において，交通の妨害となるような方法で寝そべり，すわり，しゃがみ，又は立ちどまっていることの禁止）に違反する罪は，保護法益を異にするので，両罪を1個の行為によって犯した場合，両罪が成立し，観念的競合に当たる。

カ　迷惑防止条例との関係

本号の行為が，各地の都道府県で制定されている「公衆に著しく迷惑をかける暴力的不良行為等の防止に関する条例」における「つきまとい行為」，「不当な客引き行為」，「乗車券等の不当な売買のための追随行為」などにも当たる場合がある。同条例の構成要件は，本号の構成要件と態様が異なる上，保護法益を異にするので，同条例の罪と本号の罪を1個の行為によって犯した場合，両罪が成立し，観念的競合に当たる。なお，本号の罪は，比較的軽微であるから，実務上，必ずしも両罪を立件起訴する必要はなく，重い犯罪を立件起訴すれば足りる場合も多い（**判例②**）。

(4)　判　例

① 東京高判昭34.12.21東高刑時報10・12・459

軽犯罪法第1条第28号に所謂「他人の身辺に群がつて立ち退こうとせず」とは人の身辺を多数人がとりまき立ち退こうとしないことをいうものと解すべきである。

② 最決平20.11.10刑集62・10・2853

ショッピングセンターにおいて，女性客（当時27歳）を，約5分間，40メートル余りにわたって付け狙い，その背後1～3メートルの距離から，右手に所持したデジタルカメラ機能付きの携帯電話を自己の腰部付近まで

下げて，細身のズボンを着用した同女の臀部を約11回撮影した被告人の行為が，北海道迷惑防止条例（昭和40年条例第34号）の第2条の2第1，2号にいう「著しく羞恥させ，又は不安を覚えさせるような方法」に該当するか否かが争点となった事案において，「被告人の本件撮影行為は，被害者がこれに気付いておらず，また，被害者の着用したズボンの上からされたものであったとしても，社会通念上，性的道義観念に反する下品でみだらな動作であることは明らかであり，これを知ったときに被害者を著しくしゅう恥させ，被害者に不安を覚えさせるものといえるから，上記条例の規定に該当する」旨判示した。なお，被告人の行為は，軽犯罪法第1条第28号の「不安若しくは迷惑を覚えさせるような仕方で他人につきまとつた者」にも該当するが，起訴されていないので，判示されていない。起訴されていたならば，両罪が成立し，観念的競合に当たるであろう。

(5) 質疑応答

Q 政治活動のため，十数人が街頭で，署名，募金を集めていたところ，このままでは，その日のノルマが達成できそうになかったことから，通行人の1人の身辺に，その十数人全員で群がり，署名，募金の依頼をしたため，通行人は困ったものの，白昼であることなどから，乱暴されるとまでは感じなかった。本号（追随等）の罪は成立するか。

A 成立する。本号の行為は，「不安」若しくは「迷惑」を覚えさせるような仕方で群がれば足り，「畏怖」させることまでは必要ではなく，通常人の判断を基準にすれば，本件は十数人で群がった以上，少なくとも迷惑を覚えさせるような仕方に当たり，本号の罪は成立する。

(6) 犯罪事実の記載例

記載例①

被疑者は，令和〇年〇月〇日午後〇時〇分頃，〇〇県〇〇市〇〇町〇番地先路上において，通行中の〇〇花子（当時25歳）の進路前方に立ちふさがり，「勤め先はどこか。」「送ってやろうか。」など申し向け，さらに同女が体をかわして歩もうとするや，その顔をのぞき込みながら同女の左側方

に寄り添って，同所から同町〇丁目〇番地先まで随伴し，もって，不安を覚えさせるような仕方で他人につきまとったものである。

記載例②

　被疑者は，令和〇年〇月〇日午後〇時〇分頃，〇〇県〇〇市〇〇町〇番地道路において，同所を通行中の〇〇〇〇に対し，「映画を見ませんか。」と申し向けながら追随し，もって，迷惑を覚えさせるような仕方で他人につきまとったものである。

記載例③

　被疑者は，令和〇年〇月〇日午後〇時〇分頃，〇〇県〇〇市〇〇町〇番〇号先道路において，署名活動に従事中，署名することを拒否した通行人〇〇〇〇の進路に立ちふさがりながら，署名を求め，約10メートルつきまとい，もって，迷惑を覚えさせるような仕方で他人につきまとったものである。

記載例④　併合罪の場合（１潜伏の罪　(6)犯罪事実の記載例③参照）。

29 暴行等共謀の罪（第29号）

> 他人の身体に対して害を加えることを共謀した者の誰かがその共謀に係る行為の予備行為をした場合における共謀者

(1) 立法趣旨

本号は、警察犯処罰令にはなかった規定で、集団犯罪が横行した立法時の社会情勢に鑑みて設けられたものである。謀議の段階で取締り、多衆による暴力事犯の事前防圧を目的とするものである。多数人が人の身体に危害を加えることを共謀することは、単独犯に比べ、危険性がはるかに大きい。この種の共謀自体を処罰することは、処罰の拡大となり刑法を中心とする刑罰法体系のバランスを失するおそれがあるので、本号は、共謀者のうちの1名が予備行為をした段階で共謀者全員を処罰することとしたものである。

(2) 要件

本号の構成要件は、次のとおりである。

ア 「他人の身体に対して害を加える」とは、他人の身体のみでなく、生命をも含むものと解する説（伊藤・勝丸202頁、大塚120頁、稲田・木谷135頁）と生命を含まないと解する説（植松157頁、野木ほか88頁）がある。「生命に害を加える」場合は、殺人予備罪（刑法第201条）が成立し、その共謀者には殺人予備罪の共謀共同正犯が成立する（**最決昭37.11.8刑集16・11・1522**）ので、本号の要件から「生命」を除外しても不都合はなく、また、本法第1条第2号（凶器携帯の罪）や刑法第222条（脅迫罪）では、「生命」と「身体」を別の概念としており、法の統一的解釈からも、生命を含まないと解する説を妥当とする（従来の私見を改める。）。

本号の「共謀」の対象には、暴行、傷害のみならず、強盗、不同意性交等、不同意わいせつ、略取、逮捕監禁、公務執行妨害、威力業務妨害な

ど，暴行を手段として身体に害を加える全ての犯罪，さらには，暴行を手段としないが，毒薬を飲ませるなどして身体に害を加える傷害などの犯罪が含まれる。強盗予備罪（刑法第237条）が成立するときには，補充的性格を有する本号の罪は吸収される。脅迫のみを手段とする恐喝や強盗，身体に害を加えない窃盗や詐欺などは本号の「共謀」の対象とはならない。

イ 「共謀」とは，特定の犯罪の実現について相互に意思を連絡することである。犯罪が実行に移されると共謀共同正犯が成立するような内容の共謀，共同正犯とはならないまでも，教唆犯や精神的幇助となるような意思の連絡も含まれる（伊藤・勝丸202頁，野木ほか88頁，田口ほか279頁，反対：伊藤（卓））。

ウ 「予備行為」とは，刑法にいう予備と同義であり，犯行に使用する凶器を準備し，犯行現場を下見し，被害者を誘い出すなどの行為で，実行の着手にまで至らないものである。この予備行為を，共謀者のうちの「誰か」が行えば，本号の罪が成立する。共謀の後，誰かが実行に着手したが，結果発生に至らない状況のときには当該犯罪の未遂罪が成立し，本号の罪は吸収される。もっとも，未遂の処罰規定のない犯罪の場合は，本号の罪が成立する。

(3) **他の罪との関係**

本号の要件である「身体」に「生命」を含まないと解する説では，本号の罪は殺人予備罪とは競合しない。本号の規定は補充的性格を有するから，本号の行為が，強盗予備罪，身代金目的略取等予備罪，凶器準備集合罪若しくは凶器準備結集罪，又は，銃砲刀剣類所持等取締法，火薬類取締法若しくは爆発物取締罰則などで規定されている所持・携帯の罪などに当たる場合，これらの罪に本号の罪は吸収される。

また，組織的な犯罪の処罰及び犯罪収益の規制等に関する法律において規定されている「テロリズム集団その他の組織的犯罪集団による実行準備行為を伴う重大犯罪遂行の計画をした罪（同法第6条の2）」も，同法の罪に補充的性格を有する本号の罪は吸収される。

本条第2号の罪（凶器携帯の罪）との関係は，凶器などのひそかな携帯を

始めたことが，すなわち，共謀にかかる身体加害の予備行為の開始に当たるというように，携帯と予備行為が重なり合う場合には，観念的競合となる。

(4) 質疑応答

Q1 知人が援助交際をしていたことをネタにして脅し，現金を脅し取ることを相談し，共犯者の1人が知人を呼び出した。本号（暴行等共謀）の罪は成立するか。

A 成立しない。本号の罪は，身体に害を加える犯罪の共謀について成立するものであるところ，脅迫による恐喝は，身体に害を加える犯罪ではないので，その共謀をしても，本号の罪は成立しない。

Q2 甲は，乙に強力な下剤を混入した饅頭を食べさせて腹痛を起こさせることを丙と共謀し，丙において当該饅頭を乙方に郵送したが，ダイエット中の乙はこれを食べずに棄てた。甲に本号（暴行等共謀）の罪は成立するか。

A 成立する。本号の「他人の身体に害を加えること」とは，暴行の手段によらずに傷害を加えることも含むから，設問の腹痛を起こさせることは，これに当たる。そして，甲と共謀した丙が強力な下剤を混入した饅頭を用意した段階で準備行為をしたと認められ，本号の罪が成立する。

なお，それを乙方に郵送した段階で傷害罪の着手が認められ，乙に傷害を負わせ得なかったことから，理論的には傷害未遂であるが，未遂処罰規定がないため犯罪が成立せず，また，暴行に及んでいないから暴行罪も成立しない。

もっとも，乙が当該饅頭を食べて腹痛を起こした場合は，傷害罪が成立し，これに本号の罪は吸収される。

(5) 犯罪事実の記載例

記載例①

> 被疑者は，令和〇年〇月〇日，〇〇県〇〇市〇〇町〇番〇号甲野方において，被疑者の乗用車を損壊した乙野次郎に対し傷害を負わせることを丙野三郎と共謀した上，同月〇〇日，同市同区〇丁目のスーパー〇〇におい

て，同人が上記乙野に傷害を負わせるための刃物（刃体の長さ約10センチメートル）を購入し，もって，共謀に係る行為の予備行為をしたものである。

記載例②

　被疑者は，令和○年○月○日，○○県○○市○○町○番○号被疑者方において，甲野花子（当時13歳）を略取することを○○○○と共謀した上，同年○月○日午前○時○分頃，同町○番○号○○ホームセンターにおいて，上記略取に使用するためのロープ（約6メートル）を購入し，もって，共謀に係る行為の予備行為をしたものである。（なお，共謀に係る略取が，身の代金目的であれば，身の代金目的略取予備罪（刑法第228条の3）が成立する。）

記載例③　併合罪の場合（1潜伏の罪⑹犯罪事実の記載例③参照）。

30　動物使そう等の罪（第30号）

> 人畜に対して犬その他の動物をけしかけ，又は馬若しくは牛を驚かせて逃げ走らせた者

(1)　立法趣旨

本号は，人畜の安全に対する抽象的危険性のある行為を禁止し，その安全を保護し秩序を維持しようとするものである。

本号は，前段の「動物を使そうする罪」，後段の「驚逸させる罪」の２つから成る。

警察犯処罰令第３条第12号「濫（みだり）ニ犬其ノ他ノ獣類ヲ嗾（そう）シ又ハ驚逸セシメタル者」の規定を受け継ぐものであるが，本号では，行為の対象が「人畜」と明記されるとともに，その前段では「獣類」が「動物」に拡張され，その後段では「獣類」が「馬若しくは牛」に限定された。

(2)　要　件

本号の構成要件は，次のとおりである。

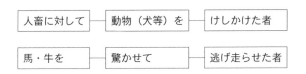

ア　「人畜」とは，人と家畜である。家畜とは，通常，人が利用するために繁殖させ，飼育している鳥獣を意味し，犬，猫，牛，馬，豚，羊，山羊，うさぎなどの獣（けもの）及び文鳥，鶏，伝書鳩，アヒルなどの鳥がこれに当たる。通常，人に飼養されることを常としないライオン，熊などは，現に飼養されていたとしても，ここでいう家畜には含まれない。「家畜」には，当然のことながら，熱帯魚，鯉，金魚などの魚類，みつばち，かぶと虫，鈴虫などの昆虫類は含まれない。

イ　「犬その他の動物」は，家畜，獣類に限らず，飼育しているライオン，熊，虎などの猛獣や鷹，鷲などの猛禽（きん），しゃもなどの鳥類，捕獲した爬（は）虫類なども含まれる。「動物」の種類に限定はないが，「けしかける」ことに

より人畜に直接・間接の危害を及ぼすおそれのあるようなものに限られることになる。もちろん，動物の所有・管理が誰に帰属するかは問わない。野生動物であってもよい。「その他の」とは，語句と語句を連結する法律用語であるが，前の語句が後の語句の厳格な例示になっている点で，「その他」とは異なる。なお，「その他」と「その他の」の違いについては，「2 凶器携帯の罪 (2)要件 エ」を参照されたい。

ウ 「けしかけ」とは，あおり立てて相手を攻撃するように仕向けることをいう。動物が現実に攻撃を加えたか否か，危害の結果が発生したか否かは問わない。

エ 「馬若しくは牛」は，馬と牛に限定される。いずれも家畜であるが，その性質が驚きやすく，また逸走しやすい動物である。その性格や習性，人間による使われ方などに鑑み，馬，牛を驚逸させる危険な行為を規制するのである。これらが何人の所有・管理に属するかは問わない。馬，牛以外の人畜に危害を加える性癖のあることの明らかな動物を解放する行為の規制は，本条第12号（危険動物解放等の罪）による。

オ 「驚かせて」については，その手段，方法を問わない。石を投げ，棒で叩くことはもちろん，カンシャク玉を破裂させ，水をかけ，赤布等の興奮する色彩を見せ，針で刺したりすること，あるいは興奮剤を与えることなどは，「驚かせる」方法に当たる。

カ 「逃げ走らせた」とは，人の支配から離れ，又は制御が困難な状態で走らせることをいう。したがって，このような状態であれば，御者や騎手が乗っていてもこれに当たる。なお，本号は，「驚かせて逃げ走らせた」という結果の発生を要件とする「結果犯」である。したがって，本号の罪の成立には，「驚かせて逃げ走らせる結果になる」という行為者の故意（認識）が必要である。なお，「結果犯」の意義については，「5 粗野乱暴の罪 (5)質疑応答 Q3」を参照されたい。

(3) 他の罪との関係

本号に当たる行為により，暴行，傷害，殺人，傷害致死，過失致死傷，動物や器物を損傷して器物損壊等の罪が成立すれば，これらの罪に吸収され，

本号の罪は成立しない。両者が成立し観念的競合の関係に立つとする見解（植松163頁）があるが，本法の補充性などからみて吸収関係にあるとみるべきである（伊藤・勝丸207頁，大塚120頁など）。

(4) 質疑応答

Q 飼い犬を棒で叩き，知人にけしかけようとしたが，犬は実際にその知人に攻撃を加えることはなかった。本号（動物使そう等）の罪は成立するか。

A 成立する。本号の罪は，「けしかける」行為を処罰するものであるから，あおり立てて相手を攻撃するように仕向けるだけで足り，動物が現実に攻撃を加えたか否かは問わない。

(5) 犯罪事実の記載例

記載例①

> 被疑者は，令和〇年〇月〇日午後〇時〇分頃，〇〇県〇〇市〇〇町〇番地の路上において，散歩中の甲野太郎を認め，犬嫌いの同人を畏怖させるため，引き連れていた自己の飼犬の鎖を解き，同人にけしかけたものである。

記載例②

> 被疑者は，令和〇年〇月〇日午後〇時〇分頃，〇〇県〇〇郡〇〇村〇番〇〇牧場において，放牧中の馬を驚かすため，同馬の傍らで自己の飼犬を解き放ち，同馬を驚かせて逃げ走らせたものである。

記載例③　併合罪の場合（1 潜伏の罪 (6)犯罪事実の記載例③参照）。

31 業務妨害の罪（第31号）

> 他人の業務に対して悪戯などでこれを妨害した者

(1) 立法趣旨

本号は，他人の業務を妨害する行為を禁止し，業務の自由な遂行を可能にしようとするもので，刑法の業務妨害罪（刑法第233条，第234条）及び公務執行妨害罪（刑法第95条第1項）を補充する規定である（**判例①**）。

本号は，警察犯処罰令第2条第5号「他人の業務に対し悪戯又は妨害を為したる者」を受け継ぐものである。

(2) 要件

本号の構成要件は，次のとおりである。

| 他人の業務に対して | 悪戯などで | これを妨害した者 |

ア 「他人」とは，自己（犯人自身）以外の者をいう。自然人に限らず，法人，人格なき社団，国，地方公共団体もまた「他人」に当たる。

イ 「業務」とは，人がその社会生活上の地位に基づいて継続して行う仕事の総称である。その内容が精神的なものであるか，経済的なものであるかを問わない。刑法の業務妨害罪（刑法第233条，第234条）の「業務」よりも広い概念であり，広く公私の業務が含まれる（**判例②**）。

最高裁判例によれば，暴行，脅迫を手段として「公務」を妨害した場合は，公務執行妨害罪（刑法第95条第1項）が成立し，虚偽の風説を流布し，偽計又は威力を手段として「業務」を妨害した場合は，偽計又は威力業務妨害罪（刑法第233条，第234条）が成立する。この「業務」には，当初，公務は含まれないと判示（**判例③**）していたが，その後，行為者（犯人）に対する権力的公務（例えば，行為者に対する警察権の行使）は含まれないが，それ以外の公務（例えば，国会の会議の議事）は含まれると判示（**判例④，⑤，⑥，⑦**）するに至っている。しかし，これらの手段によらずに公務や私的業務を妨害しても，刑法上の犯罪は成立しない。

そこで，これを補充するものとして本号の存在意義があるのであるか

ら，本号における「業務」は，公私の業務を広く含む概念であると解するのが合理的である。

ウ 「悪戯」とは，一時的な戯れで，それほど悪意のないものをいう。本条第24号のそれと同じである。舞台に出ようとする役者の背中に貼り紙をしたり，講演者に「こしょう」を振り掛けて，くしゃみをさせたりする程度の「悪戯」はもとより，特定の店の商品の不買を勧めるビラを配布する，電車の網棚に水を入れたビニール袋を置いて劇毒物に見せかける，自動販売機の釣銭口をシール等で巧妙に隠し，釣銭を受け取れない顧客をして業者に苦情を言わせて対応させるなどといった行為も本号の「悪戯」に当たる。

エ 「など」とは，他人の業務の妨害となり得る一切の行為をいう。「悪戯」に類する程度のものであることを要するが，公務執行妨害の暴行，脅迫に達しない程度のもの，業務妨害の偽計・威力に達しない程度の妨害行為など広く含むものと解する（同旨：伊藤・勝丸212頁，警察庁「特別刑法」43頁）。絵画の展示場において絵画に向け塗料を噴出する行為（**判例⑧**，**⑨**），地下歩道において警察官に通報するための非常ベルを悪戯で押す行為（**判例⑩**）などがその例である。

オ 「妨害」とは，刑法上の業務妨害罪にいう「妨害」と同義である。業務の執行又は経営を阻害するおそれのある状態を発生させれば足り，現実に妨害の結果を生じたことを要しない（団藤各論432頁，**大判昭11．5．7刑集15・573**）。

(3) 他の罪との関係

本号の罪と刑法上の業務妨害罪との関係は，前者が偽計又は威力に至らない程度の悪戯による場合であるのに対し，後者は，その手段として偽計又は威力を用いた場合に成立する。店の営業を妨害するため，970回にわたりいたずら電話をした行為，架空の注文をして配達させた行為は，偽計業務妨害罪に該当し（**判例⑪**，**⑫**），弁護士の重要書類在中のかばんを奪取して隠匿した行為，事務机の引出しに猫の死骸を入れた行為は，威力業務妨害罪に該当する（**判例⑬**，**⑭**）。また，暴行又は脅迫により公務の執行を妨害するに

至れば公務執行妨害罪が成立する。これらの罪が成立する場合は，その補充規定である本号の罪は成立しない。

　本号と本条第24号の罪（儀式妨害の罪）との関係であるが，「儀式」が同時に「業務」として行われたものであるときは，両罪が成立し，観念的競合となる。

　本号の行為が，同時に，第1条第8号（変事非協力の罪），第16号（虚偽申告の罪），第18号（要扶助者・死体等不申告の罪），第19号（変死現場変更の罪）に当たる場合，これらの罪のみが成立する。また，本号の行為が，各種行政取締法規の立入調査，検査の妨害の罪に当たるときも，これらの法律違反のみが成立する。なぜなら，いずれも本号の特別規定であるからである。

(4) 判　例

① 東京高判平21．3．12高刑集62・1・21

　軽犯罪法第1条第31号は，刑法第233条，第234条及び第95条（偽計・威力業務妨害罪及び公務執行妨害罪）の補充規定であり，軽犯罪法第1条第31号違反の罪が成立し得るのは本罪等が成立しないような違法性の程度の低い場合に限られると解される。

② 大判大4．5．21刑録21・663

　警察犯処罰令第2条第5号ニ所謂業務ハ刑法第233条ノ業務ト同一ニ解スヘキ特殊ノ理由存セサルヲ以テ原判示ノ如ク汎（あまね）ク公私ノ業務ヲ包含スト解スヘキモノトス然ラハ原判決ニ於テ被告カ判示小学校長ノ勅語謄本等ヲ保管スル業務ニ対シテ判示ノ如キ悪戯（しか）ヲ為シタル事実ヲ認定シ之ヲ前掲警察犯処罰令ニ問擬シタルハ相当ナリ。

③ 最大判昭26．7．18刑集5・8・1491

　警察官の実力行使にスクラムを組み労働歌を高唱して対抗した労働争議事案につき，「業務妨害罪にいわゆる業務中には，公務員の職務は含まれないものと解するを相当とするから，公務員の公務の執行に対し，かりに，暴行又は脅迫に達しない程度の威力を用いたからといつて，業務妨害罪が成立すると解することはできない。」と判示した。

④ 東京高判昭50.3.25刑月7・3・162

　衆議院は，いうまでもなく参議院とともに全国を構成する一院で，衆議院議員をもって組織され，その会議の議事は，国家統治権に基づく立法作用で，公務であることは明らかであるが，その内容ないし態様は，衆議院議員出席のもとに，法律案，予算案，条約の承認案，その他の諸議案を審議し，議決して，議院の意思決定作用を営むものであり，またその会議の過程において内閣総理大臣の所信演説が行われたり，委員長報告，趣旨説明，質疑応答がなされたりするのであって，その議事自体は，国民に対し直接強制力をもって命令，強制を現実に加えるような権力的作用を行使する職務，すなわち権力的職務ではなく，いわゆる非権力的職務に属するものというべきである。従って，前示趣旨において一般私人又は私法人等が開催する会議とは異なる性格を有するものとはいえ，その会議の議事遂行そのものの態様は，厳粛な雰囲気の存否は別として，政党や組合の定期大会，学術会議，委員会の会議あるいは民間会社の会議のそれと類似したもので，非権力的職務に当たるから，国政を議する衆議院の会議の議事が威力業務妨害罪の対象とはならないとする合理的根拠はないものといわなければならない。従って，衆議院の会議の議事は，刑法第234条にいう業務の中に包含されるものと解するのが相当である。これを本件についてみるに，第67回臨時国会において，政府より，国会における沖縄返還協定の承認を求めるとともに，沖縄の復帰に関係する諸法案が提出され，衆議院本会議において内閣総理大臣佐藤栄作の所信演説が行われている際に，被告人らは，原判示第2の威力を用いて議場を一時騒然たる状態に陥れ，議事の進行を阻害したものであって，これが衆議院の業務である会議を妨害したことに当たり，威力業務妨害罪を構成するとして刑法第234条を適用した原判決は，正当といわなければならない。

⑤ 最決昭62.3.12刑集41・2・140

　県議会の委員会室に職員団体の関係者200名が乱入した事案について，「本件において妨害の対象となつた職務は，新潟県議会総務文教委員会の条例案採決等の事務であり，なんら被告人らに対して強制力を行使する権

力的公務ではないのであるから，右職務が威力業務妨害罪にいう「業務」に当たるとした原判断は，正当である。」と判示した。

⑥　最決平14．9．30刑集56・7・395

地方公共団体の公務について，「本件において妨害の対象となった職務は，動く歩道を設置するため，本件通路上に起居する路上生活者に対して自主的に退去するよう説得し，これらの者が自主的に退去した後，本件通路上に残された段ボール小屋等を撤去することなどを内容とする環境整備工事であって，強制力を行使する権力的公務ではないから，刑法234条にいう「業務」に当たると解するのが相当であり，このことは，段ボール小屋の中に起居する路上生活者が警察官によって排除，連行された後，その意思に反してその段ボール小屋が撤去された場合であっても異ならないというべきである。」旨判示した。

⑦　東京高判平21．3．12高刑集62・1・21

虚偽の犯罪予告によって妨害された警察の公務（令状の執行などの権力的公務を含む）は，偽計業務妨害罪（刑法第233条）の「業務」に当たるかが争われた事案において，「最近の最高裁判例において，「強制力を行使する権力的公務」が本罪にいう業務に当たらないとされているのは，暴行・脅迫に至らない程度の威力や偽計による妨害行為は強制力によって排除し得るからなのである。本件のように，警察に対して犯罪予告の虚偽通報がなされた場合（インターネット掲示板を通じての間接的通報も直接的110番通報と同視できる。），警察においては，直ちにその虚偽であることを看破できない限りは，これに対応する徒労の出動・警戒を余儀なくさせられるのであり，その結果として，虚偽通報さえなければ遂行されたはずの本来の警察の公務（業務）が妨害される（遂行が困難ならしめられる）のである。妨害された本来の警察の公務の中に，仮に逮捕状による逮捕等の強制力を付与された権力的公務が含まれていたとしても，その強制力は，本件のような虚偽通報による妨害行為に対して行使し得る段階にはなく，このような妨害行為を排除する働きを有しないのである。したがって，本件において，妨害された警察の公務（業務）は，強制力を付与され

た権力的なものを含めて，その全体が，本罪による保護の対象になると解するのが相当である（最高裁昭和62年3月12日第一小法廷決定・刑集41巻2号140頁も，妨害の対象となった職務は，「なんら被告人らに対して強制力を行使する権力的公務ではないのであるから，」威力業務妨害罪にいう「業務」に当たる旨判示しており，上記のような解釈が当然の前提にされているものと思われる。）。」と判示した。

⑧　台東簡判昭49.10.25刑月6・10・1104

展示中の絵画に向けて赤色スプレー塗料を噴出させたが，絵画まで届かなかった事案において，「被告人の本件行為が前記証拠の示すように，東京国立博物館等の主催に係るモナ・リザ画展示中，同画に向けて赤色塗料を噴出させて，被告人の周囲に居た10名程度の者の観覧を2，3秒間妨害しひいては展示の業務の円滑な運営を妨げたものである以上，それが軽犯罪法第1条第31号に該当することは明らかである」と判示した。

⑨　東京高判昭50.6.26東高刑時報26・6・106

前記⑧の判決を維持した上，可罰的違法性を欠くとの主張を排斥した。

⑩　旭川簡判昭50.7.2刑月7・7＝8・795

非常事態が発生していないのに，地下歩道において警察官に通報するための非常ベルのボタンをいたずらで押し，直ちに同所に警察官3名を臨場させた行為につき，本号の成立を認めた。

⑪　東京高判昭48.8.7判時722・107

営業（中華そば店）を妨害する意図のもとに原判示のように約970回にわたり同人方に電話し，相手方が電話口に出てもその都度無言で終始し，相手方が送受話器を復旧しても自らの送受話器は約5分間ないし約30分間復旧しないで放置することを繰り返し，その間相手方の電話の発着信を不能にさせ，同店に対する顧客からの電話による出前注文を妨げ，かつ相手方を心身ともに疲労させた行為は，軽犯罪法第1条第31号違反ではなくて偽計業務妨害罪に当たる。

⑫　大阪高判昭39.10.5下刑集6・9＝10・988

被告人がAを困惑させる意図をもって，大阪市内の昆布商小倉屋本店に

電話をかけ，電話口に出た同店店員に対し同市住吉区内に居住するAの家人のように装い，同日午後7時までに塩昆布1,000円の詰合せ8箱を配達してもらいたい旨あたかもAが本当に注文するごとく申し向けて虚構の注文をし，同店員をして真実Aから注文があったものと誤信させ，同日同店店員をして同店からA方居宅まで注文品配達のため赴かせることによって前記の意図を達する一方，注文した覚えのないA方ではもとよりその受領を断ったので，その配達業務を徒労に帰せしめて同店の業務を妨害した。偽計業務妨害罪に当たる。

⑬ 最決昭59.3.23刑集38・5・2030

弁護士からその業務にとって重要な書類が在中するかばんを奪取して隠匿する行為は，被害者の意思を制圧するに足りる勢力を用いたものということができるから，軽犯罪法第1条第31号ではなく，刑法第234条にいう「威力を用い」た場合に当たる。

⑭ 最決平4.11.27刑集46・8・623

被告人は，部下の消防署職員と共謀の上，町消防本部消防長の業務を妨害しようと企て，ひそかに，消防本部消防長室にある同人のロッカー内の作業服ポケットに犬のふんを，事務机中央引き出し内にマーキュロクロム液で赤く染めた猫の死骸をそれぞれ入れておき，翌朝執務のため消防長室に入った消防長をして，上記犬のふん及び猫の死骸を順次発見させ，よって恐怖感や嫌悪感を抱かせて同人を畏怖させ，当日の朝行われる予定であった部下職員からの報告の受理，各種決裁事務の執務を不可能にさせたというのである。上記のように，被害者が執務に際して目にすることが予想される場所に猫の死骸などを入れておき，被害者にこれを発見させ，畏怖させるに足りる状態においた一連の行為は，被害者の行為を利用する形態でその意思を制圧するような勢力を用いたものということができるから，刑法第234条にいう「威力を用い」た場合に当たると解するのが相当であり，被告人の本件行為につき威力業務妨害罪が成立するとした第一審判決を是認した原判断は，正当である。

(5) 質疑応答

Q 甲女は，乙弁護士事務所の事務員であるが，交際中の同弁護士が他の女性と婚約したことに憤慨し，同弁護士を困らせるため，同弁護士のかばんを持って裁判所に同行した際，同かばんから裁判所に提出する重要書類を抜き取って一時隠し，その日の公判期日を空転させた。何罪が成立するか。

A 設問の場合は，もはや「悪戯」の限度を超えており，本号の罪ではなく，偽計業務妨害罪（刑法第233条）が成立する。ちなみに，相手方に対し，業務遂行に対する障害を明示して，その自由意思を制圧しようとするのが「威力」業務妨害であり，相手方に対し，その障害をあえて秘匿し，その不知・錯誤に乗ずるのが「偽計」業務妨害であるから（佐々木正輝「大コンメンタール刑法（第2版）」第12巻130頁），本問の場合は，偽計業務妨害罪が成立する。

(6) 犯罪事実の記載例

記載例①

> 被疑者は，令和〇年〇月〇日午後〇時〇分頃，〇〇県〇〇市〇〇町〇番〇号付近の地下歩道において，何ら非常事態が発生していないのに，同所に設置されていた警察官通報用の非常ベルのボタンを戯れに押し，上記ボタンに接続して設けられていた〇〇警察署〇町交番内の非常ベルを鳴らし，その頃，同交番において，警戒勤務中の同署警察官〇〇〇〇をして直ちに上記地下歩道に臨場させ，もって，いたずらで他人の業務を妨害したものである。

記載例②

> 被疑者は，令和〇年〇月〇日午後〇時〇分頃，〇〇県〇〇市〇〇町〇番〇〇ビル1階〇〇飲食店において，出入口に「トイレ工事中」と虚偽の事実を記載した紙を貼り付け，もって，いたずらなどで他人の業務を妨害したものである。

記載例③ 併合罪の場合（1潜伏の罪 (6)犯罪事実の記載例③参照）。

32 立入禁止場所等侵入の罪（第32号）

> 入ることを禁じた場所又は他人の田畑に正当な理由がなくて入つた者

(1) 立法趣旨

本号は，立入禁止の場所や耕地の管理権を保護するとともに，耕作物に対する窃盗や損壊行為を事前に防止しようとするものである。

本号は，警察犯処罰令第2条第25号「出入を禁止したる場所に濫(みだり)に出入したる者」及び第3条第17号「通路なき他人の田圃(たんぼ)を通行し又は此(ここ)に牛馬諸車を牽(ひき)入れたる者」を受け継いだ規定である。

(2) 要件

本号の構成要件は，次のとおりである。

ア 「入ることを禁じた場所」とは，他人の立入りを禁止する正当な権原を有する者（所有者・管理者等）が，立入禁止の意思を表示していると客観的に認められる場所である。法令の規定により立入りが禁止される場所でもよい。その権原者は，自然人でも法人でも，公務所でも公務員でも私人でもよい。立入禁止の意思表示は，立札，貼り紙，縄張り，近付けば機械的に音声で警告するなど，いかなる方法によるものであってもよい。また，当該場所の性質や客観的状況から，社会通念上，貼り札等によって明示するまでもなく，他人の立入りを禁止していることが明白であると認められる場合も，「入ることを禁じた場所」に当たる。さらに，立入禁止は，長期間にわたって継続するものでも，一時的なものでもよく，特定人にのみ向けられたものであってもよい（判例①，②）。

その「場所」とは，入ることを禁じる対象となり得る場所であるから，他人の立入りを禁止する正当な権原を有する者（所有者・管理者等）が，排他的に管理・支配できる場所でなければならない。場所の範囲が画定で

きれば，閉鎖空間でなくてもよく，平地のように水平に広がる場所であっても，断崖のように垂直に広がる場所であってもよい。また，移動可能な場所であってもよい。その典型例は，一定の範囲の土地，建造物，あるいは，その一部であるが，公衆電話ボックス（**判例③**），自動車，鉄塔，街灯の支柱，運動公園の球避けフェンスなども「場所」である。その所有・管理の公私を問わない。囲繞の程度の弱い工場の敷地や原爆ドームのような廃虚は，刑法第130条の「建造物」に当たらないが，本号の場所に当たる（**判例④**）。なお，刑法上の「建造物」とは，屋根を有し支柱などで支えられた土地の定着物で，人の出入りすることのできる構造のもので，その囲繞地をも含む概念である。

　本号の罪は故意犯であって，場所の外形を認識することはもとより，その場所が入ることを禁じられていることをも認識する必要がある（伊藤・勝丸222頁）。もっとも，場所の客観的状況を認識することによって，社会通念上，他人の立入りを禁止していることが当然に認識できる場合もあり得る。

イ　公衆電話ボックスと自動車について検討する。

　公衆電話ボックスは，刑法上の「建造物」に当たるが，人の看守がないために刑法の建造物侵入罪の客体にはならないところ，通常，公衆電話ボックスには，日本電信電話株式会社が，「通話以外の目的での立入り，許可なくビラ・チラシ等を貼ったり置いたりすることを禁止します。」などの掲示をしているのであるから，通話以外の目的で入る者に対する立入りを禁止した場所に当たる（伊藤・勝丸222頁）。通話以外の目的で立ち入る行為は，通話目的で立ち入る行為と態様において変わりがなく，違法性の程度は，さほど高くはないが，その立入りに正当な理由はなく，本号の罪が成立する。また，通話以外の目的と通話の目的とが併存する場合でも，その立入りは禁止されているのであるから，本号の罪が成立する（**判例③**）。

　自動車が「入ることを禁じた場所」に当たるか否かについては，その自動車及びその存在する周囲の客観的状況から個別具体的に判断すべきであ

るが，ショッピングセンターの駐車場やコインパーキング等に駐車中の普通乗用自動車に関して言えば，人の出入りが可能で，独立した個室の機能があり，一般通常人ならば，無断で駐車中の他人の自動車内に入ろうとする場合には，自動車のドアが閉まっているか否か，施錠されているか否かにかかわらず，悪いことをしようとしているとの違法性の意識，つまり，入ってはならないとの規範的反動が生じ，その所有者等に発見されたならば，直ちに退去を求められ，場合によっては，実力をもって排除され，警察に通報されるに至るとの認識を有する上，自動車の所有者等においても，管理権はもとより，プライバシーを侵害されたとの強い被害感情を抱き，直ちに退去を求めることは必定であることから，社会通念上，貼り札等によって明示するまでもなく，他人の立入りを禁止している場所であることは明白である。したがって，本号の「入ることを禁じた場所」に当たると解する（稲田・木谷152頁）。そこでの窃盗や損壊行為を未然に防止するためにも，このように解すべきであろう。なお，全てのドアに鍵がかけられている場合に限り，「入ることを禁じた場所」に当たるとの見解（伊藤・勝丸221頁）もあるが，上記の社会通念の存在に照らして賛成できない。

ウ 「他人の田畑」とは，自己以外の者が管理している田畑のことである。その所有権の帰属や登記簿上の地目のいかんを問わない。「田畑」は登記簿上の記載とは関係なく，事実上の「田畑」を意味する。果樹園も，家庭菜園も「田畑」である。

エ 「正当な理由がなく」とは，刑法第130条「正当な理由がない」と同義で違法性を意味する文言である。「正当な理由がある」場合は，違法性が阻却され，本号の罪は成立しない。違法性の原則（違法性阻却事由のないこと）を表現したものである。天災，火事，人命救助の場合，犯人追跡のためにする場合などは，正当な理由が認められる場合であり，その他，法令に基づいて捜索，押収，検証などの目的で立ち入る行為，猛犬に追われた者が緊急避難として他人の家へ飛び込んで難を避ける行為なども「正当な理由」が認められる。なお，「正当な理由がなく」と「みだりに」との違いについては，「1 潜伏の罪 (2)要件 キ」を参照されたい。

オ 「入る」とは、その場所に身体を入れることであり、その場所を通過する行為をも含む。立入禁止場所であるとの認識なしに立ち入った者が、立入り後立入禁止場所であることに気付いたが、あえて立ち去らない行為も、該当すると解する。

立入りを禁じられていることを知りつつあえて「立ち去らない」という行為と、「入る」という行為では行為類型が異なるとして消極に解する説（伊藤・勝丸222頁）もあるが、本号の罪は、継続犯であって（**最決昭31．8．22刑集10・8・1237**。住居侵入罪は継続犯であるとする）、立入りを禁止されていない場所から立入禁止場所への移動のみが犯罪として成立しているのではなく、禁止場所へ入った後、いずれの時点を捉えても犯罪が成立しているのであり、「立ち去らない」行為も本号に当たるものと解する。また、管理者の承諾がある場合には、本号の「入ることを禁じた」との構成要件に該当しないので、本号の罪は成立しないと解する。なお刑法上の住居侵入罪においては、「侵入」とは住居の平穏を害するような態様での立入りで、住居者の承諾がある場合には「侵入」とはいえないとして構成要件該当性がないとするのが通説（注釈刑法(3)241頁）であるが、本号においては、文言上、『入った者』と規定されており、刑法上の解釈をそのまま持ち込むわけにはいかない。

(3) 他の罪との関係

ア 本号は、刑法第130条の住居侵入（住居・邸宅・建造物・艦船侵入）罪とは補充関係にあるから、同罪が成立する場合には、本号の適用はない。同罪の成否の判断に当たっては、下記**判例⑦〜⑩**を参照されたい。

イ 本号の行為をした後、進んで窃盗、器物損壊などの行為に及んだときは、本号の罪とこれらの罪とは牽連犯の関係に立つと解する。

ウ 本号の行為が同時に、日本国とアメリカ合衆国との間の相互協力及び安全保障条約第6条に基づく施設及び区域並びに日本国における合衆国軍隊の地位に関する協定の実施に伴う刑事特別法（昭和27年法律第138号）第2条前段の、合衆国軍隊が使用する施設又は区域であって入ることを禁じた場所に入る罪にも当たる場合は、本号の罪とは特別法・一般法の関係に

あって，本号の適用はない。
エ　本号の行為が，同時に，鉄道営業法（明治33年法律第65号）第37条（停車場その他鉄道地内にみだりに立ち入る罪）に当たる場合には，両罪が成立し，観念的競合となる（**判例⑤**）。また，同法第35条（鉄道係員の許諾なくして，鉄道敷地内で旅客，公衆に対し，寄附を請い，物品の購買を求め，物品を配付し，その他演説，勧誘等の行為をする罪）とは併合罪である（**判例⑥**）。
オ　本号の罪と鉄道営業法の特則である新幹線鉄道における列車運行の安全を妨げる行為の処罰に関する特例法（昭和39年法律第111号）第3条第2号の罪（新幹線鉄道の線路内にみだりに立ち入る罪）とは観念的競合の関係に立つと解する（伊藤・勝丸227頁）。

(4)　判　例

①　最判昭33．9．10刑集12・13・3000

　　厚生大臣の許可を受けないで物品販売の目的をもって国民公園皇居外苑に立ち入ることは，軽犯罪法第1条第32号前段にいう「入ることを禁じた場所に正当な理由がなくて入つた」罪を構成することが明らかである。

②　最決昭48.11.16判時721・19

　　営林署長は，農林大臣の所管事務を分掌し，国有林野に対し一般的管理権を有するから，上記国有林野が国立公園に指定され，自然公園法に定める利用上の規制措置が本来厚生大臣（昭和46年法律第88号環境庁設置法施行後は環境庁長官）の所管に属する場合でも自然公園法の趣旨目的に抵触しない限り，その有する一般管理権に基づき，裁量により，営林署長の許可を受けない物品販売業者が一定地域内に立ち入ることを禁止することができるのであるから，このような禁止措置に違反して所定地域内に立ち入った被告人らの本件各所為が軽犯罪法第1条第32号前段に該当するとした原判断は正当である。

③　東京高判昭42．5．9高刑集20・3・284，判時492・98

　　デートクラブのビラを置く目的で電話ボックスに入った事案について，「通話以外の目的と通話の目的とが併存する場合に電話ボックスに入るこ

とが全面的に許容されるとは，解することができない」と判示し，本号の罪の成立を認めた。

④ **広島地判昭51.12.1刑月8・11＝12・517**

原爆ドームの全般的構造は一見して廃虚の感を免れず，到底人の起居出入りに適するものとは言い難く，またその存在意義や管理方法などの点も併せて考察すれば，それが人の起居出入りを本来的に予定していないことも明らかであり，結局，本件「原爆ドーム」は刑法第130条にいう「建造物」には該当しない（しかし「原爆ドーム」区域内が立入りを禁止されているから，軽犯罪法第1条第32号の「立入りを禁止された場所」に当たる）。

⑤ **最決昭41.5.19刑集20・5・335**

鉄道駅構内に，許諾を得ることなく立ち入る行為が，軽犯罪法第1条第32号違反の罪と鉄道営業法第37条違反の罪との一所為数法の関係にある旨の原判断は，正当である。

⑥ **最決昭41.10.26刑集20・8・1014**

本件につき，勧誘，客引きを目的とする立入りを禁ぜられた国鉄京都駅構内に上記目的で立ち入った軽犯罪法第1条第32号違反の罪と，鉄道係員の許諾を受けないで同駅構内において旅館宿泊の勧誘をした鉄道営業法第35条違反の罪とが併合罪の関係にあるとして処断した原判断は相当である。

⑦ **最判昭59.12.18刑集38・12・3026**

多数のビラの配布と演説等をするために立ち入った吉祥寺駅舎の一部である同駅南口1階階段付近に関し，「同駅の財産管理権を有する同駅駅長がその管理権の作用として，同駅構内への出入りを制限し若しくは禁止する権限を行使しているのであつて，現に同駅南口1階階段下の支柱2本には「駅長の許可なく駅用地内にて物品の販売，配布，宣伝，演説等の行為を目的として立入る事を禁止致します　京王帝都吉祥寺駅長」などと記載した掲示板3枚が取り付けられているうえ，同駅南口1階の同駅敷地部分とこれに接する公道との境界付近に設置されたシヤツターは同駅業務の終

了後閉鎖されるというのであるから，同駅南口１階階段付近が鉄道営業法35条にいう「鉄道地」にあたるとともに，刑法130条にいう「人ノ看守スル建造物」にあたることは明らか」と判示した。

⑧ 最決平19．7．2刑集61・5・379

被告人らは，現金自動預払機利用客のカードの暗証番号等を盗撮する目的で，現金自動預払機が設置された銀行支店出張所に営業中に立ち入ったものであり，そのような立入りが同所の管理権者である銀行支店長の意思に反するものであることは明らかであるから，その立入りの外観が一般の現金自動預払機利用客のそれと特に異なるものでなくても，建造物侵入罪が成立するものというべきである。

⑨ 最判平20．4．11刑集62・5・1217

政治的主張を記載したビラを配付する目的で集合住宅の敷地に入った事案について，「各号棟の敷地のうち建築物が建築されている部分を除く部分は，各号棟の建物に接してその周辺に存在し，かつ，管理者が外部との境界に門塀等の囲障を設置することにより，これが各号棟の建物の付属地として建物利用のために供されるものであることを明示していると認められるから，上記部分は，「人の看守する邸宅」の囲にょう地として，邸宅侵入罪の客体になるものというべきである」と判示した。

⑩ 最決平21．7．13刑集63・6・590

警察署の塀の上に登った事案について，「本件塀は，本件庁舎建物とその敷地を他から明確に画するとともに，外部からの干渉を排除する作用を果たしており，正に本件庁舎建物の利用のために供されている工作物であって，刑法130条にいう「建造物」の一部を構成するものとして，建造物侵入罪の客体に当たると解するのが相当であり，外部から見ることのできない敷地に駐車された捜査車両を確認する目的で本件塀の上部へ上がった行為について，建造物侵入罪の成立を認めた原判断は正当である。」と判示した。

(5) 質疑応答

Q1 ショッピングセンターの駐車場に駐車中の普通乗用自動車の屋根に

登った場合，本号の罪は成立するか。ただし，自動車の損壊は生じていない。

A 成立する。本号の「場所」とは，他人の立入りを禁止する正当な権原を有する者（所有者・管理者等）が，排他的に管理・支配できる場所であり，その範囲が画定できれば，閉鎖空間でなくてもよいと解する。自動車の屋根は，これに該当し，まず，本号の「場所」に当たる。次に，他人が無断で自動車の屋根に登ることは，想定されていないばかりか，むしろ悪いこと（違法）であり，その所有者等に発見されたならば，直ちに退去を求められ，場合によっては，実力をもって排除され，警察に通報されるに至るとの認識を有する上，自動車の所有者等においても，直ちに退去を求めることは必定であることから，社会通念上，貼り札等によって明示するまでもなく，他人の立入りを禁止していることは明白である。したがって，本号の罪が成立する。

Q2 立入りを禁止した場所に，その旨の認識なしに入った者が，立ち入った後にその旨気付き立ち去らない場合，同号違反の罪は成立するか。

A 成立する。「立ち去らない」行為についても，本号の罪が継続犯であることから成立する。すなわち，立入りを禁止されていない場所から立入禁止場所への移動時点では，認識がないので，本号の罪は成立しないが，その認識を持った後は，そこにとどまる限り，犯罪が継続して成立しているからである。

Q3 正当な理由がなく，公道から下記の各場所によじ登った者は，本号の罪に当たるか。
① 警察署の敷地を囲む塀の頂上
② 警察署の敷地を囲む塀の頂上に至るまでの地点
③ 直接公道に面した建物（ビル）の全面ガラス製の壁面
④ ゴルフ場の周囲の柵（フェンス）
⑤ テニスコートの周囲の柵（フェンス）
⑥ 街灯の支柱（ポール）

A 事例①～⑥の塀，壁面，柵及び支柱は，社会通念上（常識上），そ

れぞれの管理者が「入ることを禁じた場所」と認められ，これによじ登った者は，「入った者」と評価でき，本号の構成要件に該当すると解する。しかしながら，本号は刑法第130条の建造物侵入罪の補充規定であるから，同罪が成立するときは本号の罪は成立しない。そこで，本問については，まず建造物侵入罪の成否が問題となる。

　事例①の警察署の建物及び周囲の囲繞地（塀で取り囲まれた敷地）は，いずれも刑法第130条にいう「建造物」に当たる。なぜなら，「建造物」とは，建物自体のみならず囲繞地をも含む概念であると解すべきだからである（**最大判昭25．9．27刑集4・9・1783**，**最判昭51．3．4刑集30・2・79**）。すなわち，塀は，建物の管理者が，建物の損壊や建物利用の妨害，建物内部の情報（プライバシー）の流出等の防止，つまり「建物の保護」のため，内外の境界として設置するものであり，社会一般に対し，建物の管理権が及ぶ限界を明示するものであると認められるので，塀の内側の囲繞地への侵入行為そのものが，建物の管理権を脅かす行為であると評価できるからである。

　もっとも，内外の境界となる塀には一定の幅（奥行）があるところ，その頂上によじ登った場合はどうであろうか。塀が建物の敷地内に設置されていること，塀の頂上によじ登る行為自体が建物内のプライバシーや業務遂行の円滑・安全等を害するおそれのあるものであって建造物の管理権を脅かすものであることに照らせば，塀の外縁が内外の境界線であると解すべきである。

　それでは，「侵入」があったとして既遂になるには，どの程度に身体が境界線を越えることを要するのであろうか。この点に関しては，身体の一部で足りるか，全部が必要かで学説上争いがある。同罪の保護法益が建造物の管理権であるとすれば，身体の一部でも境界線を越えれば管理権が侵害されるのであるから，それで足りるとも考えられるが，例えば，門扉を開けて囲繞地内に手を差し入れただけでは未だ「侵入」があったとはいえないであろう。したがって，社会通念上（常識上）「侵入」といえる程度に身体が境界線を越えることを要すると解すべきである。

例えば，塀の上に手を掛けただけでは未だ「侵入」には当たらないが，塀の上に乗れば「侵入」に当たるということになろう。

したがって，塀の頂上によじ登った事例①は建造物侵入罪（前記**判例⑩**）に当たるが，内外の境界線である塀の外縁を越えていない事例②は建造物侵入罪に当たらない。ただし，事例②の場合でも，塀の頂上にまでよじ登る意図があれば建造物侵入の未遂罪が成立することになる。なお，事例①につき，「建造物」には囲繞地が含まれるとの判例理論に立脚し，コンクリート塀（高さ約2メートル40センチメートル，上部の幅約22センチメートル，上部に立って移動することも可能）の上によじ登る行為は囲繞地への侵入行為と評価できるとして建造物侵入罪を認めた裁判例がある（**大阪高判平20．4．11刑集63・6・606**）。

事例③は建物自体の壁面へのよじ登りであり，その壁面の客観的状況にもよるが，全面ガラス製であることから，建物のプライバシー等を害するおそれは囲繞地への侵入や塀の頂上へのよじ登りに比して勝るとも劣らないと認められること，事例①のように建造物侵入罪の成立には必ずしも建物自体の内部への侵入が要件ではないこと，よじ登った者は，社会通念上，「侵入した者」と評価できることから，建造物侵入罪に当たると解することができよう。

事例④におけるゴルフ場の柵は，建物であるクラブハウスの保護を主眼において設置されているものではなく，ゴルフコースのある土地の保護を主眼において設置されているものである。そうだとすると，柵の内側の敷地は建物であるクラブハウスの付属地であるとまでは認め難く，柵を越えて当該敷地内に侵入しても建造物侵入には当たらないのであるから，その前段階である事例④はもとより建造物侵入罪には当たらない。

事例⑤のテニスコートの柵の内側にはゴルフ場のクラブハウスのような建造物（屋蓋を有し，壁や柱で支えられて土地に定着し，人の起居出入りに適した構造物）は存在しないし，事例⑥の街灯の支柱は上記の建造物には当たらないから，いずれの事例も保護されるべき建造物の管理権が想定できない。よって，事例⑤，⑥は，建造物侵入罪に当たらない。

以上のことから，事例②（塀の頂上にまで登る意図がない場合）及び事例④〜⑥については，本号の罪が成立する。

(6) 犯罪事実の記載例

記載例①

> 被疑者は，正当な理由がないのに，令和○年○月○日午後○時○分頃，ブロック塀及び金網で囲われ，入ることを禁じた○○県○○市○○町○番地所在の株式会社○○レンタカーの駐車場（代表社員○○○○管理）に立ち入ったものである。

記載例②　併合罪の場合

> 被疑者は，正当な理由がないのに
> 第1　令和○年○月○日午前○時○分頃，西日本電信電話株式会社○○支店長が，通話以外の目的での立入りを禁止した○○県○○市○○町○番○号○○ビル前の公衆電話ボックス内に，「微笑み天使」等と印刷されたチラシを貼付する目的で立ち入り
> 第2　同日午後○時○分頃，上記株式会社○○支店長が，前同様に立入りを禁止した同市○○町○番○号先公衆電話ボックス内に，「楽園」等と印刷されたチラシを貼付する目的で立ち入った
> ものである。

（第1事実末尾の「立ち入り」が，文末の「ものである。」につながる必要のないことについては，「1 潜伏の罪 (6)犯罪事実の記載例③」を参照されたい。）

33 はり札乱用・標示物除去等の罪（第33号）

> みだりに他人の家屋その他の工作物にはり札をし，若しくは他人の看板，禁札その他の標示物を取り除き，又はこれらの工作物若しくは標示物を汚した者

(1) **立法趣旨**

　本号は，主として，工作物及び標示物に関する財産権・管理権を保護しようとするものである。付随的に，その物の所有者等の美意識を保護することにもなる。本号の保護法益は，個人的法益であって，地域一般の美観といった社会的法益ではない。

　本号は，警察犯処罰令第3条第15号「濫(みだり)に他人の家屋其の他の工作物を汚潰(おとく)し若は之に貼紙を為し又は他人の標札，招牌(しょうはい)，売貸家札其の他榜標(ぼうひょう)の類を汚潰し若は撤去したる者」の規定を受け継ぐものである。

　本号は，親告罪である器物損壊罪の補充規定でもあるが，非親告罪である（**浦和簡判昭40.7.3下刑集7・7・1422**）。

　なお，本号が憲法上の表現の自由（憲法第21条）を侵害しないかが問題となるが，本号前段は，主として他人の家屋その他の工作物に関する財産権・管理権を保護するため，みだりに，これらの物にはり札をする行為を規制の対象としているもので，例え思想を外部に発表するための手段であっても，その手段が他人の財産権・管理権を不当に害することは許されないことであり，これを取り締まることは違憲ではない（**最大判昭45.6.17刑集24・6・280**）。

(2) **要　件**

　本号の構成要件は，次のとおりである。

222　第2章　各論

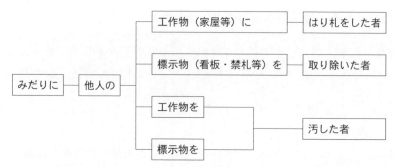

　本号の罪は，①「みだりに他人の家屋その他の工作物にはり札をする罪」，②「みだりに他人の看板，禁札その他の標示物を取り除く罪」，③「みだりに他人の工作物又は標示物を汚す罪」の3つから構成されている。

ア　「みだりに」とは，「正当な理由がなくて」とほぼ同じ概念であって行為の違法性を表しており，社会通念に照らし相当の理由があるとは認められないことをいう（**判例①**）。本号の保護法益が個人的法益であるので，承諾がある場合は違法性が阻却される。すなわち，工作物の所有者・占有者の承諾がある場合には，「みだりに」とはいえない。他方，工作物の所有者・占有者の承諾がない場合でも，社会的相当行為といえるときは，みだりにとはいえない（**判例②**）。なお，「正当な理由がなく」と「みだりに」との違いについては，「1 潜伏の罪 (2)要件　キ」を参照されたい。

　上記のように，「みだりに」の解釈に当たっては，社会的相当行為理論の適用はあるが，可罰的違法性の理論（法益侵害の程度が軽微で行為が相当である場合には構成要件該当性を阻却するという説）は，本号がそもそも微罪をその処罰の対象としているのであることから適用は困難である。さらに，本号の罪で起訴された事件，とりわけ公安事件において，公訴権濫用の主張がなされる例が多いが，一般的には，その主張は失当である。なぜなら，刑事訴訟法は，検察官に公訴権を与える（同法第247条）とともに，その行使を検察官の裁量に委ねている（同法第248条）ことに鑑みれば，その訴追裁量権の逸脱が認められて公訴の提起自体が無効となるのは，「公訴の提起自体が職務犯罪を構成するような極限的な場合に限られる」（**最決昭55. 12. 17判時984・37**）からである。

イ 「他人の」とは，他人が所有し，あるいは占有しているという意味である。

判例は，他人が適法に占有することをいうとする（**判例③**）が，所有者は，工作物を占有していると否とにかかわらず，工作物に対する所有権は保護されるべきものであるから，工作物の所有者も「他人」に含まれると解する。

他人とは，自然人に限らず，法人（**判例③**）や法人格のない団体，国，地方公共団体（**判例④**）を含む。

ウ 「その他の工作物」とは，人工的作業によって地上又は地下に設置した一切の建設物をいう（**判例⑤**），建築物よりも広い概念である。例えば，門，塀，墓標，電柱，信号機，街灯，塔，橋梁，歩道橋，地下道，ガード，記念碑，掲示板，郵便ポスト，公衆電話ボックスなどである。移動性のある自動車，電車，艦船は，土地に定着していないので，工作物ではない。街路樹は，建設物ではないから工作物ではないが，その支柱は工作物に当たるものが多い（同旨：警察庁「特別刑法」71頁）。「その他の」とは，語句と語句を連結する法律用語であるが，前の語句が後の語句の厳格な例示になっている点で，「その他」とは異なる。なお，「その他」と「その他の」の違いについては，「2 凶器携帯の罪 (2)要件 エ」を参照されたい。

エ 「はり札」は，その素材が何であるかは問わない。紙，木片，布，金属，プラスチック類など何でもよい。「はり札」に「政治ビラ」が含まれることは当然であり（**広島簡判昭44．9．6刑月1・9・876**），その内容は，何であってもよく，政治的であると文化的であるとを問わない。

オ 「はり札をする」とは，のりで貼る，セロハンテープ類でとめる，画鋲でとめる，釘で打ちつける，紐で結びつけるなど，対象物を付着せしめる一切の行為をいう。必ずしも全面的に付着させることを要せず，対象物に巻き，針金で対象物に引っかけ，あるいは，ぶら下げるなども，これに当たる（伊藤・勝丸234頁）。また，工作物に直接付着させる場合のみならず，既に付着している物を利用し，その物に付着させる場合でもよく（**判例⑥**），電柱に針金で取り付けてあった縦約90センチメートル，横約1.4セ

ンチメートルの札に文書を貼り付けたこともこれに当たる（**高松高判昭43．4．30高刑集21・2・207**）。なお，付着の態様・程度によっては，はり札をしたとはいえない場合があり得る。例えば，立看板を電柱に立てかける行為が主で，上部の電柱への付着は従であり，立看板の機能どおり，看板が足で立っているといえるときは「はり札」に当たらない（**判例⑦**）。また，ビラを工作物の割れ目や隙間に差し込んでいるだけでは，「はり札」をしたことにはならない。ただし，後記のとおり，本号の「汚した」に当たる場合があり得る。

カ 「看板」は，工作物に固定されたもののほか，立看板などのように移動可能なものを含む。

キ 「禁札」とは，一定の禁止事項（禁煙，駐車禁止など）を表示した札である。もちろん，禁止の表現が命令調であると礼譲的であると，硬軟を問わない。また，「はり札」と同様，「禁札」の素材が何であるかは問わない。

ク 「標示物」とは，他人に知らしめるために一定の事項を表示した一切の物件をいう。個人や会社の表札，貸室札，道路標識，催し物の広告案内板，広告用ポスターのほか，展示会場に掲げられた国旗（**判例⑧**）も標示物である。市長が市職員にあて市役所事務所玄関に表示した職務命令書（**東京高判昭51.10.19高刑集29・4・547**）もこれに当たる。

ケ 「取り除く」とは，それまで置かれていた状態から除去して，その標示物の効用を一時的に阻害することである。容易に復元できるような状態で除去する行為がこれに当たり，阻害の程度が著しい場合は刑法第261条の器物損壊罪（**判例⑨**），領得の意思がある場合は刑法第235条の窃盗罪を構成し，その場合には本号の罪は吸収されて成立しない。

コ 「汚す」とは，他人の工作物若しくは標示物に対し，その物の効用を害する程度には至らないが，その物本来の美観を損なう行為をいう。ただし，本号の保護法益は個人的法益であるから，「美観」といっても，その物の所有者等にとっての主観的なものであり，一般的な「美観」を問題としないのであるから，その物の所有者等において維持したい「外観」と同

じ意味である。

　また，工作物の割れ目や隙間（例えば，電柱に設置された適法な広告帯との隙間）に，いわゆるピンクビラ多数枚を差し込む行為は，本号の「はり札をした」には当たらないが，それによって「本来の外観」を損なうに至れば，本号の「汚した」に当たる。

(3) **他の罪との関係**

ア　本号の行為が，同時に，器物損壊罪，建造物損壊罪に当たる場合には，その補充規定である本号の罪は吸収される。本号の罪に当たるか，器物損壊罪・建造物損壊罪に当たるかは，工作物・標示物の効用を害するに至るか否かによる。その物の効用を害するに至れば，器物損壊罪・建造物損壊罪が成立する（**判例⑨**）。

　また，標示物を取り除く行為は，その標示物を領得する意思でなされれば，窃盗罪（刑法第235条）を構成し，その標示物を破壊したり，隠匿したりして，その物の効用を害するに至れば，器物損壊罪が成立する（**判例⑩**）。この場合，本号の罪は，窃盗罪ないし器物損壊罪に吸収されて成立しない。

　その物の効用を害するに至るか否かは，極めて具体的・個別的な判断に属することであって，本号の「はり札」をする行為にあっては，ビラ貼りの客体，ビラの枚数，大きさ，貼付の範囲，貼付の状況，ビラの内容などにより判断されるべきである。

　客体の効用の中に美観が含まれるかは客体の性質によるところが大きい。いかなる物も，それなりに本来具有する美観がある。文化的意義を有しない事務所のような建造物であっても，営業用事務所として一応の体裁が整っていることが必要とされているので美観もその効用の中に含まれる。美観侵害の程度が，ビラ貼りのため当該器物・建造物をそのままでは事実上あるいは感情上使用できない程度，あるいは使用が困難な程度に達している場合には，一般的にいって，刑法上の「損壊」に当たる。

　「原状回復の困難」を「使用上の障害」とともに「損壊」に該当するための要件とする説（永井敏雄・法律のひろば30巻4号40頁）もあるが，

「原状回復の困難」は、「損壊」に当たるか否かの判断要素になるものと解する（**判例⑪**）。思うに、原状回復が容易であるという理由のみで、器物損壊罪・建造物損壊罪を否定することはできないであろう。

また、ビラの内容が個人の誹謗、中傷にわたるなど穏当でない場合のように、ビラの内容も侵害の程度の重要な判断要素となる（**最決昭46.3.23刑集25・2・239**参照）。

最高裁は、建造物へのビラ貼り事件において4つの判例（**判例⑫～⑮**）で器物損壊罪・建造物損壊罪の成立を認め、1つの判例（**判例⑯**）でこれを否定しているが、上記の消極判例の事実は、他の3つの積極判例の事実に比較してビラの大きさは小型で、枚数も少数である上、貼付の態様も比較的整然としたものであって、採光や美観を減損する程度はそれ程著しいとはいえないものである。

また、本号の工作物等を「汚す」行為については、その物の効用を害する程度には至らないものの、相当程度に悪質な態様・程度の行為・結果をも予定していると解することができる（**判例⑰**）。

イ　境界標を取り除く行為が、本号の罪と境界損壊罪（刑法第262条の2）の構成要件を共に充足する場合がある。その場合、本号の罪は、保護法益を同じくする特別規定の境界損壊罪に吸収されて成立しない。

道路標識等を移転・損壊する行為が、本号の罪と道路交通法（昭和35年法律第105号）第115条の罪（みだりに道路標識等を移転・損壊する等の罪）の構成要件を共に充足する場合がある。その場合も、本号の罪は、同様に道路交通法違反罪に吸収されて成立しない。

ウ　本号の行為によって他人の業務を妨害するに至れば、本号の罪と第1条第31号（業務妨害の罪）又は刑法第234条（威力業務妨害罪）若しくは同法第233条（偽計業務妨害罪）が成立するが、本号の罪とは保護法益を異にするので、観念的競合の関係に立つものと解する。

エ　屋外広告物法（昭和24年法律第189号）は、都道府県が条例により広告物を規制し（同法第3条ないし第5条）、違反に対して措置を行い（同法第7条）、更に罰金刑又は過料のみを科する規定を設けることを認めてい

る（同法第34条）が，同条に基づく各都道府県条例違反の罪が本号の罪に当たるときは観念的競合となる。なぜなら，本号が作物の占有者，管理者の財産権ないし管理権を保護することを目的とするのに対し，屋外広告物法は，地域一般の良好な景観を形成し，若しくは風致を維持し，又は公衆に対する危害を防止することを目的としていて，その保護法益を異にするからである。

なお，屋外広告物法に基づいて制定される条例において，規制の対象はそれぞれの条例制定権者に委ねられており，例えば，電柱に対するビラ貼りを規制の対象から外している条例もあるが，このことをもって電柱へのビラ貼りにつき本号も適用外となるものではなく，依然として本号は適用される（**大阪高判昭49.12.16判タ319・287**）。

(4) 判　例

① **最判昭45. 6 . 17刑集24・ 6 ・280（愛知原水協ビラ貼り事件）**

論旨は，軽犯罪法第 1 条第33号前段は憲法第31条に違反すると主張するが，上記法条にいう「みだりに」とは，他人の家屋その他の工作物に貼り札をするにつき，社会通念上正当な理由があると認められない場合を指称するものと解するのが相当であって，所論のように，その文言があいまいであるとか，犯罪の構成要件が明確でないとは認められない。

② **東京高判昭45. 12. 22高検速報（東京）1829**

そもそも電柱にビラを貼るというがごとき所為は，そのビラの内容のいかんを問わず，所有者又は管理者の許諾を得ない場合は，原則として軽犯罪法第 1 条第33号前段に違反する犯罪となるものというべきである。但し，許諾を受け得ることが明確に予想されるような場合，許諾を受けられないことについて特段の宥恕すべき理由のある場合や，緊急，重大にして許諾を得るに暇のないというような特別な場合には許諾を得ないで貼付しても社会的相当性があると判断される場合があり得る。

③ **東京高判昭39. 4 . 30判時382・50**

「他人の」とは，他人の占有するの意味で，他人は個人に限らず法人をも含む。

④ 東京高判昭24．7．29高刑集2・1・53

　　原判示倉庫が横須賀市の所有物であり，その意味で公共の工作物であることは明白である。従ってそれは社会的な意味において市民全体のものであるとは謂(い)えるであろうが，法律的な意味では，たとい被告人が横須賀市の一市民であっても，被告人の所有物ではなく，公法人たる横須賀市の所有物である。而(しこう)して横須賀市は被告人にとっては他人であるから判示倉庫は被告人にとって他人の所有物である。而して上記の倉庫が横須賀市長の管理に係ることは原判決が証拠によって認めるところであるから，それは軽犯罪法第1条第33号に所謂(いわゆる)他人の工作物に属するものと謂(い)うべきである。

⑤ 東京高判昭39．6．22高刑集17・4・417

　　所論は，軽犯罪法第1条第33号にいう「その他の工作物」というのは，構成要件が不明確であるというが，上記工作物の概念は，民法第717条の規定にもこれを見るのであって，それは，人工的作業によって地上又は地下に設置した一切の建設物を指称する。

⑥ 東京高判昭53．7．18刑月10・6～8・1069

　　街路灯支柱に既に貼ってあった古いビラの上に重ねてビラを貼る行為も，軽犯罪法第1条第33号前段に当たる。

⑦ 東京高判昭56．8．5高刑集34・3・370

　　全長約1.6メートル，うち脚部の長さが約20センチメートル，幅約37センチメートルの木枠に紙張りした長方形の立看板を電柱に立てかけ，風などで倒れないように上部を紙ひもで電柱に結びつけたに過ぎない行為は，軽犯罪法第1条第33号前段にいう「はり札をした」場合に当たらない。

⑧ 長崎簡裁略式命令昭33．12．3一審刑集1・12・2266

　　被告人は，浜屋百貨店4階催場にて日中友好協会長崎県支部の主催に係る中国の切手，切り紙，錦織展示即売会会場に於(おい)て上記中国展が同支部主催の所謂(いわゆる)中華人民共和国の物産展示なることを標示するため，同会場天井の蛍光灯より針金をもって吊り下げ掲示されていた同支部の中華人民共和国国旗様の旗1枚を両手にて引き降して上記標示物を取り除き，斯(か)るいた

ずら類似の方法により上記主催者の業務を妨害したものである。

⑨ **札幌高判昭50.6.10刑月7・6・647**

　刑法第261条の損壊は，器物本来の効用の全部又は一部を失わしめる一切の行為をいうから，器物を著しく汚損してその清潔，美観を害し，事実上若しくは感情上その物を本来の用途に使用し得ないような状態に変更する場合は同条に当たるのに対し，軽犯罪法第1条第33号後段の「汚す」とは，その汚損の程度が軽く，その物本来の用途に使用することを妨げるに至らない場合をいう。

⑩ **最判昭32.4.4刑集11・4・1327**

　労働争議中，労組組合員が，某会社工場の2階庇に掲げてあった第二組合の木製看板を取り外し，これを同所から140メートル離れた他家の板塀内に投げ棄て，同会社の事務所に置いてあった輸送小荷物の荷札を剝ぎ取って持ち去った事案について，「いずれも右看板および荷札の本来の効用を喪失するに至らしめたものであることが認められるのであって，これを刑法261条の犯罪に該当するものであるとした原判示は正当」と判示した。

⑪ **広島高判平19.9.11裁判所 web（事件番号平成19（う）77）**

　他人の住居の外壁，シャッター等に，緑色の合成塗料を吹き付けて落書きしたという事案について，「本件落書きは，その範囲自体はそれほど大きいとはいえないものの，本件落書きによって，住居である本件建物が本来備えていた外観ないし美観が著しく損なわれたと評価するのが相当である。そして，本件落書きは，水洗いなどで落とすことはできないものであり，落書き落としのスプレー，除光液，雑巾等を使い，4人がかりで約1時間半もの作業を要したのに，それでも完全に落書きを落とし切ることができず，目地に染み込んだ塗料を全部落として完全に原状回復するためには，タイルを張り替えることなどが必要であることなどに照らすと，原状回復に相当の困難を生じさせたものであると認めるのが相当である。以上により，被告人が本件落書きをした行為は，本件建物の外観ないし美観を著しく汚損し，かつ，原状回復に相当の困難を生じさせたものであると認

められ，本件落書きは，本件建物の効用を減損させたものというべきであるから，刑法260条前段にいう「損壊」に当たると解するのが相当である。」と判示した。

⑫　最決昭41.6.10刑集20・5・374

いわゆる労使闘争の手段としてのビラ貼り行為について，「当局に対する要求事項を記載した原判示ビラを，建造物またはその構成部分たる同公社東海電気通信局庁舎の壁，窓ガラス戸，ガラス扉，シヤツター等に，3回にわたり糊で貼付した所為は，ビラの枚数が1回に約400～500枚ないし約2500枚という多数であり，貼付方法が同一場所一面に数枚，数十枚または数百枚を密接集中させて貼付したこと等原審の認定した事実関係のもとにおいては，右建造物の効用を減損するものと認められるから，刑法260条にいう建造物の損壊に該当するとした原審の判断は，正当である。」と判示した。

⑬　最決昭43.1.18刑集22・1・32

いわゆる労使闘争の手段としてのビラ貼り行為について，「四つ切大の新聞紙等に要求事項を記載したビラを，会社本社の2階事務室に至る階段の壁，同事務室の壁，社長室の扉の外側および同室内部の壁に約50枚，同事務室の窓ガラス，入口引戸，書棚，社長室の窓ガラス，衝立に約30枚を，それぞれ糊を用いて貼りつけ，これらのビラの大部分を会社側がはがしたあとに合計50枚の同様のビラを貼りつけ，更にその大部分を会社側がはがしたあとに合計60枚の同様のビラを貼りつけ，更にその一部分を会社側がはがしただけで相当数が残存しているところに重複して合計約80枚の同様のビラを貼りつけた行為は，原審の認定した事実関係のもとにおいては，右建造物および器物の効用を減損するものと認められるから，右行為が刑法260条および261条の各損壊に該当するとした原審の判断は，正当である。」と判示した。

⑭　最決昭46.3.23刑集25・2・239

いわゆる労使闘争の手段としてのビラ貼り行為について，「一頁大の新聞紙に，「犬と社長の通用口」「吸血ババ後藤お松」「社長生かすも殺すも

なまず舌三寸」「ナマズ釣つてもオカズナラヌ見れば見るほど胸が悪」等主として，会社社長らを誹謗する文言などを墨書したビラ約61枚を，会社事務所の窓や扉のガラスに洗濯糊をもつて乱雑に貼りつけた行為は，原審の認定した事実関係のもとにおいては，右窓ガラスや扉のガラスとしての効用を著しく減損するものであり，争議行為の手段として相当ではないとして，暴力行為等処罰に関する法律違反の罪の成立を認めた原審の判断は正当である。」と判示した。

⑮　最決平18．1．17刑集60・1・29

　公園内の公衆便所の白色外壁に，ラッカースプレー2本を用いて赤色及び黒色のペンキを吹き付け，「反戦」，「戦争反対」及び「スペクタクル社会」と大書し，壁面の再塗装を余儀なくさせた事案について，「本件落書き行為は，本件建物の外観ないし美観を著しく汚損し，原状回復に相当の困難を生じさせたものであって，その効用を減損させたものというべきであるから，刑法260条前段にいう「損壊」に当たる」と判示した。

⑯　最判昭39．11．24刑集18・9・610（小郡駅事件）

　いわゆる労使闘争の手段としてのビラ貼り行為について，「日本国有鉄道山陽線小郡駅々長室において，同建造物の一部である同室内西側板壁や南東側白壁の下部の腰板に，「人べらしは死ねということだ」，「人間らしい生活をさせよ」等と墨書し，または「みんなの力で賃金調停を有利に出させよう」などと印刷してあるビラ34枚を，また，器物である同室内北西側硝子窓，北側出入口および西側駅事務室に通ずる出入口の各硝子戸，同室内の木製衝立等に同様のビラ30枚を，メリケン粉製の糊でそれぞれ貼り付けた行為につき，刑法260条の建造物損壊罪ないし同261条の器物損壊を内容とする，「暴力行為等処罰ニ関スル法律」1条1項の罪を構成するものでないとした原判示は，相当として是認することができる。」と判示した。なお，原判示（**広島高判昭37．1．23刑集18・9・634**）は，「ビラ貼の箇所，ビラの寸法，形状，紙質，文字の体裁，貼方などは，ほぼ一定し比較的整然として居つて，事務室としての同室の効用に，さして障害を及ぼしたと認め得ないのはもちろんのこと，応接室としての効用を著しく毀損

する程，その品位や美観を害したものとも認め得ない」としている。

⑰　**広島高判平13. 10. 23 LEX／DB28075454**

　　建造物の外壁への落書き3件（建造物損壊罪で起訴）と民家の塀への落書き2件（器物損壊罪で起訴）の各事案（各修理費3万5000円〜15万円，修理によって原状以上に美観改善）について，それぞれ，「本件落書きは，スプレー，ペンキ又は墨で肉太に大きく目立つように書かれたというものではないこと」，また「厳密な意味での原状回復費がいくらであるかを認定するに足る証拠はない。」とした上，建造物の外壁への落書き3件に関する各建造物損壊罪の成否について，「建造物損壊罪は，非親告罪で，懲役よりも軽い法定刑は定められていないから，建造物を損壊したと認めるためには，懲役を科すに足る態様・程度の行為・結果であることが必要であり，他方，軽犯罪法1条33号の汚損の罪に対しては，最高で29日の拘留を科すことができると定められており，このような拘留の上限を参酌すると，上記汚損の罪は，相当程度に悪質な態様・程度の行為・結果をも予定していると解することができる。」と判示し，また，民家の塀への落書き2件に関する各器物損壊罪の成否について，「器物損壊罪にいう「損壊」の意味を建造物損壊罪にいう「損壊」の意味と違う内容で解釈するのは疑問なしとせず，器物損壊罪の法定刑が懲役のほか罰金及び科料を含むことについては，損壊の対象である器物には財産的価値の低いものも含まれることなどによると考えられる（注）。他方，軽犯罪法1条33号の汚損の罪に対しては，最高で29日間の拘留を科すことができると定められており，このような拘留の上限を参酌すると，上記汚損の罪は，相当程度に悪質な態様・程度の行為・結果をも予定していると解することができる。」と判示し，「本件落書きの内容や態様，程度によれば，本件建造物（本件塀）が，軽犯罪法1条33号所定の「汚した」という程度を越えて，その本来の効用を著しく減損されるに至り，損壊されたとみるのが相当であるとはいえない。」として建造物損壊罪及び器物損壊罪の成立を否定し，いずれも本法第1条第33号後段の罪（工作物を汚した罪）が成立するにとどまるとした（注：器物損壊罪には，財産的価値の低いものが含まれ

るので，拘禁刑のほか罰金や科料の刑も法定されているが，「損壊」の認定には，建造物損壊罪と同様の態様・程度の行為・結果が必要であるという意味であろう。）。

(5) **質疑応答**

Q1 みだりに，電柱に政治講演会開催のポスターを貼った。本号（はり札乱用）の罪は成立するか。

A 成立する。一時的なポスターも「はり札」に該当する。内容が政治的であると文化的であるとを問わない。また，電柱も「工作物」に該当する。

Q2 行為者が美観を向上させる目的で，無断で他人の工作物等に美しい絵を描いた場合，本号の「汚した」に当たるか。

A 「汚した」とは，他人の工作物等に対し，その物の効用を害する程度には至らないが，その物本来の美観を損なう行為をいうが，本号の保護法益は個人的法益であるから，「美観」といっても，その物の所有者等にとっての主観的なものであり，一般的な「美観」を問題としているのではない。その物の所有者等において維持したい「外観」と同じ意味である。したがって，一般人が見て美しいと思う絵を描いたとしても，所有者の意思に反するものであれば，「汚した」に当たる。

もっとも，その所有者が，美観の向上に喜び，その行為を追認した場合は，被害者の承諾があったと認められ，本号の罪は成立しない。

(6) **犯罪事実の記載例**

記載例①

> 被疑者は，令和〇年〇月〇日午後〇時〇分頃，〇〇県〇〇市〇〇町〇番〇号先路上に設置された〇〇株式会社管理の電柱（〇〇号）に，「民主団体とともに歩もう。」などと印刷したビラ1枚を貼り付け，もって，みだりに他人の工作物にはり札をしたものである。

記載例②

> 　被疑者は，令和〇年〇月〇日午後〇時〇分頃，〇〇県〇〇市〇〇町〇番〇号先路上に設置された〇〇株式会社所有の公衆電話ボックス内にデートクラブのチラシをセロハンテープを用いて貼り付け，もって，みだりに他人の工作物にはり札をしたものである。

記載例③

> 　被疑者は，令和〇年〇月〇日午後〇時〇分頃，〇〇県〇〇市〇〇町〇番〇号〇〇〇〇方家屋の東側ブロック塀に獣糞を塗り付け，もって，みだりに他人の工作物を汚したものである。

記載例④　併合罪の場合（1潜伏の罪 (6)犯罪事実の記載例③参照）。

34 虚偽広告の罪（第34号）

> 公衆に対して物を販売し，若しくは頒布し，又は役務を提供するにあたり，人を欺き，又は誤解させるような事実を挙げて広告をした者

(1) 立法趣旨

本号は，誇大広告，虚偽広告などにより不特定又は多数の人をだますことになりやすい行為を禁止し，個人の財産及び業務を保護しようとするもので，物の販売，役務の提供に当たって行われる詐欺罪に至る前段階の予備的行為を規制するものである。

本号は，警察犯処罰令第2条第6号「新聞紙，雑誌其の他の方法を以て誇大又は虚偽の広告を為し不正の利を図りたる者」を受け継ぐものであるが，「不正の利を図りたる」が要件から外された。この種行為には図利の意図が含まれているのが通常であり，主観的要件を削除したのは，立証上の便宜からである。

(2) 要件

本号の構成要件は，次のとおりである。

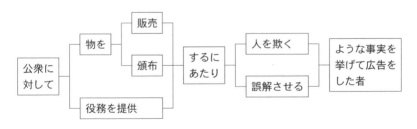

ア 「公衆に対して」とは，不特定又は多数人に対しての意味である（野木ほか98頁，伊藤・勝丸260頁）。

イ 「物を販売し，若しくは頒布し，又は役務を提供するにあたり」とは，本号が規制する「広告」行為の場面を限定する文言であり，「物の販売・頒布や役務の提供」をする意思があれば足り，現実に「物の販売・頒布や役務の提供」を約束する必要も，実行する必要もない。本号は，「広告した者」を処罰する規定である。

「物」とは，刑法第235条等の財物と同義である。動産，不動産などの有体物（固体，液体，気体）のほか，管理可能な無体物を含む。

「販売」とは，不特定又は多数の人に対し，反復継続して行う意思で，物を有償譲渡することである。

「頒布」とは，無償で，不特定又は多数の人に物を交付することであり，反復継続の意思は要件ではない。

「役務の提供」とは，他人の依頼又は承諾を得て一定の仕事をすることである。人夫として働くとか，外国語の翻訳をするといった肉体的労力の提供と精神的労力の提供の2態様がある。有償・無償を問わない。旅館が宿泊客を勧誘するような場合は，施設の提供に関するものであり，役務の提供とはいえない（伊藤・勝丸261頁）。

ウ 「人を欺き，又は誤解させるような事実」とは，他人を錯誤に陥れ，又は錯誤に陥らせるような事実をいう。「人を欺き」「誤解させる」は，いずれも「ような事実」に係るから，社会通念上，人を錯誤に陥らせるであろうと認められる事実の意味である。したがって，行為者には，その「ような事実」の認識があれば足り，相手が錯誤に陥るとの認識までは必要としない。

なお，「人を欺き」は確定的故意の場合，「誤解させる」は未必的故意の場合を明示するものである（植松182頁，同旨：大塚122頁）との見解もあるが，本法が社会生活の卑近な道徳律違反を規律処罰することに鑑みれば，通常，他人を錯誤に陥らせやすい行為を平易に記載したものとみるべきであって，結局は，同義反復にすぎない（同旨：伊藤・勝丸262頁，野木ほか100頁）。いずれにしろ，未必的故意の場合が含まれることはもちろんである。

もっとも，広告の細部にわたって，少々の虚偽や誇張があることも一切許されないというのではなく，主要な事項について虚偽，誇張がなければ，これに当たらない。社会通念上，取引上のテクニックに属するものは，多少の虚偽，誇張があっても，本号に当たらない。

「事実」には，意見，感想，推測を述べることが含まれないのはもちろ

んである。「甲会社は〇〇沖で海底油田を発掘した。」というのは事実を挙げることに当たるが，「〇〇沖の油田は有望。」とか「油田を発掘したもよう。」というのは意見，推測を述べたにとどまり，事実を挙げたことにはならない。

エ 「広告」とは，不特定又は多数の人に対し，ある事項を告知することである。「販売し」「頒布し」「役務を提供する」に「あたり」，つまり，これらに関して行う「広告」が処罰される。本号の「広告」は，「公衆」に対してなされることを要するから，不特定又は多数人を相手とするものに限られる。広告の方法としては，テレビ・ラジオによる放送，新聞・雑誌への掲載，街頭での広告宣伝，ビラの頒布，インターネットの利用による広告などがあるが，その手段，方法のいかんを問わない。広告をしたことで要件を充足し，これを見聞した者，欺かれ錯誤に陥った者の有無を問わない。

オ 「者」とは，虚偽の広告をした行為者である。広告主や事業主体であることを要しない（**判例①**）。

(3) 他の罪との関係

詐欺の準備として本号の行為をした場合，詐欺罪（刑法第246条）・同未遂罪（同法第250条）とは別個に本号の罪が成立する。これらとは牽連犯となる。本号の罪が詐欺罪等に吸収されるとする説（乗本ほか114頁）もあるが，本号の罪とは罪質，着手ないし既遂時期を異にするものであり，両罪の成立を認めるのが相当である（野木ほか101頁，植松185頁，大塚123頁）。しかし，本号の虚偽広告が詐欺の着手と認められるような事実の場合，例えば，広告を出して欺き，犯人の下に送金させて騙取するようなケースにあっては，詐欺罪と本号の罪の観念的競合に当たると認められよう。

本号の行為が，同時に，宅地建物取引業法（昭和27年法律第176号）第32条違反の罪（誇大広告等の禁止違反の罪，罰則は第81条），医薬品，医療機器等の品質，有効性及び安全性の確保等に関する法律（昭和35年法律第145号）第66条第1項違反の罪（医薬品等の虚偽又は誇大広告の禁止違反の罪，罰則は第85条第4号）に当たる場合は，これらは本号の罪の特別規定と解されるので，これらの罪のみが成立して本号の適用はない。

さらに，本号の行為が，特許法（昭和34年法律第121号）第188条第3号及び第4号違反の罪（特許に関する虚偽表示禁止違反の罪，罰則は第198条），実用新案法（昭和34年法律第123号）第52条第3号違反の罪（登録実用新案に関する虚偽表示禁止違反の罪，罰則は第58条），意匠法（昭和34年法律第125号）第65条第3号違反の罪（登録意匠等に関する虚偽表示禁止違反の罪，罰則は第71条）に該当するときは，これらの規定は，本号に対し特別規定に当たるから，これらの法律違反の罪のみが成立し，本号の適用はない。

　なお，特別法の中には，広告内容を制限し，あるいは，広告すること自体を制限する規定がある。例えば，医薬品，医療機器等の品質，有効性及び安全性の確保等に関する法律第66条第3項違反の罪（わいせつ文書等の使用等の禁止の罪，罰則は第85条第4号），同法第68条違反の罪（承認前の医薬品等の広告の禁止違反の罪，罰則は第85条第5号）がある。これらの規定違反の罪は，人を錯誤に陥らせる広告ではなく，本号の罪とは，その罪質及び保護法益を異にするので，一個の行為で，両罪に当たる場合には，観念的競合の関係に立つことになる。もっとも，実務においては，両罪の軽重や立証の難易を考慮して，いずれかの罪を立件起訴すれば足りる場合が多い。

(4)　判　例

①　**東京高判昭43．1．26東高刑時報19・1・13**

　軽犯罪法第1条第34号違反の罪の主体は，同号に掲げる広告をした者であって，それが広告主ないし事業主体であると否とにかかわらず，その行為者をいうのである。元来刑罰規定は特段の規定がない限り当該行為者を対象とするものであり，軽犯罪法第1条第34号に規定せられた違反行為もその行為者を処罰の対象としていることに鑑み自ら明らかであり，所論のように広告主ないし事業主体でないからといって現実に違反行為をした者を犯罪の主体でないとして処罰しないということではない。本件において，被告人は原判示東一産業株式会社の従業員として社長の指示に従って行動したものであることは所論のとおりであるが，本件の違反行為を実行したものであるから，軽犯罪法違反の罪の責を負うべきことはいうを俟たないところである。

(5) 質疑応答

Q 甲は，雑貨店を経営するものであるが，廃業はもとより，改装のために一時店舗を閉鎖する計画も意思もないのに，店頭に「店じまい，大安売り」と記載した幟を立てた上，通行人に対し，その旨連呼し，決して安くはない商品を買うよう宣伝した。本号（虚偽広告）の罪は成立するか。

A 「店じまい」などと廃業あるいは改装のために店舗を閉鎖するかのような虚偽の宣伝をした行為は，道徳的に責められるべきではあるが，①購入客の関心は，「店じまい」にではなく「大安売り」にあること，つまり，「店舗閉鎖（事実）の真偽」にではなく，「廉売（店主の意見）の真偽」にあること，②客は自ら商品を手に取ってその価値を見定めて購入しており，本件宣伝が個々の商品についての客の価値判断を誤らせるとまではいえないこと，③その実質は，他店と比較して安くない商品であることを知りながら「大安売り」と宣伝した者と同様であり，いわば，商売上の常套手段を駆使したにすぎず，社会通念上，刑罰をもって禁止するまでもない事柄であると認められることなどから，本号の罪は成立しないと解する。

もっとも，大多数の購入客が店舗の閉鎖を哀れんで商品を購入するなど，その関心が「大安売り」にではなく「店じまい」にあると認められるような特段の事情が存在する事案にあっては，本号の罪が成立する余地もある。

(6) 犯罪事実の記載例

記載例①

> 被疑者は，消火器の販売業を営むものであるが，令和○年○月○日頃，○○県○○市○○町○番○号甲野太郎方ほか20箇所において，上記甲野他約20名に対し，一般家庭に消火器の設置を義務付ける法規はないのに，「最近，法律が改正されて，一般家庭に消火器の設置義務が生じました。今なら消火器の値段を安くしますので，是非，この機会に購入されることをお勧めします。」などと，順次，口頭で告知し，もって，人を欺き，又

は誤解させるような事実を挙げて広告をしたものである。

記載例②

　被疑者は，○○県○○市○○町○番○号において健康食品販売店○○を経営するものであるが，令和○年○月○日頃，「健康食品○○」を販売するに当たり，同店前路上において，通行中の甲野太郎ほか約30名に対し，上記「健康食品○○」が厚生労働省の認可を受けた健康食品ではないのに，「こちらの健康食品○○は厚生労働省認可済みの健康食品です。今ならセール中でお安くなっています。」などと，順次，口頭で告知し，もって，人を欺き，又は誤解させるような事実を挙げて広告したものである。

記載例③　併合罪の場合（1 潜伏の罪 (6)犯罪事実の記載例③参照）。

付 録

〔付録1〕 軽犯罪統計
第1表 軽犯罪法違反検挙人員（警察庁の統計による。）

号別		年度 昭和23	24	25	26	27	28	29	30	31
1	潜伏	298	559	430	258	159	145	131	145	89
2	凶器携帯	371	529	641	255	260	305	288	230	342
3	侵入具携帯	271	382	335	245	175	141	116	115	103
4	浮浪	858	1,340	1,555	664	411	471	383	257	141
5	粗野乱暴	335	191	161	63	31	37	25	19	24
6	消灯	19	26	32	15	17	16	12	10	1
7	水路交通妨害	17	10	22	1	2	0	0	4	8
8	変事非協力	16	21	3	6	2	3	1	1	1
9	火気乱用	69	120	114	100	86	38	34	26	28
10	爆発物使用等	27	39	56	24	25	8	9	8	4
11	投注発射	46	76	90	69	47	38	35	28	12
12	危険動物解放等	89	122	259	169	167	105	59	62	52
13	行列割込み等	194	141	49	36	39	7	15	3	10
14	静穏妨害	90	67	296	240	225	40	35	12	21
15	称号詐称，標章等窃用	267	340	326	259	136	182	104	102	88
16	虚構犯罪等申告	177	288	350	276	249	256	254	218	173
17	氏名等不実申告	116	98	51	52	46	59	45	20	43
18	要扶助者・死体等不申告	2	1	2	7	0	2	1	4	1
19	変死現場変更	5	1	15	3	5	1	3	0	0
20	身体露出	396	78	55	66	34	34	17	18	27
21	動物虐待	19	31	13	6	4	3	1	1	1
22	こじき	151	257	341	110	67	45	59	80	101
23	窃視	97	166	236	176	128	228	216	238	282
24	儀式妨害	22	26	9	3	0	2	3	1	1
25	水路流通妨害	167	74	140	101	17	20	23	4	12
26	排せつ等	1,243	863	863	550	269	149	106	52	64
27	汚廃物投棄	146	110	260	116	124	112	41	22	36
28	追随等	249	497	767	609	431	349	265	199	485
29	暴行等共謀	17	18	3	9	4	2	2	4	1
30	動物使そう等	10	28	13	8	2	5	0	2	2
31	業務妨害	51	76	55	35	31	28	19	15	28
32	立入禁止場所等侵入	158	243	347	641	705	687	254	528	773
33	はり札乱用・標示物除去等	88	169	347	397	139	104	76	60	68
34	虚偽広告	9	31	30	121	21	11	15	12	17
	合計	6,090	7,018	8,266	5,690	4,058	3,633	2,647	2,500	3,039

〔付録1〕 *243*

32	33	34	35	36	37	38	39	40	41	42	43	44	45
65	75	62	67	82	118	164	146	124	92	89	81	69	81
440	607	672	856	748	926	882	965	674	567	481	376	376	402
91	127	137	101	122	177	246	255	235	237	209	182	195	147
122	155	105	66	100	130	121	133	130	116	95	31	91	63
105	107	23	29	91	134	180	152	97	48	71	124	25	24
6	9	1	10	16	18	43	16	19	13	7	8	5	2
1	0	1	0	1	6	4	0	2	2	2	0	1	2
0	0	0	0	0	3	7	2	3	11	6	7	1	14
20	17	19	31	37	99	140	98	95	94	72	74	83	90
9	4	10	6	22	33	32	27	14	7	18	9	17	7
10	4	10	16	60	93	144	141	60	29	26	46	17	17
72	47	39	24	45	64	117	147	96	75	45	46	37	23
3	14	14	19	28	30	70	32	29	9	6	15	15	10
7	4	9	2	16	18	27	36	6	21	13	10	3	5
70	123	84	60	65	120	130	136	122	117	101	89	75	64
134	188	154	170	159	216	264	290	292	314	238	235	204	210
40	25	37	26	75	229	220	263	139	123	91	64	57	30
1	0	0	1	4	0	1	1	0	4	2	0	2	1
3	9	1	0	0	0	0	7	2	0	0	0	1	2
24	34	27	27	24	65	53	82	71	82	62	88	79	50
5	2	1	2	7	13	8	8	8	9	3	5	2	5
74	122	92	45	36	77	108	87	95	79	33	39	54	42
339	371	436	420	595	741	1,091	1,339	1,288	1,326	1,144	1,197	1,108	1,060
1	1	0	1	2	3	6	3	5	4	8	0	1	2
6	6	9	5	10	18	16	22	6	6	1	3	4	5
48	39	19	33	87	217	444	665	567	332	304	291	163	134
27	35	16	15	57	91	273	199	115	131	111	85	62	106
1,268	1,563	1,173	862	1,285	1,427	1,381	1,198	910	698	594	695	630	534
2	2	3	0	4	15	77	37	92	8	0	4	1	0
2	2	0	1	1	1	4	4	1	0	3	2	4	5
28	39	59	20	30	100	166	116	116	78	67	64	53	52
1,277	1,062	495	221	423	357	358	530	921	1,447	1,291	901	585	447
60	83	425	448	188	651	747	445	474	430	290	632	815	861
13	20	15	8	12	14	5	13	7	38	48	14	6	6
4,373	4,896	4,148	3,592	4,432	6,204	7,529	7,595	6,815	6,547	5,531	5,417	4,841	4,503

244 付録

46	47	48	49	50	51	52	53	54	55	56	57	58	59
72	92	52	49	42	34	35	30	33	48	33	31	31	30
359	263	293	479	635	471	438	406	329	407	566	577	543	598
180	185	147	169	221	225	214	206	214	255	339	353	367	373
40	34	23	29	44	34	29	25	11	5	10	4	15	10
17	5	7	9	4	10	9	111	8	7	5	11	5	4
1	1	3	2	0	0	1	3	0	0	1	0	0	0
0	0	0	1	0	0	1	0	0	0	0	0	0	1
1	2	0	1	1	0	0	0	0	1	1	0	2	1
85	62	69	89	42	67	61	61	74	60	55	90	83	68
4	10	10	7	9	2	4	3	11	8	15	2	7	14
31	24	42	26	20	20	22	11	40	39	37	29	28	15
21	18	25	17	16	11	11	10	15	10	10	5	6	3
6	11	6	2	1	7	1	2	2	4	3	3	3	1
22	6	25	7	12	15	10	6	8	7	11	8	9	9
55	50	49	53	62	34	54	40	37	33	26	24	21	27
220	211	201	191	207	211	207	197	239	283	254	239	232	205
14	13	6	5	1	3	6	1	3	2	7	4	6	0
1	0	0	1	1	0	0	0	1	0	0	0	0	0
0	0	2	3	0	1	2	0	0	0	0	0	0	0
68	82	63	64	54	69	60	43	48	50	40	44	48	52
5	3	1	1	1	0	0	0	0	0	0	0	0	0
29	19	14	13	8	5	9	9	7	9	9	6	7	7
1,012	993	873	699	665	673	610	580	563	577	576	576	541	467
4	0	1	0	1	4	0	3	16	6	4	1	2	0
0	11	0	6	0	3	0	2	2	0	0	0	2	1
125	158	479	919	2,023	1,112	279	428	864	515	639	539	377	358
101	35	43	20	35	34	51	36	31	76	25	42	35	48
512	410	396	394	344	343	351	302	319	331	280	287	319	280
10	6	12	2	0	3	2	8	5	4	17	1	0	0
2	3	2	0	0	3	2	1	0	1	0	0	0	1
48	49	42	47	36	42	39	30	38	37	34	44	37	34
251	202	164	155	180	152	334	292	307	261	392	342	949	2,396
664	594	522	488	453	827	943	968	819	1,299	1,576	1,467	2,647	3,243
6	5	9	10	2	14	4	9	15	23	9	8	18	10
3,966	3,557	3,581	3,958	5,120	4,429	3,789	3,723	4,059	4,358	4,974	4,737	6,340	8,256

〔付録1〕 245

60	61	62	63	平成元	2	3	4	5	6	7	8	9	10
42	23	20	24	7	5	9	10	11	10	14	18	9	11
708	914	1,006	833	489	475	504	545	593	798	1,011	1,113	1,197	1,159
420	322	320	274	189	136	114	144	155	184	190	173	179	207
20	3	4	1	7	4	4	1	2	3	5	2	0	3
4	2	13	2	3	4	1	1	2	1	1	1	3	6
2	0	1	1	0	0	0	0	1	0	0	0	1	0
2	0	1	0	0	0	2	0	0	0	0	1	0	0
1	2	0	1	0	1	0	0	0	0	0	0	0	1
118	103	112	96	66	34	25	24	15	35	45	56	48	33
12	3	5	7	3	1	12	0	6	0	0	7	5	9
15	19	4	11	6	3	4	13	8	10	15	14	19	6
1	0	3	1	1	3	0	1	2	1	0	0	3	1
1	1	4	0	4	0	0	1	0	0	1	0	1	1
17	0	1	6	12	7	8	9	3	1	2	3	1	4
18	11	14	12	6	18	9	17	7	5	8	6	5	12
270	212	222	164	132	144	132	130	104	120	146	156	136	152
1	2	1	1	0	1	0	1	0	0	0	0	0	1
0	0	0	0	2	0	0	0	0	0	0	0	1	0
1	0	1	0	1	0	0	0	0	0	0	0	0	1
60	34	40	41	29	20	27	21	18	24	12	27	19	24
0	0	0	0	0	0	0	0	0	0	0	0	0	0
6	1	1	3	0	0	5	1	4	2	2	2	3	0
541	449	433	480	343	360	333	328	355	333	369	310	367	417
2	2	1	1	0	1	0	1	0	0	0	1	4	0
0	0	0	1	0	0	0	0	0	1	1	0	0	0
483	350	347	485	132	42	12	17	6	6	6	13	13	11
30	30	37	24	5	7	12	4	4	4	3	11	2	10
282	243	224	214	170	137	128	132	113	120	146	161	216	159
2	7	0	6	0	0	2	0	0	0	4	1	0	0
1	0	0	0	1	0	0	0	0	0	0	0	1	0
43	29	43	15	14	25	13	9	7	13	23	20	9	16
2,489	1,768	997	668	518	434	384	303	256	235	266	301	288	352
2,998	2,747	1,978	1,409	849	897	1,040	1,181	1,423	2,343	3,385	3,346	3,101	3,099
24	18	8	10	3	4	3	7	6	6	5	2	9	1
8,614	7,295	5,841	4,791	2,992	2,762	2,784	2,901	3,101	4,255	5,660	5,745	5,640	5,696

付 録

11	12	13	14	15	16	17	18	19	20	21	22	23	24
23	3	9	23	26	22	24	24	55	20	50	27	31	22
1,233	1,275	1,460	1,633	2,692	6,147	5,656	8,836	10,137	8,663	9,067	5,896	2,982	2,951
233	244	238	284	281	235	193	263	239	209	187	176	199	139
4	2	6	3	2	0	5	3	5	7	1	0	0	1
4	5	10	1	6	4	7	3	17	20	19	10	15	20
0	0	0	0	0	0	0	0	0	0	0	0	0	1
0	0	0	3	0	0	0	0	0	1	0	1	5	3
0	0	1	0	1	0	1	0	0	0	1	0	0	1
44	46	35	54	65	96	124	258	352	595	788	760	991	812
2	3	0	10	3	0	13	11	1	12	9	6	15	5
17	30	28	24	47	43	90	141	175	151	150	171	201	178
2	0	1	0	0	0	1	0	5	4	4	2	7	3
2	0	0	1	2	0	1	0	8	9	3	1	5	9
1	2	4	3	2	4	3	8	15	5	10	13	3	16
12	17	15	11	12	15	16	16	32	16	13	29	12	17
115	210	210	294	375	371	565	663	657	670	745	716	868	839
1	0	0	0	0	1	0	1	0	0	0	1	1	0
0	0	2	3	3	1	1	1	3	2	1	2	1	0
0	0	0	0	0	0	1	0	2	0	0	1	0
24	14	21	21	20	34	57	87	106	92	110	114	113	105
0	0	0	0	0	0	0	0	0	0	0	0	0	0
0	0	1	1	2	5	2	1	1	3	4	5	5	3
404	410	448	444	425	427	437	394	401	388	357	357	364	356
0	3	3	0	0	0	0	0	0	0	0	0	0	0
1	0	0	0	1	1	0	0	2	4	0	2	1	3
16	22	11	25	35	65	69	101	175	187	216	220	212	310
10	11	16	13	18	33	53	34	63	78	80	94	77	91
203	284	210	199	221	293	344	434	413	377	380	375	370	404
1	0	0	0	0	0	1	1	6	4	0	0	1
0	0	0	0	0	0	1	0	0	0	1	1	0
23	14	40	44	44	60	127	172	169	302	378	449	595	636
347	680	787	500	522	1,191	1,284	1,893	3,771	5,019	5,653	6,768	7,320	5,647
3,925	4,620	4,501	3,200	2,896	2,558	2,212	2,483	2,115	1,627	1,181	1,022	862	753
2	2	1	1	4	4	5	8	2	8	6	4	6	1
6,649	7,897	8,258	6,795	7,705	11,610	11,290	15,838	18,920	18,477	19,417	17,222	15,263	13,327

〔付録1〕 247

25	26	27	28	29	30	令和元	2	3	4	5	(合　計)
25	21	14	5	22	31	13	12	8	7	7	4,878
2,625	2,838	2,949	3,138	3,010	3,141	3,333	3,145	3,042	3,102	3,016	131,869
109	91	120	111	109	85	52	75	50	68	53	14,842
0	1	0	0	0	0	1	0	0	3	0	7,954
12	9	18	16	15	9	16	10	11	19	10	2,638
1	0	1	0	0	0	0	0	0	2	0	344
0	2	0	0	0	0	1	2	2	1	3	119
0	0	1	0	0	0	0	0	2	0	0	132
956	810	776	744	908	1,031	1,011	917	901	957	1,047	18,438
20	11	10	18	9	23	8	8	9	16	14	827
179	208	182	197	128	122	142	125	135	96	104	4,709
5	6	5	4	6	6	1	3	4	2	5	2,232
4	1	3	9	7	3	2	0	1	0	4	929
15	13	8	15	11	2	6	13	10	4	7	1,625
23	19	13	25	17	9	16	20	15	13	13	4,289
770	799	751	643	522	481	399	421	340	286	323	23,659
1	1	1	2	0	0	1	0	2	0	0	2,041
4	2	3	3	0	4	1	2	1	0	4	88
8	0	0	0	2	2	1	0	0	3	0	90
124	98	121	124	142	131	135	165	154	159	140	5,085
0	0	0	0	0	0	0	0	0	0	0	168
1	2	8	13	8	19	19	10	17	18	22	2,545
344	338	337	338	278	280	221	213	187	135	104	37,432
1	0	1	0	0	0	1	0	0	0	1	169
2	1	0	0	0	3	2	5	4	1	4	742
245	235	272	254	291	326	359	437	497	477	523	23,820
80	85	84	116	105	96	107	163	155	149	174	5,070
427	451	387	437	376	399	348	354	358	375	361	34,162
0	0	0	0	0	0	0	0	0	0	0	411
0	0	0	0	0	0	0	0	0	0	0	121
682	715	647	678	553	440	395	443	407	331	312	10,818
3,764	4,131	3,880	3,014	2,452	1,843	1,607	2,500	1,983	1,455	1,256	99,554
582	486	314	230	224	170	144	148	158	140	96	90,950
6	7	1	2	2	2	2	2	2	1	2	817
11,015	11,381	10,907	10,136	9,197	8,658	8,344	9,193	8,455	7,820	7,605	533,567

第2表　検挙人員の年次別総数

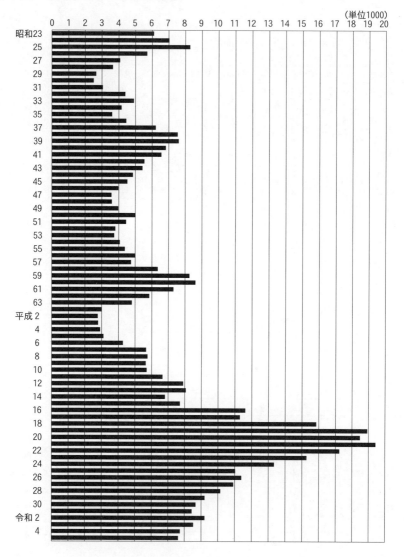

第3表 軽犯罪法違反の処理（起訴・不起訴）人員

区分 年度	総数	起訴・不起訴処理				不起訴	起訴率
		起訴					
		合計	求公判	求略式	求公判率		
23	4,043	1,947	945	1,002	48.5	2,096	48.2
24	4,885	1,681	590	1,091	35.1	3,204	34.4
25	6,703	1,605	363	1,242	22.6	5,098	23.9
26	3,831	1,128	195	933	17.3	2,703	29.4
27	3,152	722	93	629	12.9	2,430	22.9
28	2,948	810	94	716	11.6	2,138	27.5
29	2,270	621	115	506	18.5	1,649	27.4
30	2,308	622	110	512	17.7	1,686	26.9
31	2,745	887	136	751	15.3	1,858	32.3
32	3,963	1,839	206	1,633	11.2	2,124	46.4
33	4,748	2,465	322	2,143	13.1	2,283	51.9
34	3,703	1,694	211	1,483	12.5	2,009	45.7
35	2,759	1,249	114	1,135	9.1	1,510	45.3
36	3,427	1,700	157	1,543	9.2	1,727	49.6
37	4,419	2,334	215	2,119	9.2	2,085	52.8
38	4,771	2,490	152	2,338	6.1	2,281	52.2
39	5,244	2,939	146	2,793	5.0	2,305	56.0
40	5,003	2,973	232	2,741	7.8	2,030	59.4
41	4,936	3,107	328	2,779	10.6	1,829	62.9
42	4,606	2,809	290	2,519	10.3	1,797	61.0
43	4,667	2,603	336	2,267	12.9	2,064	55.8
44	3,914	1,980	157	1,823	7.9	1,934	50.6
45	3,803	1,876	125	1,751	6.7	1,927	49.3
46	3,390	1,664	102	1,562	6.1	1,726	49.1
47	3,210	1,692	106	1,586	6.3	1,518	52.7
48	3,271	1,621	82	1,539	5.1	1,650	49.6
49	3,535	1,774	82	1,692	4.6	1,761	50.2
50	4,716	2,049	80	1,969	3.9	2,667	43.4
51	4,096	1,993	92	1,901	4.6	2,103	48.7

52	3,494	1,936	101	1,835	5.2	1,558	55.4
53	3,423	1,930	89	1,841	4.6	1,493	56.4
54	3,428	2,120	58	2,062	2.7	1,308	61.8
55	3,481	2,006	58	1,948	2.9	1,475	57.6
56	4,028	2,145	66	2,079	3.1	1,883	53.3
57	3,593	1,820	58	1,762	3.2	1,773	50.7
58	4,664	2,269	63	2,206	2.8	2,395	48.6
59	6,503	4,164	97	4,067	2.3	2,339	64.0
60	7,084	5,149	205	4,944	4.0	1,935	72.7
61	6,087	4,557	226	4,331	5.0	1,530	74.9
62	4,529	2,925	308	2,617	10.5	1,604	64.6
63	3,673	2,276	199	2,077	8.7	1,397	62.0
64(平1)	2,426	1,125	109	1,016	9.7	1,301	46.4
2	2,485	1,348	98	1,250	7.3	1,137	54.2
3	2,388	1,181	111	1,070	9.4	1,207	49.5
4	2,691	1,285	78	1,207	6.1	1,406	47.8
5	2,797	1,288	66	1,222	5.1	1,509	46.0
6	3,940	1,492	62	1,430	4.2	2,448	37.9
7	5,308	2,360	98	2,262	4.2	2,948	44.5
8	5,438	2,512	133	2,379	5.3	2,926	46.2
9	4,846	2,263	162	2,101	7.2	2,583	46.7
10	4,919	2,078	180	1,898	8.7	2,841	42.2
11	5,839	2,077	250	1,827	12.0	3,762	35.6
12	7,177	2,190	194	1,996	8.9	4,987	30.5
13	7,531	2,084	142	1,942	6.8	5,447	27.7
14	6,615	1,945	111	1,834	5.7	4,670	29.4
15	7,176	1,882	123	1,759	6.5	5,294	26.2
16	11,791	2,033	109	1,924	5.4	8,775	18.8
17	11,579	1,967	56	1,911	2.8	8,706	18.4
18	15,669	2,084	52	2,032	2.5	12,588	14.2
19	17,377	2,073	35	2,038	1.7	14,114	12.8
20	16,808	1,679	30	1,649	1.8	13,957	10.7
21	17,223	1,795	16	1,779	0.9	14,602	10.9

22	14,711	1,692	30	1,662	1.8	12,069	12.3
23	11,748	1,647	16	1,631	1.0	9,347	15.0
24	11,118	1,578	23	1,555	1.5	8,731	15.3
25	9,117	1,364	12	1,352	0.9	7,171	16.0
26	9,592	1,357	22	1,335	1.6	7,595	15.2
27	9,591	1,244	24	1,220	1.9	7,799	13.8
28	8,902	1,187	31	1,156	2.6	7,176	14.2
29	8,291	1,103	28	1,075	2.5	6,773	14.0
30	8,375	1,082	11	1,071	1.0	6,838	13.7
31(令1)	8,228	1,080	30	1,050	2.8	6,745	13.8
2	8,622	1,035	20	1,015	1.9	7,216	12.5
3	8,093	1,055	27	1,028	2.6	6,676	13.6
4	7,952	996	24	972	2.4	6,471	13.3
5	7,776	986	10	976	1.0	6,201	13.7
合計	463,192	142,318	10,227	132,091	7.2	306,898	31.7

(注) 1 「検察統計年報」による。ただし，昭和25年以前は「刑事統計年報（検察事件）」による。

2 起訴率は $\dfrac{起訴}{起訴＋不起訴} \times 100$，求公判率は $\dfrac{求公判}{起訴（求公判＋求略式）} \times 100$

〔付録2〕 軽犯罪法と警察犯処罰令の対照
1 条文の対照

軽犯罪法		警察犯処罰令	
条号	条文	条号	条文
1条本文	左の各号の一に該当する者は，これを拘留又は科料に処する。	1条本文	左ノ各号ノ一ニ該当スル者ハ30日未満ノ拘留ニ処ス
		2条本文	左ノ各号ノ一ニ該当スル者ハ30日未満ノ拘留又ハ20円未満ノ科料ニ処ス
		3条本文	左ノ各号ノ一ニ該当スル者ハ20円未満ノ科料ニ処ス
1	人が住んでおらず，且つ，看守していない邸宅，建物又は船舶の内に正当な理由がなくてひそんでいた者	1条1	故ナク人ノ居住若ハ看守セサル邸宅，建造物及船舶内ニ潜伏シタル者
2	正当な理由がなくて刃物，鉄棒その他人の生命を害し，又は人の身体に重大な害を加えるのに使用されるような器具を隠して携帯していた者		
3	正当な理由がなくて合かぎ，のみ，ガラス切りその他他人の邸宅又は建物に侵入するのに使用されるような器具を隠して携帯していた者		
4	生計の途がないのに，働く能力がありながら職業に就く意思を有せず，且つ，一定の住居を持たない者で諸方をうろついたもの	1条3	一定ノ住居又ハ生業ナクシテ諸方ニ徘徊スル者
5	公共の会堂，劇場，飲食店，ダンスホールその他公共の娯楽場において，入場者に対して，又は汽車，電車，乗合自動車，船舶，飛行機その他公共の乗物の中で乗客に対して著しく粗野又は乱暴な言動で迷惑をか	2条14	劇場，寄席其ノ他公衆会同ノ場所ニ於テ会衆ノ妨害ヲ為シタル者

〔付録2〕 253

6　正当な理由がなくて他人の標灯又は街路その他公衆の通行，若しくは集合する場所に設けられた灯火を消した者〔原文は「標燈」・「燈火」〕	2条28　濫ニ他人ノ標燈又ハ社寺，道路，公園其ノ他ノ公衆用ノ常燈ヲ消シタル者
7　みだりに船又はいかだを水路に放置し，その他水路の交通を妨げるような行為をした者	2条12　公衆ノ自由ニ交通シ得ル場所ニ於テ濫ニ車馬舟筏其ノ他ノ物件ヲ置キ又ハ交通ノ妨害ト為ルヘキ行為ヲ為シタル者
8　風水害，地震，火事，交通事故，犯罪の発生その他の変事に際し，正当な理由がなく，現場に出入するについて公務員若しくはこれを援助する者の指示に従うことを拒み，又は公務員から援助を求められたのにかかわらずこれに応じなかつた者	2条27　水火災其ノ他ノ事変ニ際シ制止ヲ肯セスシテ其ノ現場ニ立入リ若ハ其ノ場所ヨリ退去セス又ハ官吏ヨリ援助ノ求ヲ受ケタルニ拘ラス傍観シテ之ニ応セサル者
9　相当の注意をしないで，建物，森林その他燃えるような物の附近で火をたき，又はガソリンその他引火し易い物の附近で火気を用いた者	3条5　家屋其ノ他ノ建造物若ハ引火シ易キ物ノ近傍又ハ山野ニ於テ濫ニ火ヲ焚ク者
10　相当の注意をしないで，銃砲又は火薬類，ボイラーその他の爆発する物を使用し，又はもてあそんだ者	3条4　濫ニ銃砲ノ発射ヲ為シ又ハ火薬其ノ他劇発スヘキ物ヲ玩ヒタル者
11　相当の注意をしないで，他人の身体又は物件に害を及ぼす虞のある場所に物を投げ，注ぎ，又は発射した者	2条32　他人ノ身体，物件又ハ之ニ害ヲ及ホスヘキ場所ニ対シ物件ヲ抛擲シ又ハ放射シタル者
12　人畜に害を加える性癖のあることの明らかな犬その他の鳥獣類を正当な理由がなくて解放し，又はその監守を怠つてこれを逃がした者	3条13　狂犬，猛獣等ノ繋鎖ヲ怠リ逸走セシメタル者

13　公共の場所において多数の人に対して著しく粗野若しくは乱暴な言動で迷惑をかけ，又は威勢を示して汽車，電車，乗合自動車，船舶その他の公共の乗物，演劇その他の催し若しくは割当物資の配給を待ち，若しくはこれらの乗物若しくは催しの切符を買い，若しくは割当物資の配給に関する証票を得るため待つている公衆の列に割り込み，若しくはその列を乱した者	2条15　雑沓ノ場所ニ於テ制止ヲ肯セス混雑ヲ増スノ行為ヲ為シタル者
14　公務員の制止をきかずに，人声，楽器，ラジオなどの音を異常に大きく出して静穏を害し近隣に迷惑をかけた者	2条11　公衆ノ自由ニ交通シ得ル場所ニ於テ喧噪シ，横臥シ又ハ泥酔シテ徘徊シタル者
15　官公職，位階勲等，学位その他法令により定められた称号若しくは外国におけるこれらに準ずるものを詐称し，又は資格がないのにかかわらず，法令により定められた制服若しくは勲章，記章その他の標章若しくはこれらに似せて作つた物を用いた者	2条20　官職，位記，勲爵，学位ヲ詐リ又ハ法令ノ定ムル服飾，徽章ヲ借用シ若ハ之ニ類似ノモノヲ使用シタル者
16　虚構の犯罪又は災害の事実を公務員に申し出た者	2条21　官公署ニ対シ不実ノ申述ヲ為シ又ハ其ノ義務アル者ニシテ故ナク申述ヲ肯セサル者
17　質入又は古物の売買若しくは交換に関する帳簿に，法令により記載すべき氏名，住居，職業その他の事項につき虚偽の申立をして不実の記載をさせた者	
18　自己の占有する場所内に，老幼，	2条10前段　自己占有ノ場所内ニ老幼，

不具若しくは傷病のため扶助を必要とする者又は人の死体若しくは死胎のあることを知りながら，速やかにこれを公務員に申し出なかつた者	不具又ハ疾病ノ為扶助ヲ要スル者若ハ人ノ死屍，死胎アルコトヲ知リテ速ニ警察官吏ニ申告セサル者
19　正当な理由がなくて変死体又は死胎の現場を変えた者	2条10後段　前項ノ死屍，死胎ニ対シ警察官吏ノ指揮ナキニ其ノ現場ヲ変更シタル者
20　公衆の目に触れるような場所で公衆にけん悪の情を催させるような仕方でしり，ももその他身体の一部をみだりに露出した者	3条2　公衆ノ目ニ触ルヘキ場所ニ於テ袒裼，裸裎シ又ハ臀部，股部ヲ露ハシ其ノ他醜態ヲ為シタル者
21　削除	3条14　公衆ノ目ニ触ルヘキ場所ニ於テ牛馬其ノ他ノ動物ヲ虐待シタル者
22　こじきをし，又はこじきをさせた者	2条2　乞丐ヲ為シ又ハ為サシメタル者
23　正当な理由がなくて人の住居，浴場，更衣場，便所その他人が通常衣服をつけないでいるような場所をひそかにのぞき見た者	
24　公私の儀式に対して悪戯などでこれを妨害した者	2条9　祭事，祝儀又ハ其ノ行列ニ対シ悪戯又ハ妨害ヲ為シタル者
25　川，みぞその他の水路の流通を妨げるような行為をした者	2条22　人ノ飲用ニ供スル浄水ヲ汚穢シ又ハ其ノ使用ヲ妨ケ若ハ其ノ水路ニ障碍ヲ為シタル者
	2条23　河川，溝渠又ハ下水路ノ疏通ヲ妨クヘキ行為ヲ為シタル者
26　街路又は公園その他公衆の集合する場所で，たんつばを吐き，又は大小便をし，若しくはこれをさせた者	3条3　街路ニ於テ屎尿ヲ為シ又ハ為サシメタル者
27　公共の利益に反してみだりにごみ，鳥獣の死体その他の汚物又は廃物を棄てた者	3条10　濫ニ禽獣ノ死屍又ハ汚穢物ヲ棄擲シ又ハ之レカ取除ノ義務ヲ怠リタル者

28　他人の進路に立ちふさがつて，若しくはその身辺に群がつて立ち退こうとせず，又は不安若しくは迷惑を覚えさせるような仕方で他人につきまとつた者	2条31　濫ニ他人ノ身辺ニ立塞リ又ハ追随シタル者
29　他人の身体に対して害を加えることを共謀した者の誰かがその共謀に係る行為の予備行為をした場合における共謀者	
30　人畜に対して犬その他の動物をけしかけ，又は馬若しくは牛を驚かせて逃げ走らせた者	3条12　濫ニ犬其ノ他ノ獣類ヲ嗾シ又ハ驚逸セシメタル者
31　他人の業務に対して悪戯などでこれを妨害した者	2条5　他人ノ業務ニ対シ悪戯又ハ妨害ヲ為シタル者
32　入ることを禁じた場所又は他人の田畑に正当な理由がなくて入つた者	2条25　出入ヲ禁止シタル場所ニ濫ニ出入シタル者
	3条17　通路ナキ他人ノ田圃ヲ通行シ又ハ此ニ牛馬諸車ヲ牽入レタル者
33　みだりに他人の家屋その他の工作物にはり札をし，若しくは他人の看板，禁札その他の標示物を取り除き，又はこれらの工作物若しくは標示物を汚した者	3条15　濫ニ他人ノ家屋其ノ他ノ工作物ヲ汚瀆シ若ハ之ニ貼紙ヲ為シ又ハ他人ノ標札，招牌，売貸家札其ノ他榜標ノ類ヲ汚瀆シ若ハ撤去シタル者
34　公衆に対して物を販売し，若しくは頒布し，又は役務を提供するにあたり，人を欺き，又は誤解させるような事実を挙げて広告をした者	2条6　新聞紙，雑誌其ノ他ノ方法ヲ以テ誇大又ハ虚偽ノ広告ヲ為シ不正ノ利ヲ図リタル者
2条　前条の罪を犯した者に対しては，情状に因り，その刑を免除し，又は拘留及び科料を併科することができる。	4条但書　但シ情状ニ依リ其ノ刑ヲ免除スルコトヲ得
3条　第1条の罪を教唆し，又は幇助した者は，正犯に準ずる。	4条本文　本令ニ規定シタル違反行為ヲ教唆シ又ハ幇助シタル者ハ各本条ニ照

4条　この法律の適用にあたつては，国民の権利を不当に侵害しないように留意し，その本来の目的を逸脱して他の目的のためにこれを濫用するようなことがあつてはならない。

シ之ヲ罰ス

2 軽犯罪法に受け継がれなかった警察犯処罰令の規定

1条 2 売淫ヲ為シ又ハ其ノ媒合若ハ容止ヲ為シタル者
　　 4 故ナク面会ヲ強請シ若ハ強談威迫ノ行為ヲ為シタル者
2条 1 合力，喜捨ヲ強請シ若ハ強テ物品ノ購買ヲ求メタル者
　　 3 濫ニ寄附ヲ強請シ又ハ収利ノ目的ヲ以テ強テ物品，入場券等ヲ配付シタル者
　　 4 入札ノ妨害ヲ為シ若ハ共同入札ヲ強請シ若ハ落札人ニ対シ其ノ事業又ハ利益ノ分配若ハ金品ヲ強請シタル者
　　 7 新聞紙，雑誌其ノ他ノ出版物ノ購読又ハ広告掲載ニ付強テ其ノ申込ヲ求メタル者
　　 8 申込ナキ新聞紙，雑誌其ノ他ノ出版物ヲ配付シ又ハ申込ナキ広告ヲ為シ其ノ代料ヲ請求シタル者
　　13 公衆ノ自由ニ交通シ得ル場所ニ於テ危険ノ虞アルトキ点燈其ノ他予防ノ装置ヲ為スノ義務ヲ怠リタル者
　　16 人ヲ誑惑セシムヘキ流言浮説又ハ虚報ヲ為シタル者
　　17 妄ニ吉凶禍福ヲ説キ又ハ祈禱，符呪等ヲ為シ若ハ守札類ヲ授与シテ人ヲ惑ハシタル者
　　18 病者ニ対シ禁厭，祈禱，符呪等ヲ為シ又ハ神符，神水等ヲ与ヘ医療ヲ妨ケタル者
　　19 濫ニ催眠術ヲ施シタル者
　　24 自己又ハ他人ノ身体ニ刺文シタル者
　　26 官公署ノ榜示シ若ハ官公署ノ指揮ニ依リ榜示セル禁条ヲ犯シ若ハ其ノ設置ニ係ル榜標ヲ汚瀆シ若ハ撤去シタル者
　　29 他人ノ田野，園囿ニ於テ菜果ヲ採摘シ又ハ花卉ヲ採折シタル者
　　30 使用者ニシテ労役者ニ対シ故ナク其ノ自由ヲ妨ケ又ハ苛酷ノ取扱ヲ為シタル者
　　33 神祠，仏堂，礼拝所，墓所，碑表，形像其ノ他之ニ類スル物ヲ汚瀆シタル者
　　34 人ノ死屍又ハ死胎ヲ隠匿シ又ハ他物ニ紛ハシク擬装シタル者
　　35 一定ノ飲食物ニ他物ヲ混シテ不正ノ利ヲ図リタル者
　　36 不熟ノ果物，腐敗ノ肉類其ノ他健康ヲ害スヘキ飲食物ヲ営利ニ用ニ供シタル者
　　37 濫ニ他人ノ繋キタル舟筏，牛馬其ノ他ノ獣類ヲ解放シタル者
3条 1 許可ナクシテ人ノ死屍又ハ死胎ヲ解剖シ又ハ之レカ保存ヲ為シタル者
　　 6 石灰其ノ他自然発火ノ虞アル物ノ取扱ヲ忽ニシタル者

7 　開業ノ産婆故ナク妊婦，産婦ノ招キニ応セサル者
8 　故ナク官公署ノ召喚ニ応セサル者
9 　炮炙，洗滌，剝皮等ヲ要セス其ノ儘食用ニ供スヘキ飲食物ニ覆蓋ヲ設ケス店頭ニ陳列シタル者
11 　監置ニ係ル精神病者ノ監護ヲ怠リ屋外ニ徘徊セシメタル者
16 　橋梁又ハ堤防ヲ損壊スルノ虞アル場所ニ舟筏ヲ繋キタル者

〈著者略歴〉
井阪　博

昭和50年	司法試験合格
昭和53年	検事任官（地方検察庁検事）
	大阪、那覇、広島、奈良、神戸などを歴任
平成5年	最高裁判所司法研修所教官
平成12年	大阪高等検察庁検事
平成13年	神戸地方検察庁総務部長
平成14年	福岡高等検察庁総務部長
平成16年	福岡大学法科大学院教授
平成19年	最高検察庁検事
平成20年	大阪法務局所属公証人
令和元年	大阪弁護士会所属弁護士

〈主な著書・論文〉
『シリーズ捜査実務全書2　財産犯罪』（共著　東京法令出版）
『令状請求の実際101問』（共著　立花書房）
『令状請求前の捜索・差押の実施』（「刑事裁判実務体系11　犯罪捜査」所収　青林書院）
『第三者に対する捜索・差押』（『刑事裁判実務体系11　犯罪捜査』所収　青林書院）

実務のための軽犯罪法解説〔補訂版〕

平成30年3月20日　初　版　発　行
令和7年4月1日　補訂版発行

　　著　者　井　阪　　　博
　　発行者　星　沢　卓　也
　　発行所　東京法令出版株式会社

112-0002	東京都文京区小石川5丁目17番3号	03(5803)3304
534-0024	大阪市都島区東野田町1丁目17番12号	06(6355)5226
062-0902	札幌市豊平区豊平2条5丁目1番27号	011(822)8811
980-0012	仙台市青葉区錦町1丁目1番10号	022(216)5871
460-0003	名古屋市中区錦1丁目6番34号	052(218)5552
730-0005	広島市中区西白島町11番9号	082(212)0888
810-0011	福岡市中央区高砂2丁目13番22号	092(533)1588
380-8688	長野市南千歳町1005番地	

〔営業〕TEL 026(224)5411　FAX 026(224)5419
〔編集〕TEL 026(224)5412　FAX 026(224)5439
https://www.tokyo-horei.co.jp/

ⓒPrinted in Japan, 2018

本書の全部又は一部の複写、複製及び磁気又は光記録媒体への入力等は、著作権法上での例外を除き禁じられています。これらの許諾については、当社までご照会ください。
落丁本・乱丁本はお取替えいたします。
ISBN978-4-8090-1494-9